친절한

생활경제

김도현

탑북스

머리말

이 책은 교양과목으로 경제학을 수강하는 학생을 위해 집필하였다. 기본적인 시장원리의 이해를 위해 소비자행동, 기업행동, 시장기능과 가격 메커니즘, 시장구조와 경쟁 원리 등을 설명했다. 또한, 국가 경제의 이해를 위한 국내총생산과 국민총소득, 국가 경제의 순환, 인플레이션과 실업, 화폐와 금융정책, 국제무역과 환율 등에 대해 알기 쉽게 설명하였다.

경제학 교재는 수없이 많다. 번역서도 적지 않고 국내 저서도 꽤 많은 편이다. 하지만 대부분 교재의 많은 분량과 복잡한 그래프 등으로 인한 중압감을 느끼는 학생들이 의외로 많았다. 전공자가 아닌 학생이 보아도 부담감 없이 배우고 읽을 수 있는 교재의 필요성을 느껴 이 책을 출판하였다.

이 책의 출판에 많은 도움을 주신 김철세 교수님께 무한한 감사를 드리며, 어려운 출판 여건 속에서도 흔쾌히 이 책을 출판할 수 있도록 도와주신 탑북스 김광식 대표님과 편집 관계자님께 감사드린다.

2020년 7월
저 자

차 례

제1장 경제학이란 무엇인가

제2장 미시경제학

제 1 장

경제학이란 무엇인가

제 1 절 경제학

1. 경제학이란

경제학은 무엇을 생각하는 학문인가

경제(經濟)는 무엇을 의미하는가에 대해 동양과 서양의 사고는 차이가 있다. 동양에서의 경제는 세상을 다스리고 국민을 편안하게 만든다는 의미인 경세제민(經世濟民)의 약자이다. 반면, 영어의 이코노미(economy)는 집안 살림하는 사람이라는 의미의 oiko nomos라는 그리스어에서 유래됐다고 한다. 이러한 어원이 이상하다고 느껴질지도 모르지만, 살림살이와 경제에는 많은 공통점이 있다.

우리는 항상 결정을 내려야 한다. 가정에서도 누가 돈을 벌 것인지, 요리는 누가 해야 할지, 설거지는 누가 해야 할지, 어떤 TV 프로그램을 누가 볼 것인지, 가족 중 누가 어떤 일을 해야 하는지 등을 결정해야 한다. 즉, 한 가정은 각자의 능력, 노력, 희망에 따라 제한된 자원을 가족들에게 나눠주어야 한다. 이와 마찬가지로 한 사회에서도 많은 결정을 내려야 한다. 어떤 사회든지 무슨 일을 해야 할 것인지 또 그 일을 누가 해야 하는지 결정해야 한다.

경제학이란 한마디로 말하면 다양한 사람이나 조직(경제주체; 가계, 기업, 정부 등)이 시장에서 재화 또는 서비스와 금전을 교환하는 행동(경제활동)을 어떤 가설을 바탕으로 모델화하여 명료하게 이론적으로 설명하려고 하는 학문이다.

경제학은 경제주체가 경제적으로 합리적인 행동을 한다고 가정하고 있다. 쉽게 말해서 사람은 항상 올바른 손익계산을 하고 행동한다는 것이다.

물론 알고 있는 것과 같이 인간은 반드시 항상 경제적인 동기만으로 합리적 행동을 하는 것은 아니다. 그러나 세상 전체를 오랫동안 관찰하면, 대다수의 경제활동이 경제적인 의미의 합리적인 행동을 가정하는 것으로 설명된다.

가장 저렴하게 구매하고 싶다 = 합리적

그러면 합리적인 행동이란 도대체 무엇일까. 정확하게 정의하면, 합리적 행동이란 어떤 경제적인 목적을 달성하기 위하여 주어진 조건에서 가장 바람직한 행위를 선택하는 행동(=최적화 행동)이다.

예를 들어 인접해 있는 두 곳의 가게에서 동일한 감자를 한 가게에서는 100원, 다른 가게에서는 50원에 팔고 있다면 누구나 50원짜리 감자를 구입할 것이다. 그러나 100원에 판매하는 가게는 바로 집 앞에 있고 50원에 판매하는 가게는 자동차로 한 시간이나 걸리는 먼 곳에 있다면 어떻게 할 것인가. 50원짜리 감자를 사려고 멀리까지 갈 사람은 거의 없을 것이다.

평소와 다름없는 구매라도 우리는 자신이 할애할 수 있는 시간이나 연료비와 같은 금전적 제약 아래서 가장 저렴한 방법을 선택한다.

경제학은 주어진 제약에서의 최대화 문제를 이용하여 분석하는 학문이라고 한다. 그러므로 경제활동을 분석하는 데 있어서 경제주체의 행동에 몇 가지 전제를 두고 있다.

우선 각각의 경제주체는 경제활동의 목적이 무엇인가를 바르게 알고 있을 것이다. 그리고 경제주체가 목적별 중요성을 올바르게 이해하고 있어서 정확한 목적별 우선순위를 두고 있다는 것이다.

그러나 경제주체가 목적에 대하여 합리적인 판단이 가능하다고 하더라도, 행동을 자신이 결정할 수 없다면 목적을 실현하기 위한 경제활동은 할 수 없다. 여기서 경제학은 사람들이 자신의 의사로 자신에게 바람직하다고 생각하는 경제활동을 한다고 생각한다. 누군가로부터 강제적으로 무리하게 재화를 사게 되거나, 자신이 무슨 일을 할 것인가를 주위로부터 결정되는 일은 없다고 본다. 조금 형식적으로 표현하면, 경제주체는 주체적인 의사결정을 하고 있다고 생각할 수 있다.

행동은 인센티브에 의해 결정된다

경제주체의 주체적인 의사결정을 생각할 때에 중요한 키워드는 경제적 유인(incentive)이다. 경제적 유인은 처벌 가능성이나 보상과 같이 사람들이 행동하게 하는 그 무엇을 의미한다. 합리적인 사람은 어느 행동을 하고자 할 때 그 행동에 따른 이득과 비용을 비교하여 의사결정을 하므로 경제적 유인에 반응한다. 경제적 유인은 경제학 분석에 중심적 역할을 한다. 심지어 어떤 경제학자는 '경제학 전체가 오직 사람들은 경제적 유인에 반응한다. 나머지는 모두 부수적이다는 말로 요약될 수 있다'고 주장한다.

경제적 유인이 있으면 어떤 선택을 하는데 의욕이 더욱 높아진다. 예를 들어 급료가 높아지면 일하려고 하는 의욕이 자극된다. 그러나 기업이 잔업수당을 전혀 지급하지 않고 종업원에게 잔업을 요구하면 종업원 측의 인센티브를 무시한 요구이기 때문에 제대로 이루어지지 않는다. 또 정부가 법률로 고용을 강제화해도 타산이 맞지 않으면 실현되지 않을 것이다. 이것도 역시 기업에 인센티브가 없기 때문이다.

경제학 분석에서 경제적 유인은 중요한 역할을 한다. 경제적 유인은 시장이 어떻게 움직이는지 분석하는 데도 중요하다. 예를 들어 사과 가격이 상승하면 사람들은 사과를 덜 사 먹을 것이다. 동시에 사과 과수원 주인들은 사과 생산을 더 늘리고자 할 것이다. 다시 말해서 높은 시장가격은 소비자에게 소비를 줄일 유인을 제공하고, 공급자에게는 생산을 늘리도록 하는 유인을 제공한다. 소비자와 공급자의 행동에 가격이 어떤 영향을 미치는지는 시장이 희소 자원을 어떻게 배분하는지 이해하는 데 매우 중요하다. 인센티브는 크게 성과급, 포상금, 연구 보조금, 생산활동 장려금 등과 같은 긍정적 유인과 과징금, 처벌 가능성, 벌점 등과 같은 부정적 유인이 있다.

2. 미시경제학과 거시경제학

경제학은 크게 두 가지 전문분야로 미시경제학과 거시경제학으로 나누어져 있다. 미시경제학이 하나 하나의 경제주체를 개개의 분석대상으로 하는 데 비해, 거시경제학은 국민경제 전체를 크게 한 묶음으로 하여 분석대상으로 하는 점에서 차이가 있다.

미시경제학(microeconomics)은 개별경제 주체 간의 행위와 상호 영향 등에 의한 재화와 서비스의 가격, 거래량 등 각 시장구조의 균형점이 어떻게 결정되는지를 연구하는 경제학이다.

미시경제학에서는 개개의 가계나 기업 등 개별경제 주체의 행동 분석에서 시작하여 시장 전체의 수요와 공급의 분석으로 경제를 설명하려고 한다. 가계는 한정된 예산으로 효용(만족감)이 최대가 되도록 행동한다고 생각하며, 기업은 한정된 생산으로 이윤이 최대가 되도록 행동한다고 생각한다.

미시경제학은 개별경제 주체의 주체적인 최적화 행동을 전제로 어느 시장에서 어떤 경제활동이 이루어지고 있는가를 분석하거나 산업 간의 관련을 생각하는 것이다.

거시경제학(macroeconomics)은 한 국가 전체의 경제 현상을 분석하여 국가 전체의 소비, 투자 등을 연구하는 학문이며, 주로 국민소득지표, 물가, 실업률, 경제성장, 국제수지, 환율 등이 주된 연구 분야이다.

거시경제학에서는 개별경제 주체의 미시적인 행동보다 물가, 인플레이션과 실업, 국민총생산의 결정, 경제성장 등 국민경제 전체의 움직임에 관심을 기울인다. 우리나라 경제 전체에 있어서 경기가 어떻게 변동할까, 경제성장은 어느 정도 실현될 것인가, 실업이나 디플레이션은 어떻게 극복할 수 있을까, 세계금융위기는 왜 발생하는가 등 생활과 밀접한 경제 현상을 다룬다.

미시경제학과 거시경제학은 상호 보충하는 관계에 있다. 거시적인 분석을 이용하는 때도 있어서도 어느 정도 미시적인 기초인 개별경제 주체의 최적화 행동을 전제로 하는 분석이 중요시된다.

제 2 절 경제원칙과 선택

1. 희소성과 가격

희소성이란 드물고 적은 특성으로 부족함을 뜻한다. 사람들은 누구도 원하는 것을 모두 다 가질 수 없다. 사람들의 욕구는 무한하기 때문이다. 반면에 무한한 욕구를 충족시켜 줄 자원은 한정되어 있으므로 우리는 모두 희소성 속에서 살아가게 된다. 이처럼 가질 수 있는 자원은 한정되어 있고 원하는 것을 다 가질 수 없고, 무엇인가 선택하기 위해서 동시에 무엇을 포기해야 할지 결정해야 하는 경제문제가 발생한다. 경제문제란 희소한 자원 중 무엇을 포기하고, 무엇을 선택할 것인가 그리고 희소한 자원을 어디에 분배할 것인가와 같은 선택의 문제를 말한다.

경제학에서 희소성에 대한 사고가 매우 중요하다. 희소성이란 사회적 필요성의 크기를 의미한다. 희소성은 수요와 공급의 상대적인 크기로 결정된다. 모두가 필요로 하는 제품, 즉 수요가 높은 것이라도 너무 많아 공급이 풍부한 것이라면 희소성은 작아진다.

예를 들어 물은 사람이 절대적으로 필요로 하지만 만약 길거리에서 한 병에 만원인 생수를 보면 너무 비싸다고 생각할 것이다. 그러나 당신이 사막에서 길을 헤매며 목이 말라 있다고 하면 어떻게 할 것인가. 십만 원을 지불하더라도 사서 마시고 싶다고 생각할지도 모를 것이다. 실제로 중동의 산유국에서는 석유보다 물의 희소성이 높은 경우도 있다.

2. 재화의 가격은 수요와 공급으로 결정된다

가격은 수요와 공급에 의해 결정된다. 다른 조건이 일정할 때 재화의 가격이 상승하면 재화의 수요량은 감소하고, 가격이 하락하면 수요량은 증가한다. 가격과 수요량은 음(-)의 상관관계를 가진다. 다른 조건이 일정할 때 재화의 가격이 상승하면 재화의 공급량은 증가하고, 가격이 하락하면 공급량은 하락한다. 가격과 공급량은 양(+)의 상관관계가 있다.

어느 재화나 서비스에 대하여 사람들의 평가가 높아지면 그 재화의 수요가 증가한다. 이것이 가격의 상승을 가져와 새로운 기업이 그 재화의 시장에 진입하는 유인을 제공한다. 그 결과 그 재화의 공급이 증가하게 된다. 이처럼 사회적인 필요성이 높은 재화나 서비스의 생산에 더 많은 자원이 투입되게 된다.

또 공급을 위한 비용의 변화도 마찬가지로 사회적인 필요성을 반영한다. 높은 수요가 계속된다면 비용이 얼마가 되더라도 그 재화를 생산하는 것이 바람직하게 된다. 그러나 가격이 상승하여 수요가 감소하면 가격 상승에 따라 다른 재화로 수요가 옮겨간다. 이러한 경우 높은 비용을 들여 그 재화를 생산하는 것은 사회적으로 의미가 없어진다.

3. 기회비용

기회비용(opportunity cost 또는 alternative cost)은 하나의 재화를 선택했을 때, 그로 인해 포기한 것 중 가장 큰 것의 가치를 말한다. 즉 포기된 재화의 대체 기회 평가량을 의미하는 것으로 어떤 생산물의 비용을, 그 생산으로 단념한 다른 생산 기회의 희생으로 보는 개념이다.

경제학에서 강조하는 비용 개념은 흔히 사용되는 회계적 비용과는 의미가 조금 다르다. 명시적 또는 회계적 비용은 원료비, 인건비 등 생산활동에 직접적으로 발생하는 비용을 말한다. 설명방식에 따라 약간의 차이는 있지만, 사람들이 경제적 선택을 하는 데 고려하는 비용은 회계적 비용뿐만이 아니라 기회비용을 포함하는 개념이다.

경제적 비용 = 회계적 비용 + 기회비용

이 세상에는 공짜란 없다. 어떤 선택을 하기 위해서는 다른 무엇을 포기해야 한다. 그것을 포기하기 때문에 얻지 못하는 가치를 기회비용(opportunity cost)이라고 한다. 우리들의 경제적 선택은 이 기회비용을 고려하여 이루어진다. 따라서 기회비용은 교과서에 나오는 이론적인 개념이 아니라 현실적인 개념이다.

예를 들어보자. 학생이 대학에 다니는 비용은 얼마일까. 먼저 대학에 다니기 때문에 발생하는 회계적 비용은 등록금과 책, 노트 등 학용품 비용 등이 될 것이다. 물론 대학에 다니는 데 필요한 숙박비와 용돈, 교통비 등이 소요되지만, 이는 대학에 다니지 않고 직장생활을 해도 마찬가지로 필요하므로 대학 진학에 따른 비용으로 보기는 어렵다. 따라서 만약 연간 등록금, 책값 등을 합한 비용이 1,000만 원이라면, 이것이 회계적 비용이 된다.

이러한 비용 이외에 대학에 진학하는 데 따른 기회비용은 무엇일까. 그것은 대학 진학을 선택했기 때문에 포기할 수밖에 없었던 자신의 수입(收入)이다. 즉 대학 생활에 대한 기회비용은 대학 진학 대신에 갈 수 있는 최고 직장의 예상 수입이 된다. 여기서 최고라는 단어에 주의를 기울여야 한다. 기회비용은 여러 대안 중 가장 좋은 것의 가치를 말한다. 예를 들어서 대학에 가지 않고 용접공이 되어 한 달에 200만 원을 벌 수도 있고, 식당에서 배달하고 100만 원 받을 수도 있다. 아니면 아무 일도 하지 않고 집에서 빈둥빈둥 놀 수도 있다. 이때 기회비용이란 이러한 여러 가지 대안 중에서 가장 가치가 높은 것을 말하므로, 이 예에서는 200만 원, 즉 1년에 2,400만 원이 대학을 선택한 데 따른 기회비용이 된다.

여기에 앞에서 말한 회계적 비용 1,000만 원을 합한 3,400만 원이 1년간의 대학 생활에 대한 경제적 비용이다. 4년제 대학을 다니고, 등록금이 4년간 변함이 없다고 하면 원금만도 1억 3,600만 원이 된다. 여기에 이자까지 계산한다면 약 1억 5,000만 원에 가까운 돈이 대학 생활 4년의 경제적 비용이 될 것이다.

운동선수의 경우, 대학에 진학하는 데 따르는 기회비용에는 프로팀에서 받을 수 있는 연봉이 포함된다. 그러므로 만약 높은 연봉을 받을 수 있는 선수라면 대학 진학을 선택하는 데 따르는 비용이 그만큼 커지는 것이다.

경제적 사고를 하는 사람은 기회비용을 포함한 경제적 비용과 대학에서 얻는 혜택(수익)을 비교한 다음에 대학에 진학할 것인가를 결정할 것이다. 그러면 대학 졸업의 혜택, 즉 수익은 무엇일까. 먼저 대졸자 프리미엄이 있을 것이다. 즉 월급도 더 많이 받을 수 있고, 승진도 더 빠르고, 더 높은 직책에 올라갈 수 있는 등의 혜택이 있다. 그리고 사회생활이나 결혼 등에서 유리할 수 있다.

이러한 혜택을 정확히 계산하기란 어렵고, 사람마다 차이가 나고 또 대부분의 경우 사람들은 이런 비용과 혜택을 정확히 계산하지는 않기 때문에 흔히 기회비용의 개념을 사용하지 않는 것처럼 보이지만, 실제로는 대부분의 의사결정 과정에서 기회비용의 개념을 사용하고 있다. 따라서 사람들의 모든 경제적 선택은 기회비용을 고려하여 이루어진다.

4. 교역의 이득

절대생산비론

아담 스미스(Adam Smith)는 국부론에서 노동의 생산성을 증대시키기 위한 분업(division of labor)의 필요성을 강조하였다. 이를 교역에 적용시켜 절대생산비(absolute cost)의 차이를 통해 교역의 이득을 규명하고자 하였다. 두 가지 상품 중에서 하나를 상대방보다 더 낮은 실질비용으로 생산한다고 가정하자, 이때 각자는 상대방보다 더 낮은 실질생산비로 생산할 수 있는 상품에 특화하여 이를 판매하고 그렇지 않은 상품을 구입함으로써 이득을 얻게 된다고 하였다. 이를 절대우위이론(theory of absolute advantage)이라고 한다. 여기서 실질생산비는 한 상품의 생산에 소요되는 실제노동시간을 의미한다.

절대생산비의 차이가 있는 예를 들어보자. 〈표 1-1〉과 같이 교역을 하기 전 A는 장갑 1단위와 양말 2단위가 교환되고, B는 양말 1단위가 2단위의 장갑과 교환될 수 있다. 따라서 A는 2단위보다 적은 양말을 주고 장갑 1단위를 얻을 수 있다면 이득이 된다. B는 장갑 1단위의 대가로 1/2단위 이상의 양말을 얻을 수 있다면 이득이 될 것이다.

표 1-1. 절대생산비

	교역 전				교역 후			
	A		B		A		B	
양말	45분	1단위	80분	1단위	135분	3단위	-	-
장갑	90분	1단위	40분	1단위	-	-	120분	3단위

만일 두 당사자가 교역을 하게 된다면, 자신이 절대우위에 있는 A는 양말에 특화하고, B는 장갑에 특화하여 생산한 후 교환을 하면 된다. A는 양말에 특화하여 3단위를 생산하여 원래 1단위는 자신이 필요한 것이고, 남은 2단위의 양말을 1단위 초과의 장갑과 교환하면 이득이 된다. B는 장갑에 특화하여 3단위를 생산했다. 남은 장갑 2단위를 양말 1단위 초과로 교환한다면 이득이 된다. 만약 두 당사자의 합의하에 양말과 장갑을 교환을 한다면 두 당사자 모두 이득을 볼 수 있다.

절대생산비론의 문제점을 보면 두 당사자 모두가 한 개의 상품에 대해 절대우위를 가지고 있어야 한다. 만약 두 상품 모두에 대한 절대우위를 가지거나 절대열위에 있을 경우 교역의 이득을 밝혀낼 수 없다.

비교생산비설

비교생산비설은 생산비에 있어서 절대우위가 두 당사자가 서로 교역을 통하여 이익을 얻기 위한 필요조건은 아니라는 것이다. 그 대신 두 가지 상품의 생산에 필요한 상대적 생산비(relative cost), 즉 실질생산비의 비율의 차이만 있어도 두 당사자는 교역의 이득을 얻을 수 있다는 것이다. 〈표 1-2〉의 예를 보면, 양말 1단위를 생산하는데 A는 90분, B는 100분으로 A가 양말 생산에 절대우위가 있다. 장갑 1단위 생산함에 있어 A는 80분, B는 120분으로 A가 장갑 생산에 있어서도 절대우위에 있다. 절대생산비론에 따르면 이 경우 교역이 성립이 되지 않는다. 하지만 비교우위론에서는 잘하는 것 중 더 잘하는 것에, 못하는 것 중 덜 못하는 것에 특화하여 생산과 교환을 한다면 두 당사자 모두 교역을 이득을 얻을 수 있다는 것이다.

표 1-2. 비교생산비

		A		B		전체
교역 전	양말	90분	1단위	100분	1단위	2단위
	장갑	80분	1단위	120분	1단위	2단위
기회비용	양말	90/80 = 1.125		100/120 = 0.833		
	장갑	80/90 = 0.889		120/100 = 1.200		
교역 후	양말	-	-	220분	2.2단위	2.2단위
	장갑	170분	2.125단위	-	-	2.125단위

기회비용이라는 개념을 가지고 비교우위를 생각해 보자. 한 상품의 기회비용이 다른 상품 기회비용의 역수기 때문에 한 사람의 기회비용이 어떤 상품에서 상대적으로 높다면 다른 상품의 기회비용은 낮을 수밖에 없다. 비교우위는 기회비용의 상대적 크기를 나타낸다. 두 사람의 기회비용이 우연히 같지 않은 한, 한 사람이 어느 상품에서 비교우위가 있다면 다른 사람은 반드시 다른 상품에 비교우위가 있다.

A의 경우 양말 1단위는 장갑 1.125단위의 기회비용을 갖는다. 만약 A가 양말 1단위를 더 생산하기 위해서 포기해야 하는 장갑의 개수는 1.125단위

라는 것이다. B의 양말 1단위는 장갑 0.833단위의 기회비용을 가진다. 우리는 기회비용이 낮은 것을 포기하는 것이 이익이라고 여긴다. 따라서 양말 1단위를 더 얻기 위해 1.125단위의 장갑과 0.833단위의 장갑 중 어느 것을 포기하는 것이 나을까. 당연히 0.833단위의 장갑을 포기하는 것이 나은 선택일 것이다. 따라서 0.833단위인 B의 장갑을 포기해야 하므로 A는 장갑에 비교우위가 있다. 장갑 1단위의 기회비용은 A는 0.889단위의 양말이고, B는 1.2단위의 양말이다. 마찬가지로 0.889단위인 A의 양말을 포기하는 것이 좋은 선택으로 B는 양말에 비교우위를 가진다.

이제 A는 장갑에 특화하여 2.125단위를 생산하고, B는 양말에 특화하여 2.2단위를 생산하여 서로 교환한다면 두 당사자 모두 교역의 이득을 얻을 수 있다.

우리가 저녁 식사를 기대할 수 있는 것은
정육업자, 양조업자, 제빵업자들의 자비심 때문이 아니라
그들의 개인 이익 추구 때문이다.
사람은 누구나 생산물의 가치가 극대화되는 방향으로
자신의 자원을 활용하려고 노력한다.
그는 공익을 증진하려고 의도하지 않으며
또 얼마나 증대시킬 수 있는지도 알지 못한다.
그는 단지 자신의 안전과 이익을 위하여 행동할 뿐이다.
그러나 이렇게 행동하는 가운데
'보이지 않는 손'의 인도를 받아서
원래 의도하지 않았던 목표를 달성할 수 있게 된다.
이와 같이 사람들은 자신의 이익을 열심히 추구하는 가운데서 사회나 국가 전체의 이익을 증대시킨다.

Adam Smith

제 2 장

미시경제학

제 1 절 미시경제학의 기본

1. 가격과 수요 · 공급의 관계

시장경제의 가장 중요한 기능은 수요와 공급의 상호작용을 통하여 가격이 결정되고 이 가격의 신호를 기초로 하여 시장참여자들의 자발적 교환에 의해 자원이 배분되는 일이다. 특히 수요와 공급의 상호작용에 의해서 가격이 결정된다는 사실을 오늘날에는 당연한 것으로 받아들여지고 있지만, 이러한 인식이 보편화된 것은 비교적 최근의 일이다.

근대 경제학을 창시한 아담 스미스를 비롯한 고전학파 경제학자(classical economists)들은 가격이 공급 측 요인에 의해서 결정된다고 생각했고 가격은 재화를 생산할 때 투입되는 노동의 양에 의해서 결정된다는 노동가치설을 주장했다. 자본주의를 비판한 마르크스의 이론도 이러한 노동가치설에 기초한 것이다.

그러나 그 후 고전학파의 뒤를 이은 신고전학파 학자들은 재화 가격 결정에 수요가 더 중요한 역할을 한다고 주장했다. 이들은 재화의 생산비용이 중요한 것이 아니라 얼마나 많은 사람들이 그것을 필요로 하는가에 따라서 가격이 결정된다고 주장했다. 예를 들면 다이아몬드는 생산비용은 얼마 들지 않지만 희소하고 많은 사람들이 갖고 싶어하기 때문에 가격이 비싸다는 것이다.

이러한 과정을 거쳐서 비로소 가격이 수요의 힘과 공급의 힘에 의해서 결정된다는 사실에 대부분의 경제학자들이 동의하게 되었다. 그렇다면 수요와 공급에 영향을 주는 요인들은 무엇일까. 다음에서 그 요인들을 살펴본다.

2. 수요곡선

수요를 결정하는 요인

수요(demand)란 구매자가 상품을 사고자 하는 욕구를 말하며, 이를 상품의 수량을 사용해 구체적으로 표시한 것을 수요량(quantity demanded)이라고 한다. 여기서 명심해야 할 것은 수요량은 실제 구매되는 양이 아니라 구매하고자 의도된 최대 수량을 의미한다는 것이다. 예를 들면 가격이 만 원일 때 수요량이 10개라고 한다면, 실제로 10개를 구입했다는 것이 아니라 최대한 10개까지 구매할 의사(intention 또는 schedule)가 있다는 것이다. 한편 수요량은 기간이 명시될 때만 의미가 있다. 따라서 수요량을 말하는 때에는 한 달에 100개처럼 기간을 반드시 명시해야 한다.

경제학에서는 편의상 수요와 수요량을 구분하는데, 현실에서 이 두 용어가 명확히 구분되는 것은 아니다. 따라서 이 두 용어를 엄격히 구분하는 것은 비현실적이다. 다만 해당 상품의 가격 변화로 야기되는 것은 수요량의 변화라고 말하고, 해당 상품의 가격이 아닌 다른 변수들(예를 들어 소득이나 취향 등)의 변화로 야기되면 수요의 변화라는 표현을 쓴다고 이해하면 된다.

어떤 상품의 수요 전반에 영향을 주는 가장 중요한 요인은 그 상품의 가격이다. 그 밖에도 관련 상품의 가격, 소비자의 소득수준, 소비자의 기호, 그 상품에 대한 광고 정도, 그리고 소비자의 예상 등도 각 개인의 수요에 영향을 미친다. 또한 인구의 변화도 사회 전체의 수요에 영향을 가져올 수 있다. 이러한 관계를 함수형태로 나타내며 다음과 같다.

수요 = f(가격, 소득, 관련재 가격, 소비자 기호, 광고, 기대, 인구 등)

먼저 가격과 수요량의 관계를 살펴보면, 다른 요인들이 일정하다고 가정할 때 일반적으로 어떤 상품의 가격이 오르면 그 재화의 수요량이 감소하고, 가격이 내리면 수요량이 증가하는 관계를 보인다. 이러한 현상을 수요의 법칙(the law of demand)이라고 한다.

수요와 법칙을 그래프로 표시하여 구매자가 주어진 가격에서 그 상품을 얼마만큼 구입하고자 하는가를 보여 주는 것이 수요곡선(demand curve)이다.

[그림 2-1]은 셔츠에 대한 수요곡선 D를 우하향하는 직선의 형태로 표시하고 있다. 셔츠의 가격이 시장에서 5만 원일 때 소비자는 7개를 구매하고자 한다. 그런데 가격이 7만 원으로 올라가면 수요량은 5개로 줄어들게 될 것이고, 만약 3만 원으로 내려가면 수요량은 9개로 늘어나게 된다. 이와 같이 일반적으로 가격이 오르면 수요량이 줄고 가격이 내리면 수요량은 늘어난다.

[그림 2-1] 수요곡선과 수요곡선의 이동

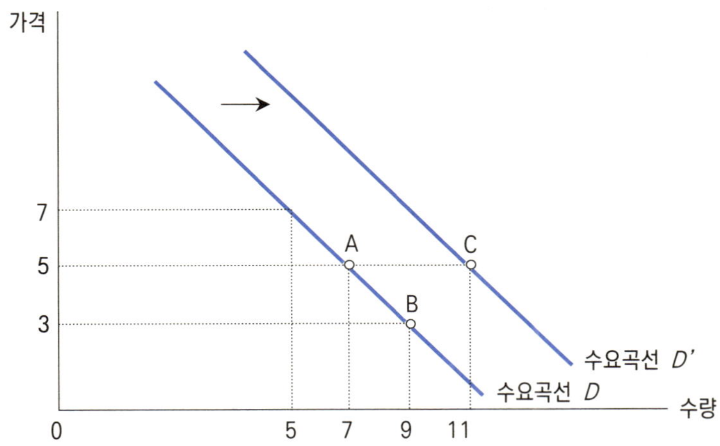

수요의 변화

수요의 변화는 수요량의 변화와 구분할 필요가 있다. 앞에서 설명한 바와 같이 수요량의 변화는 가격 변화에 따른 해당 상품에 대한 구매 의사의 변화를 말하며 [그림 2-1] 수요곡선상의 이동(movement along the demand curve; A점에서 B점으로)으로 나타난다. 반면에 수요의 변화는 해당 상품의 가격이 일정하더라도 그 상품의 가격 이외의 다른 요인들이 변할 때 나타나는 구매 의사의 변화를 말하며, 이는 수요곡선 자체의 이동(shift of the demand curve: 수요곡선 D에서 D′으로)으로 나타낼 수 있다. 수요가 증가하는 것을 수요곡선을 우측으로 이동시켜 나타낼 수 있다. 이처럼 수요량의 변화와 수요의 변화를 구분하는 이유는 상품의 가격 이외에도 소득이나 다른 상품의 가격처럼 상품에 대한 구매 의사에 영향을 주는 변수들이 있다는 것을 강조하기 위해서이다.

예를 들어 소득(income)이 늘어나서 수요가 증가하면 동일한 가격에서 그 수요량은 증가하게 된다. 이를 그래프에 표시하면 [그림 2-1]에서 수요곡선 D를 우측으로 이동시켜 새로운 수요곡선 D′가 형성된다. 소득이 증가하기 이전에는 5만 원일 경우에 7개를 구매할 의사가 있었으나, 소득이 크게 증가한 후에는 11개를 구입할 의사가 있다는 뜻이다.

이렇게 소득이 증가하면 따라서 수요도 함께 증가하는 상품을 정상재라고 부른다. 즉 정상재(normal goods)는 소득이 증가하면 그 상품에 대한 수요도 함께 증가하는 상품을 말한다. 이와는 반대로 소득이 증가할수록 수요가 감소하는 경우도 있는데 이런 재화를 열등재(inferior goods)라고 한다. 대부분의 재화는 정상재이다. 열등재의 예로는 버스, 라면, 돼지고기(쇠고기에 비하여) 등을 들 수 있다. 같은 상품 종류 중에서도 정상재와 열등재가 구분될 수 있다. 예를 들어 같은 소고기라 해도 가격이 낮아서 소득이 낮은 사람들이 애용하는 수입산이 있는 반면에 비싼 가격의 한우는 소득이 높은 사람들이 많이 찾게 된다.

여기서 소득이란 가처분 소득을 말한다. 가처분 소득은 소득에서 세금을 제외한 것이므로 세금이나 세율의 인상은 소비자들의 실질적인 소득을 감소시키는 결과를 초래한다. 따라서 세금의 증가는 가처분 소득의 감소로 이어지고, 수요의 감소와 함께 수요곡선을 왼쪽으로 이동시키게 된다.

이밖에 수요에 영향을 주는 요소로는 그 재화와 연관된 다른 관련 재화의 가격이 있다. 관련 재화에는 두 가지 종류가 특히 중요한데, 그 중 하나가 대체재이고 다른 하나가 보완재이다. 예를 들면 소고기 가격이 오르면 사람들은 소고기 소비량을 줄이고 그 대신 돼지고기 소비를 늘리게 된다. 소고기와 돼지고기는 서로 대체관계에 있기 때문이다. 이와 같이 어느 재화의 가격이 오를 때 관련된 재화에 대한 수요도 늘어나면 이 두 재화는 대체 관계에 있다고 한다. 이와 반대로 어느 재화의 가격이 오르면 관련 재화에 대한 수요가 감소하는 경우가 있다. 예를 들어 휘발유 가격이 오르면 유지비가 많이 소요되므로 자동차에 대한 수요가 감소한다. 이와 같이 어떤 재화의 소비를 위해 꼭 필요한 다른 재화를 보완재라고 한다. 자동차의 휘발유, 프린터와 토너, 햄버거와 콜라 등은 보완재의 예가 된다.

소비자의 선호(preference)도 수요에 영향을 미친다. 예를 들어 우리나라에서 1980년대 초까지만 해도 피자와 햄버거에 대한 수요는 크지 않았다. 그러나 1988년 올림픽 이후 서구 문화의 급속한 도입과 소득의 증가는 소비자들의 입맛을 서구화시켜 피자와 햄버거가 주식 대용으로 될 만큼 수요가 크게 늘었다.

상품이 다양화됨에 따라 수요를 변화시키는 변수 중 광고의 중요성도 커지고 있다. 매일 수많은 신제품이 소개되고 유사상품들이 치열한 경쟁을 해야 하는 상황에서 광고는 이제 필수적인 마케팅 활동이 되어 가고 있다. 광고는 정보를 제공해 수요를 창출하고 확대시키는 역할을 한다. 그러나 경쟁사 간의 지나친 광고는 자원의 낭비를 초래하기도 한다.

소비자의 기대가격(expected price)도 수요를 변화시키는 변수가 된다. 만약 어떤 재화의 가격이 상승할 것으로 기대될 경우 미래 수요가 증가하게 될 것이다. 예를들면 인플레이션이 발생할 것으로 예상될 경우 부동산 가격이 오를 것으로 기대되므로 부동산 수요가 미리 증가하게 된다.

시장수요

이와 같은 개별수요곡선을 합치면 시장수요곡선이 된다. 여기서 개별수요(individual demand)란 수요자 개인의 수요를 말하며, 그 시장의 대표적인 수요를 나타낸다. 시장수요(market demand)는 어떤 시장의 모든 개별수요를 합한 수요를 말한다. 즉 시장 내 모든 개별수요곡선을 수평으로 합하면 그 시장의 수요곡선이 되는 것이다.

3. 공급곡선

공급(supply)이란 생산자가 어떤 가격하에서 상품을 판매하고자 하는 욕구를 말하며, 이를 그 상품의 수량으로 구체화한 것을 공급량(quantity supplied)이라고 한다. 공급량 역시 수요량과 마찬가지로 실제로 구매된 양이 아니라 구매하고자 의도된 양(schedule)이다.

공급량에 영향을 주는 요소 중에 가장 중요한 것은 수요의 경우와 마찬가지로 그 재화의 가격이다. 그 밖에 관련 재화의 가격, 임금이나 이자 등 생산요소의 가격, 기술 수준의 변화, 기업의 목표 그리고 공급자의 수 등도 공급에 영향을 주는 요인들이다. 이러한 관계를 수식으로 표시하면 다음과 같다.

> 공급 = f(가격, 관련재가격, 생산요소가격, 기술수준, 기업 목표, 공급자 수 등)

먼저 공급과 가격의 관계를 보면, 가격이 상승하면 공급자의 입장에서 보면 이익이 증가하므로 공급량을 증가시킬 것이다. 이와 같이 공급과 가격은 같은 방향으로 변화한다.

[그림 2-2]의 직선 S는 공급자가 각각의 가격수준에서 얼마만큼 공급하고자 하는 의도가 있는가를 나타내는 공급곡선(supply curve)이다. 이 직선의 의미는 어떤 재화의 가격이 시장에서 5만 원이라면 이 공급자는 7개 공급할 의사가 있다는 뜻이다. 가격이 7만 원으로 올라가면 공급량은 9개로 늘릴 의사가 있고, 반대로 만약 3만 원으로 내려가면 공급량은 5개로 줄일 것이다. 이처럼 공급자는 가격이 오르면 공급량을 늘리고, 가격이 내리면 공급량을 줄인다.

[그림 2-2] 공급곡선과 공급곡선의 이동

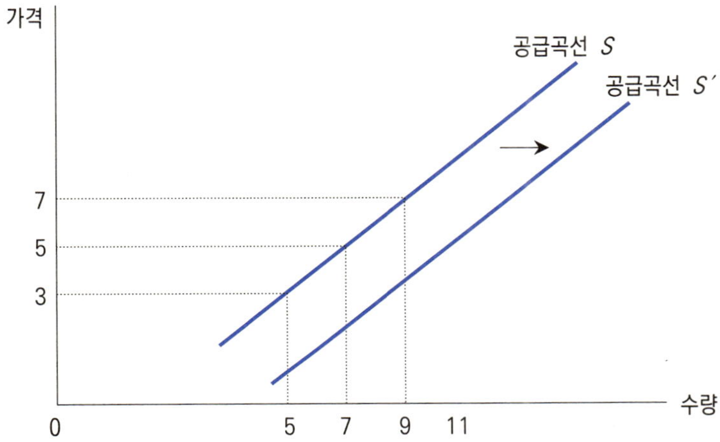

공급의 변화

수요곡선에서처럼 상품의 가격 이외에 다른 여건이 변하면 공급곡선 자체가 움직이게 된다. [그림 2-2]와 같이 공급곡선(S)은 가격과 공급의 관계를 보여 주고 있지만, 가격 이외 다른 요소들이 변화하면 공급곡선은 이동(shift)하게 된다. 공급이 증가하면 공급곡선은 우측으로(S에서 S′로) 이동한다. 그리고 공급이 감소하면 공급곡선은 좌측으로 이동하게 된다.

어떤 재화의 공급에 영향을 미치는 것으로 수요의 경우와 마찬가지로 관련 재화의 가격(other product's price)을 들 수 있다.

생산요소 가격(input price)의 변화도 공급에 영향을 미친다. 임금이나 원자재 가격 등이 상승하면 재화의 공급은 줄어들게 된다. 예를 들어 자동차 부품 가격이 오르게 되면, 완성자의 생산비용 부담이 커지게 되어 이윤이 줄어들 가능성이 커서 자동차 공급이 줄어들게 된다. 가장 중요한 원자재 중의 하나가 원유이다. 특히 우리나라의 경우 원유 해외 의존도가 백 퍼센트이므로 석유수출기구(OPEC)에서 석유생산량 감축을 결정하게 되면 국제 유가는 크게 오르고 원유를 사용하여 생산되는 모든 재화의 생산비가 증가하여 공급은 위축된다.

반면에 생산기술(production technology)이 향상되면 단위당 생산비용이 줄어들어 같은 비용으로 더 많은 재화를 생산할 수 있어서 공급이 증가하게 된다. 예를 들어 자동차 생산에 첨단 자동화 기술이 도입되어 단위당 생산비용이 낮아지면, 같은 비용으로 더 많은 생산이 가능하게 되어 이윤이 늘어날 가능성이 크므로 자동차 공급이 증가하게 된다.

예상가격(expected price)도 공급에 영향을 준다. 제품가격이 상승할 것으로 기대되면 공급자는 현재의 공급을 줄이고 미래에 공급을 늘린다. 아파트 가격이 오를 것으로 예상되면, 현재의 매물을 거두어들이는 현상도 이 때문이다.

기업의 목표(firm's goal)에 따라서도 공급이 변화할 수 있다. 예를 들어 기업의 목표가 이익과 관계없이 시장점유율을 증대시키는 것이라고 한다면 단기적으로 손해가 되더라도 공급을 늘릴 것이다. 과거 우리나라 기업들은 단기의 이익보다 기업의 규모를 키우는 데 주력하는 경향이 있었다. 왜냐하면, 은행들은 기업에 자금을 대출할 때 기업의 경영상태보다는 기업의 매출 규모를 보고 대출을 해 주는 경향이 있었기 때문이다. 그래서 기업들은 시장에서 인정받기 위해 이익이 없더라도 규모 확대에 주력하였기에 부실화를 키웠다는 비판도 받고 있다.

지금까지 이처럼 관련 재화의 가격, 원자재 등 생산요소의 가격, 생산기술의 변화 등이 발생할 때 공급곡선이 이동한다는 것을 살펴봤다.

시장공급

수요에 개별수요와 시장수요가 있듯이, 공급도 역시 개별공급(individual supply)과 시장공급(market supply)으로 구분된다. 시장 내 개별공급자를 합하면 시장공급이 된다. 시장의 공급자 수는 시장공급에는 영향을 미친다. 공급자 수, 즉 해당 제품을 생산하는 기업이 많아지면 시장공급이 증가하게 된다.

4. 수요 · 공급의 탄력성

지금까지는 수요와 공급에 있어서 변화의 방향만을 고려했다. 예를 들면 가격이 상승하면 수요량이 줄고 공급량은 늘어난다는 변화의 방향만을 언급했다. 그러나 변화의 정도도 중요한 문제가 되는데 이러한 변화의 정도를 측정하기 위한 것이 탄력성이라는 개념이다.

탄력성이라는 개념은 원래 물리학에서 사용되는 것을 경제학에 적용시킨 것이다. 탄력성이란 어떤 대상(수량)에 자극(가격)을 주었을 때 반응이 얼마만큼 나타나는가를 의미하는 것으로, 자극의 반응에 대한 영향력의 크기라 할 수 있다. 즉, 어떤 변수가 다른 어떤 변수의 변화에 얼마나 민감하게 반응하는가를 보여 주는 척도가 된다. 이러한 탄력성 개념은 수요와 공급을 분석하여 기업의 시장에 대한 전략 및 정책을 펴는 데 중요한 역할을 하게 된다.

탄력성은 어떤 변화의 원인에 대해 다른 변수가 결과적으로 어느 정도 변화되었는가를 나타내는 지표로써 다음과 같이 측정한다.

$$\text{탄력성} = \frac{\triangle\text{결과\%}}{\triangle\text{원인\%}} \quad \begin{matrix}\leftarrow \text{결과의 변화율} \\ \leftarrow \text{원인의 변화율}\end{matrix}$$

예를 들어, 휴대전화 요금이 10% 오르는 경우, 휴대전화 사용량이 10% 줄어든다면, 휴대전화 요금의 변화가 원인이 되고, 휴대전화 사용량의 변화는 결과가 된다. 이 두 항목의 변화를 상대적 비율을 표시한 것이 탄력성이다. 현실 경제에서 많이 사용하는 몇 가지 탄력성의 예를 살펴보자.

수요탄력성

가격을 올리거나 내릴 때, 수입이 얼마나 변화할 것인가에 대한 답은 수요탄력성으로부터 얻을 수 있다. 또한, 경기의 변화에 따른 시장의 전망을 알고 싶을 때도 수요탄력성에 대한 정보가 필요하다. 수요탄력성(demand elasticity)은 가격이나 소득 등 수요에 영향을 미치는 요인이 1% 변화할 때 수요가 몇 % 변하는가를 보여 주는 지표이다. 수요탄력성의 종류에는 가격 변화에 대한 수요의 변화를 나타내는 가격탄력성, 다른 재화의 가격 변화에 대한 교차탄력성, 그리고 소득의 변화에 따른 소득탄력성 등이 있다. 여기서 수요가 결과이고, 가격이나 소득 등 탄력성 앞에 붙는 단어가 원인이다. 일반적으로 아무 수식어 없이 그냥 수요탄력성이라고 하면 수요의 가격탄력성을 말한다.

수요의 가격탄력성(price elasticity of demand)은 가격 변화에 대해 수요량이 얼마나 민감하게 반응하는가를 보여 주는 지표이다. 이것은 가격변화율에 대한 수요량의 변화율로 측정된다. 이것을 수식으로 표현하면 다음과 같다.

$$\text{수요의 가격탄력성} = \left| \frac{\text{수요량의 변화율}}{\text{가격의 변화율}} \right| = \left| \frac{\dfrac{\text{수요변동분}}{\text{수요량}}}{\dfrac{\text{가격변동분}}{\text{가격}}} \right|$$

탄력성이 0이면, 이는 가격 변화에 대해 수요량이 전혀 반응을 보이지 않음을 뜻한다. 그리고 탄력성이 1이면 가격이 1% 증가할 때 수요량이 1% 감소한다는 뜻이다. 탄력성은 1을 기준으로 0과 1 사이에 있으면 그 재화는 가격의 변화에 대해 수요가 비탄력적(inelastic)이라고 하고, 1보다 크면 탄력적(elastic)이라고 한다. 한편, 탄력성이 1인 경우는 단위 탄력적(unit elastic)이라고 부른다. 일반적으로 농산물을 포함한 생필품은 가격의 변화에 대해 수요량의 변화가 그렇게 크지 않기 때문에 비탄력적이고, 반면에 사치품은 가격의 변화에 대해 수요량의 변화가 크기 때문에 탄력적이다.

수요의 가격탄력성과 판매수입

수요의 가격탄력성은 가격 변동에 따라 소비자 지출액이 어떻게 변화할 것인가에 대한 정보를 제공하기 때문에 기업에게 중요한 정보가 된다. 예를 들어, 어느 상품의 가격탄력성이 1 이라면, 가격이 1% 올라갈 때 수요량 역시 1% 감소하기 때문에 판매 수입에는 변화가 없게 된다. 반면에 수요가 탄력적인 상품의 경우에는 가격을 내리면 가격하락률 이상으로 수요량이 증가하기 때문에 판매수입은 증가하게 된다. 따라서 이럴 때 회사는 가격 인하정책을 사용하면 판매수입을 늘릴 수 있다. 수요가 비탄력적인 상품의 경우에는 반대의 결과가 나타난다.

농산물은 소비량이 거의 일정하기에 비탄력적인 재화이므로 가격이 내리면 가격하락률보다 수요량이 적게 증가하여 판매수입이 줄어든다. 풍년으로 인해 농산물의 공급이 늘어나 가격이 하락할 때 농민의 수입은 오히려 줄어드는 이유가 바로 여기에 있다. 반대로 작황이 좋지 않아 공급이 줄어 농산물 가격이 올라가면 수요량은 크게 줄지 않기 때문에 판매수입이 증가하게 된다. 하지만 농민들은 공급이 감소하는 경우에도 이러한 혜택을 받지 못하게 되는데, 그 이유는 농산물 가격이 올라가면 물가 안정을 위해 정부가 비축농산물의 공급을 늘리기 때문이다. 결국, 가격이 다시 내리게 되어 애초에 가격 상승으로 인해 기대되었던 농민의 판매수입 증가는 이루어지지 않게 되는 경우가 많다.

수요의 가격탄력성의 크기는 상품의 성격이나 시장 조건에 의해서 결정된다. 구체적으로 살펴보면 첫째, 대체재가 많은 상품은 대체재가 적은 상품에 비해 더 탄력적이다. 즉 대체재가 많으면 소비자는 선택의 폭이 넓어지기 때문에 보다 유연하게 가격 인상에 대처할 수 있다. 따라서 가격이 오르는 경우 그 상품에 대한 수요가 더 많이 줄어 가격탄력성은 커지게 된다.

둘째, 가격이 소득에서 차지하는 비중이 큰 상품일수록 수요가 탄력적이다. 왜냐하면, 어떤 재화의 가격이 소득에서 차지하는 비중이 큰 경우에는 소비자는 보다 가격 변화에 민감하게 되기 때문이다.

셋째, 일상생활에 있어서 중요성이 큰 재화일수록 수요의 가격탄력성이 낮다. 예컨대, 생필품에 대한 수요는 비탄력적이고 사치품은 탄력적이다. 생필품은 일상생활에 없어서는 안 되기 때문에 가격이 오르더라도 수요의 변화가 크게 나타나지 않는다. 따라서 소비는 비탄력적이 된다. 반면에 사치품의 경우는 반드시 필요한 것이 아니기 때문에 수요가 가격 변화에 민감하게 반응할 수 없다.

공급탄력성

공급의 경우에도 영향요인에 따라 공급의 가격탄력성, 공급의 요소 가격탄력성, 그리고 공급의 교차탄력성 등 여러 가지 탄력성의 개념을 정의할 수 있다. 이곳에서는 공급의 가격탄력성, 즉 공급탄력성만 설명하기로 하자. 나머지 탄력성은 수요탄력성 개념과 마찬가지로 이해할 수 있을 것이다.

공급탄력성(elasticity of supply)은 가격의 변화에 대한 공급량의 반응 정도를 보여 주는 지표이다. 공급탄력성을 수식으로 표시하면 다음과 같다. 공급은 수요와는 달리 가격과 정비례 관계에 있으므로 탄력성을 계산할 때 절대값 부호를 붙이지 않아도 된다.

$$\text{공급탄력성} = \frac{\text{공급량의 변화율}}{\text{가격변화율}} = \frac{\dfrac{\text{공급변동분}}{\text{공급량}}}{\dfrac{\text{가격변동분}}{\text{가격}}}$$

이렇게 계산된 공급탄력성이 0에서 1 사이에 있으면 비탄력적이라고 하고, 1보다 크면 탄력적이라고 한다. 예를 들어 농산물이나 토지와 같이 가격이 변화하더라도 공급량을 즉시 늘릴 수 없는 특성을 갖고 있는 재화는 공급탄력성이 비탄력적이다. 반면에 공산품은 비교적 가격 변화에 탄력적으로 공급량이 대응할 수 있으므로 탄력적이다. 우리나라 수출액 중에서 높은 비중을 차지하는 반도체의 국제가격이 하락하는 경우, 국내 반도체 생산기업들은 빠르게 공급량을 감소시켜 반도체 가격이 지나치게 하락하는 것을 방지하고자 한다.

공급탄력성의 결정요인

공급탄력성의 크기는 상품의 성격과 생산조건에 따라 결정된다. 첫째, 상품이 잘 변질되지 않아 저장이 용이하고 저장 비용도 적으면 기업은 가격 변화에 보다 유연하게 공급량을 조절할 수 있게 되므로 공급이 탄력적으로 된다. 반면에 저장성이 적고 저장 비용이 크면 가격이 변하더라도 공급을 크게 변화시키지 못하므로 공급이 비탄력적이 된다. 예를 들면 농산물은 부패하기 쉽기 때문에 저장이 어렵고 저장 비용도 높아서 공급이 비탄력적이다. 반면에 공산품은 잘 변질되지 않고 저장 비용도 낮기 때문에 가격의 변화에 공급이 민감하게 반응할 수 있어서 공급이 탄력적이다.

둘째, 공급탄력성은 생산량 증대에 따른 생산비용의 변화 정도에 영향을 받는다. 생산량을 급격히 늘리려고 할 때, 원료가 품귀현상이 일어나는 등 생산비용이 급격히 증가하게 되면 가격이 오르더라도 공급을 크게 증가시킬 수 없게 되므로 비탄력적이 된다. 예를 들어 최근에 정보기술 전문인력을 구하기 어려워 정보 기술 관련 산업의 공급이 쉽게 증가하지 못하는 것을 들 수 있다.

마지막으로, 생산하는 데 기간이 많이 소요되는 재화는 가격의 변화에 대해 공급이 즉각적인 반응을 보일 수 없으므로 비탄력적이 된다. 농산물이나 주택 같은 경우에 시장의 가격이 오르더라도 생산을 늘리는 데 상당한 시일이 소요되기 때문에 즉각적으로 공급을 늘릴 수가 없다. 따라서 농산물과 주택의 공급은 비탄력적인 특성을 갖는다. 반면에 일반 공산품은 가격이 상승하면 공급을 상대적으로 짧은 시간에 늘릴 수 있으므로 공급이 탄력적으로 된다. 이렇게 공급이 비탄력적인 재화의 시장가격은 농산물 파동에서 경험하듯이 폭등하거나 폭락하는 일이 많다.

한편, 농산물이건 공산품이건 간에 장기에는 시설변화 · 신규기업의 진입과 퇴출 등의 변화가 가능하므로 일반적으로 장기 공급탄력성이 단기에 비해 더 탄력적이다.

가격 차별

탄력성의 개념은 가격정책의 수립 외에도 다양한 곳에서 활용된다. 예를 들면 수요의 가격탄력성은 기업의 가격 차별 전략에 활용된다. 동일한 조건에서 생산된 동질적 재화를 다른 가격으로 판매하는 행위를 가격 차별(price discrimination)이라고 한다. 시장을 나눌 수 있고, 또한 각 시장의 수요탄력성이 서로 다를 경우, 기업은 각기 다른 가격으로 판매함으로써 이익을 보다 높일 수 있다.

예를 들면, 소득계층에 따라 수요탄력성이 다를 경우 기업은 소득계층별 가격 차별을 통해 이윤을 높일 수 있다. 영화관람료를 청소년에게는 할인해 주는 이유는 무엇일까. 그 이유는 청소년들은 성인에 비해 소득이 적어서 가격 변화에 민감하므로 학생들은 영화관람료를 낮추어주면 보다 많은 수요가 유발된다. 그러나 성인의 경우 소득이 상대적으로 높기 때문에 학생에 비해 비교적 높은 가격에도 영화를 관람할 수 있다. 따라서 수요가 탄력적인 청소년들에게는 낮은 가격을, 그리고 수요가 비탄력적인 성인들에게는 높은 가격을 받음으로써 이윤을 높일 수 있다. 여기서는 청소년과 성인으로 시장을 구분하는 것이 가능하므로 가격차별화가 가능한 것이다. 그러나 만약에 시장 분할이 불가능하다면 가격 차별은 기업에게 원하는 결과를 가져오지 못한다. 시장이 분할되지 않는 경우 사람들은 모두 가격이 낮은 시장에서 구매하게 되기 때문이다.

다음으로 사용 시간에 따른 가격차별화가 있다. 성수기와 비수기를 구분하여 성수기에는 수요의 가격탄력성이 낮기 때문에 값을 올리고, 비수기에는 수요의 가격탄력성이 높기 때문에 값을 내리는 차별화 전략을 쓴다. 영화관람의 조조할인, 비수기 항공권 및 호텔 요금의 할인, 심야 시간의 전기요금 할인 등이 시간과 기간에 따라 시장을 구분하여 가격차별화 전략을 사용하는 예가 된다.

또한 내수시장과 수출시장의 차별화를 들 수 있다. 수출시장은 내수시장과 비교해 더욱 경쟁 관계에 있는 대체품에 대한 선택의 폭이 크기 때문에 수요가 탄력적이며, 따라서 수출시장에서는 국내시장보다 싸게 판매하는 전략을 사용한다. 삼성 TV를 예로 들면, 국외시장에서는 많은 국가들의 보다 다양한 브랜드가 나와 있기 때문에 국내시장보다 외국시장에서 보다 싸게 파는 가격차별화 전략을 사용하여 매출을 보다 높일 수 있다.

끝으로 신규고객을 기존고객과 차별화하는 전략도 있다. 신규고객은 기존고객에 비해 보다 가격에 탄력적이기 때문에 신규고객에게 할인가격을 제공하여 고객을 확보한다. 일단 단골고객이 되면 해당 재화 및 서비스에 구속이 되기 때문에 가격에 보다 비탄력적이 될 가능성이 높다. 이러한 예는 우리나라의 휴대폰 시장에서 자주 사용된다. 이처럼 탄력성은 현실 경제에서 많이 적용되는 유용한 개념이다.

제 2 절 소비자행동

1. 가계의 소비

다음으로 가계가 상품시장에서 어떻게 경제활동을 하는가에 초점을 맞춘다. 가계는 일정한 소득을 가지고 상품시장에서 자기가 원하는 상품을 구매한다. 이때 가계를 소비자라 하며 소비자 이론은 이들 소비자들이 어떤 제약조건 하에서 자신들의 욕구를 최대화하기 위해 어떤 상품을 얼마만큼 구매하는가를 한계효용이론을 통하여 설명하고자 한다.

효용

사랑하는 가족과 함께 바다가 보이는 멋진 레스토랑에서 저녁을 즐기고 싶다. 크루즈선을 타고 사랑하는 연인과 함께 휴가를 보내고 싶다. 조카들이 원하는 장난감을 다 사주고 싶다. 그런데 문제는 그것을 다 살 만한 돈(소득)이 없다는 것이다. 결국 소비자는 자신의 소득 범위 안에서 무엇을 살까 고민을 해야 할 것이다. 이러한 문제를 해결하려는 소비자 이론은 몇 가지 개념과 가정에서 출발한다.

여기서 중요한 키워드는 가지고 싶다는 욕구와 그것을 실현해줄 수 있는 소득이다. 먼저 욕구에 대해서 살펴보자. 만약에 욕구가 실현된다면 사람들을 만족을 느끼게 된다. 이처럼 재화나 서비스를 소비하면서 얻는 만족 또는 쾌

락을 숫자로 표시할 수 있다고 가정한다. 이와 같은 개념을 경제학에서는 효용(utility)이라고 한다. 이렇게 함으로써 상품소비량과 효용 간의 관계를 함수로 나타낼 수 있다.

한계효용이론

한계효용이론은 기수적 효용(cardinal utility)을 가정한다. 기수적 효용은 상품 소비에서 얻는 주관적이고 심리적인 만족을 자신뿐만 아니라 다른 사람과도 비교 가능한 숫자로 나타낼 수 있다고 가정한다. 예컨대 사과 1개를 먹을 때 갑돌이의 만족도는 10이고, 2개를 먹을 때는 15이다. 이에 비해 사과 1개를 먹을 때 갑순이의 만족도는 5이고 2개를 먹을 때는 3이라고 하자. 그러면 갑돌이는 사과 2개를 먹을 때가 1개를 먹을 때 보다 만족도가 1.5배 높다. 갑순이와 비교하면 사과 1개를 먹을 때 갑돌이의 만족도는 갑순이보다 2배 더 높다고 말할 수 있다는 것이다. 이처럼 기수적 효용은 모든 소비자의 만족도를 정확히 숫자로 나타낼 수 있을 뿐만 아니라 만족도의 정도를 서로 비교할 수 있다는 개념이다. 기수적 효용은 숫자의 특성 중에서 비율척도의 성격을 갖는다는 것을 알 수 있다.

한계효용과 한계효용체감의 법칙

한계효용이론은 이름 자체에서 이미 한계효용(Marginal Utility, MU)이란 개념이 아주 중요하다는 것을 시사하고 있다. 앞에서 살펴본 한계의 개념을 적용하려면 한계효용은 어떤 한 상품의 소비량이 늘어날 때 추가적으로 증가하는 총효용(Total Utility, TU)의 변화를 의미한다. 한계효용을 좀 더 명확하게 설명하고 총효용과 한계효용 간의 관계를 알아보기 위해 소비자가 오렌지라는 상품 하나만 소비한다고 가정하자.

〈표 2-1〉은 한 소비자가 오렌지를 소비하면서 얻는 총효용과 한계효용을 나타내고 있다. 〈표 2-1〉에서 오렌지 소비량에 따른 총효용을 보면 일정 정

도까지는 증가하다가 일정 수준(소비량 6개)을 넘어서면 소비량이 늘더라도 총효용이 오히려 감소한다는 것을 보여준다. 또한 오렌지 소비량이 1단위 늘어날 때마다 추가적인 총효용의 변화를 나타내는 한계효용은 지속적으로 감소하고 있다.

표 2-1. 한계효용과 총효용

개수	총효용	한계효용
1	10	10
2	18	8
3	24	6
4	28	4
5	30	2
6	30	0
7	28	-2

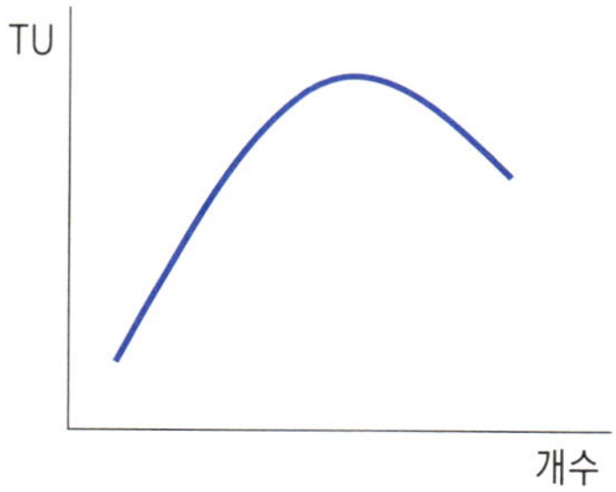

총효용과 한계효용 간의 관계에 대해서 살펴보면, 첫째, 총효용은 각 단위의 한계효용을 합한 것과 일치한다. 예컨대 소비자가 오렌지를 3단위 소비했다고 하자. 〈표 2-1〉에 의하면 이 소비자는 24만큼 총효용을 느낄 것이다. 이것을 한계효용으로 설명하면 이 소비자는 처음 1단위 소비할 때 10만큼, 두 번째 단위 소비에서 추가적으로 8만큼, 세 번째 단위 소비에서 추가적으로 6만큼 한계효용이 늘어난다. 이때 이들 한계효용을 합하면 24로 정확히 총효용과 일치함을 알 수 있다. 한계효용은 단위 소비량 변화에 따른 추가적인 총효용의 변화이므로, 특정 단위까지의 총효용은 그때까지 한계효용을 합한 것과 일치해야 한다.

둘째, 한계효용이 양(+)이면 총효용은 증가하고 음(-)이면 감소하며 0인 점에서 총효용은 최대가 된다. 한계효용이 양이면 추가적으로 효용이 늘어나야 하므로 총효용이 증가하고, 음이면 추가적인 효용이 줄어들기 때문에 총효용이 감소한다.

셋째, 한계효용은 체감하는 경향이 있다. 〈표 2-1〉에서 보듯이 오렌지의 최초 1단위 한계효용이 제일 크고 그 다음 순차적으로 작아지는 것을 알 수 있다. 오렌지를 먹고 싶을 때 처음 먹는 오렌지가 가장 맛있다. 그 다음 2개, 3개

계속 먹다 보면 서서히 오렌지가 물리기 시작할 것이다. 그러다가 7개쯤 먹으면 급기야 배탈(한계효용이 음수)이 날 것이다. 이처럼 우리가 무엇인가 필요한 것을 처음 구입하여 소비할 때 만족이 제일 크다. 그 후 계속해서 동일한 상품을 소비하면 욕구가 조금씩 충족됨에 따라 추가적인 소비에 대한 만족의 크기는 차츰 줄어들어(한계효용 감소), 어느 수준 이상 소비하면 오히려 만족도가 줄어든다(한계효용 음수). 이렇게 소비량이 증가하면서 한계효용이 점차 감소하는 성향을 한계효용체감의 법칙(law of diminishing marginal utility)이라 한다.

이 법칙은 우리가 일상생활에서 자주 경험하는 현상이다. 목이 마를 때 마시는 첫 번째 음료수 한 컵, 배고플 때 처음 떠먹는 밥 한술의 감미로움을 생각해 보자. 사랑도 첫사랑이 가장 애틋하고 오래 가지 않는가. 우리가 어떤 일이든 항상 처음 경험하게 되면 가장 큰 감동을 받게 되는데, 이 법칙은 그 점을 잘 설명해주고 있다. 결국 한계효용체감의 법칙은 새 것과 처음을 좋아하는 우리 인간들의 본성에서 비롯된 것이라 할 수 있다.

2. 소득효과와 대체효과

가격 변화에 따른 소비량의 변화는 소득효과(income effect)와 대체효과(substitution effect)로 나눌 수 있다. 이 두 가지 효과를 보기 위해 소비자가 콜라 가격의 하락에 어떻게 반응하는지 살펴보자. 그는 다음과 같이 생각할 것이다.

- **소득효과** : 와, 잘 됐다! 콜라 가격이 하락했으니 내 소득의 구매력이 더 커졌다. 나는 이제 더 부자가 된 셈이구나. 더 부자가 되었으니 콜라도 사이다도 더 많이 사 먹어야겠다.
- **대체효과** : 콜라 가격이 하락했으니 내가 사이다 1병을 포기할 때마다 더 많은 콜라를 살 수 있구나. 상대적으로 사이다가 더 비싸진 셈이니 사이다는 덜 사 먹고 콜라를 더 사 먹어야겠다.

어떤 반응이 더 그럴듯하게 느껴지는가. 사실은 두 가지 모두 당연한 반응이다. 콜라 가격의 하락은 소비자 입장에서는 좋은 것이다. 두 재화가 정상재라면 소비자는 높아진 구매력으로 두 재화의 소비를 모두 늘리고자 할 것이다. 소득효과로 인해 소비자는 콜라와 사이다 소비를 모두 늘린다. 동시에 콜라가 사이다에 비해 상대적으로 싸졌다. 이러한 대체효과로 인해 소비자는 상대적으로 더 싸진 콜라를 더 많이 소비하고, 상대적으로 비싸진 사이다를 덜 소비한다.

이제 이 두 가지 효과의 최종적 결과를 〈표 2-2〉와 같이 생각해 보자. 소비자의 콜라 소비는 확실히 증가한다. 왜냐하면 소득효과와 대체효과가 모두 콜라의 소비를 증가시키기 때문이다. 그러나 이 소비자가 사이다 소비를 늘릴지 줄일지는 알 수 없다. 그 이유는 소득효과와 대체효과가 반대 방향으로 작용하기 때문이다.

표 2-2. 콜라 가격 하락 시 소득효과와 대체효과

재화	소득효과	대체효과	총효과
콜라	소비자 소득 증가 콜라 소비 증가	상대적 콜라 가격 하락 콜라 소비 증가	소득효과와 대체효과가 같은 방향의 움직임으로 콜라 소비 증가
사이다	소비자 소득 증가 사이다 소비 증가	상대적 사이다 가격 상승 사이다 소비 감소	소득효과와 대체효과가 반대 방향의 움직임으로 사이다 소비 예측 어려움

제 3 절 기업행동

1. 기업의 목적

기업은 노동자를 고용하여 기계 등의 자본 설비로 생산 활동을 행하는 경제주체이다. 시장에서는 수많은 기업이 경쟁하고 있지만, 그들의 최대목표는 말할 것도 없이 이윤추구, 즉 이익을 보다 크게 하는 것이다. 이렇게 말하면 기업의 목표는 급료를 많이 지불하여 종업원들을 행복하게 하는 것 또는 주주의 이익확보가 기업의 목표라고 하는 의견이 있을 것이다. 또 기업은 사회적 책임을 다함으로써 존재의 의의가 있다고 하는 사람도 있다. 분명히 이러한 의견도 틀리지 않았다. 이것들 모두 기업의 목표라고도 말할 수 있다.

기업의 목적은 장기적인 이익을 만들어내는 것

그러나 결국 기업의 목적은 장기적인 이익의 추구라고 해도 틀림이 없다. 왜냐하면 이윤을 획득할 수 있어야 종업원의 경제적인 요구에 대응할 수 있고 또 사회적으로 공헌할 수 있으며, 주주의 배당도 가능하게 되기 때문이다.

기업의 사회적인 공헌도 타산을 도외시할 수는 없다. 사회적 공헌을 함으로써 그 기업에 대한 소비자의 이미지가 좋아지면 유리한 입장에서 제품을 판매할 수 있으며, 또 고용에 있어서도 우수한 인재를 확보하기가 쉬워진다. 따라서 기업의 사회적 공헌은 장기적인 이윤추구와 모순되지 않을 것이다.

이렇게 생각하면 그 외의 목표, 예를 들어 장기적인 점유율의 확대 등도 장기적인 이윤추구의 한 가지 수단으로 해석할 수 있다.

2. 비용

우리가 매일 소비하는 재화와 서비스는 기업에 의해 생산된다. 경제는 수많은 기업들로 이루어져 있다. 이 중에는 자동차 제조업체인 현대자동차나 가전제품 생산업체인 삼성전자처럼 수천, 수만 명의 근로자를 고용하고 수천 명의 주주에 의해 소유된 대기업이 있는가 하면, 동네에 있는 조그마한 가게처럼 한 사람이나 한 가족이 소유하고 있는 종업원 몇 명의 사업체도 있다.

앞에서 우리는 공급곡선을 통해 기업의 생산에 관한 의사결정을 설명하였다. 공급의 법칙에 따르면, 제품가격이 높을수록 기업들은 그 제품을 더 많이 생산-판매하려 한다. 따라서 공급곡선은 우상향(플러스)의 기울기를 갖는다. 공급의 법칙만 알면 기업의 행태에 관한 많은 문제를 분석할 수 있다.

이제 기업의 의사결정에 대하여 살펴보려고 한다. 한 시장의 공급곡선 배후에 있는 의사결정을 좀 더 잘 이해할 수 있을 것이다. 이와 함께 가격과 생산량에 관한 기업들의 의사결정이 그 기업이 직면하고 있는 시장 여건에 의해 어떤 영향을 받는지를 연구하는 산업조직론(industrial organization) 일부를 다룰 것이다. 예를 들어, 어느 동네에 피자 가게는 여러 개 있지만, 유선 TV 방송은 하나만 있을 가능성이 높다. 그렇다면 시장을 구성하는 기업 수의 차이는 이들 시장에서 형성되는 가격과 자원 배분에 어떤 영향을 미칠까. 산업조직론은 바로 이런 문제를 다룬다.

그러나 산업조직론에 관한 분석에 앞서 생산비용에 대해 공부할 필요가 있다. 모든 기업은 거대한 항공사든 동네에 있는 조그마한 과자 공장이든 재화와 서비스를 생산하여 판매한다. 생산비용은 기업의 생산과 가격을 결정하는 중요한 변수다. 경제학자들이 기업 비용을 측정하기 위해 사용하는 여러 변수를 먼저 살펴보고, 이 변수들이 서로 어떤 관계가 있는지 알아볼 것이다. 이번 주제는 다소 건조하고 기술적인 내용이지만, 이후 우리가 공부할 흥미진진한 주제들을 이해하기 위해서는 반드시 알아야 하는 기초 지식이다.

우선 어떤 과자 공장의 비용에 대해 생각해 보자. 이 과자 공장의 주인은 밀가루와 설탕, 향료 등 기타 재료와 믹서, 오븐 등 도구를 구입하고 근로자를 고용하여 과자를 생산한 다음 소비자들에게 판매한다. 이제 이 과자 공장 주인이 사업을 하면서 직면하는 몇 가지 이슈에 대해 살펴봄으로써 모든 기업들에게 적용되는 결론들을 도출해보자.

총수입, 총비용, 이윤

먼저 기업의 목적에 대해 생각해 보자. 기업이 어떤 결정을 내리는지 이해하려면 우선 기업이 무엇을 하려는지 알아야 하기 때문이다. 과자 공장 주인이 세상 사람들에게 맛있는 과자를 만들어 공급하겠다는 이타적 동기 혹은 제과업에 대한 열정 때문에 과자 공장을 창업할 수도 있겠지만, 그보다는 돈을 벌 목적으로 사업을 시작했을 가능성이 더 높다. 경제학자들은 기업의 목표가 이윤을 극대화하는 데 있다고 가정하며, 실제로 대부분의 경우에 이 가정은 잘 들어맞는다.

그렇다면 기업의 이윤이란 무엇일까. 기업이 생산산 재화(과자)를 판매하여 벌어들인 금액을 총수입(total revenue)이라 하고, 기업이 생산요소(밀가루, 설탕, 오븐, 근로자 등)를 구입 및 고용하는 데 지출하는 금액을 총비용(total cost)이라고 한다. 수입 중에서 비용을 충당하고 남은 부분을 과자 공장 주인이 차지한다. 이와 같이 이윤(profit)은 기업의 총수입에서 총비용을 뺀 금액으로 정의된다.

이윤 = 총수입 - 총비용

과자 공장 주인의 사업 목표는 가능한 많은 이윤을 남기는 것이다. 기업이 어떤 식으로 이윤을 극대화하는지 알아보기 위해서는 총수입과 총비용을 어떻게 측정하는지에 대해 잘 알아야 한다. 총수입은 기업이 생산하는 제품의 산출량에 그 제품의 판매가격을 곱하면 쉽게 구할 수 있다. 만약 앞에서 예로 든 과자 공장 주인이 과자를 10,000개 만들어서 1개에 2천 원씩 받고 판다면 총수입은 2,000만 원이 된다. 그러나 기업의 총비용을 계산하는 일은 총수입에서 계산하는 것보다 복잡하다.

기회비용

어떤 기업의 비용을 계산할 때 우리는 경제학의 기본원리 중의 하나인 선택의 대가는 그것을 얻기 위해 포기한 그 무엇이라는 원리를 기억할 필요가 있다. 어떤 물건의 기회비용은 그것을 얻기 위해 포기해야 하는 모든 것을 말한다. 경제학자들이 어떤 기업의 생산비용에 대해 언급할 때는 재화와 서비스를 생산하는 데 따르는 모든 기회비용을 포함한다.

어떤 기업의 생산에 따르는 기회비용은 분명한 경우도 있고, 그렇지 않은 경우도 있다. 과자 공장 주인이 100만 원을 주고 밀가루를 구입하면, 이 돈으로 다른 물건을 살 수 없으므로 기회비용은 100만 원이다. 마찬가지 이유로 근로자들에게 지급하는 임금도 기업의 비용에 포함된다. 이러한 재료비나 인건비는 기업이 현금으로 비용을 지출해야 하므로 명시적 비용(explicit costs)이다. 이에 반해 기업의 기회비용 중에는 현금지출을 필요로 하지 않는 암묵적 비용(implicit costs)도 있다. 예를 들어 과자 공장 주인이 숙련된 컴퓨터 프로그래머이고, 이 일을 하면 1시간에 10만 원을 벌 수 있다고 하자. 이 경우 과자 공장 주인은 자기 가게에서 1시간 일을 하면 10만 원의 수입을 포기하는 셈이므로 포기한 소득도 비용에 포함되어야 한다.

명시적 비용과 암묵적 비용의 차이는 어떤 기업을 분석하는 데 있어 경제학자와 회계사의 시각 차이를 분명히 보여 준다. 경제학자들은 기업이 어떤 식으로 생산량과 가격을 결정하는지 연구하는 데 관심이 있으므로 비용을 계산할 때 모든 명시적 비용과 암묵적 비용을 고려한다. 그러나 회계사들은 기업으로 유입되는 돈과 기업에서 유출되는 돈의 흐름을 추적하는 것이 그 목적이므로 명시적 비용만 감안하고 암묵적 비용은 무시하는 경우가 많다.

경제학자와 회계사의 비용 개념에 관한 인식 차이는 앞에서 설명한 과자 공장의 예를 통해 쉽게 이해할 수 있다. 과자 공장 주인이 컴퓨터 프로그래머로서 벌 수 있는 소득을 포기할 경우 회계사는 이 금액을 과자 공장 경영비용으로 보지 않는다. 이 비용은 실제로 과자 공장에서 지급되지 않아 회계장부상에 나타나지 않기 때문이다. 그러나 경제학자는 포기한 소득을 비용에 포함시킨다. 포기한 소득의 크기가 이 과자 공장 주인의 사업 결정에 영향을 미치기 때문이다. 예를 들어 이 과자 공장 주인이 컴퓨터 프로그래머로 받을 수 있는 임금이 시간당 10만 원에서 50만 원으로 높아지면 과자 공장을 운영하는 비용이 너무 높아져서 아예 과자 공장을 닫고 전업 컴퓨터 프로그래머로 일할 수도 있다.

기회비용으로서의 자본비용

거의 모든 사업에서 중요한 암묵적 비용은 그 사업에 투입된 금융자본의 기회비용이다. 예컨대 앞의 과자 공장 주인이 저축해두었던 돈 3억 원을 주고 과자 공장을 인수했다고 하자. 만일 그 돈을 연리 5%가 지급되는 저축예금 계좌에 넣어두었더라면 1년에 1,500만 원을 벌었을 것이다. 따라서 과자 공장이라는 사업체를 소유하기 위해 이 사람은 1년에 1,500만 원의 이자소득을 포기한 것이다. 그러므로 포기한 이자소득 1,500만 원은 과자 공장 사업의 기회비용에 포함되어야 한다.

앞에서 언급한 것처럼 경제학자들과 회계사들이 파악하는 비용은 서로 다른데, 이러한 차이는 특히 자본비용의 경우에 두드러지게 나타난다. 앞의 예에서 과자 공장 주인이 포기한 매년 1,500만 원의 이자소득은 암묵적 비용이기에, 경제학자들은 이 비용을 과자 공장 사업을 운영하는 데 따르는 비용에 포함시킨다. 그러나 회계사들은 이 비용을 지불하기 위해 실제로 과자 공장에서 1,500만 원의 현금이 유출되지 않으므로 포기한 이자소득을 비용이라고 보지 않는다.

경제학자들과 회계사들의 비용에 대한 견해 차이를 더욱 자세히 알아보기 위해 앞의 예를 약간 수정해보자. 과자 공장을 구입하는 데 자기 자금을 3억 원을 투입한 것이 아니라 저금해둔 돈 1억 원과 연 5%로 은행에서 대출받은 자금 2억 원을 합한 것이라고 하자. 명시적 비용만을 비용으로 파악하는 회계사는 이제 차입금에 대한 연간 지급이자 1,000만 원을 비용으로 계산할 것이다. 이 금액이 실제로 기업에서 유출되기 때문이다. 반면에 경제학자의 계산에 따르면 이 경우에도 기회비용은 앞에서와 같은 연 1,500만 원이다. 기회비용은 차입금에 대한 지급이자 1,000만 원(명시적 비용)과 포기한 저축예금 이자소득 500만 원(암묵적 비용)을 합한 금액이기 때문이다.

경제학적 이윤과 회계학적 이윤

이제 기업의 경영 목적인 이윤으로 돌아가자. 경제학자들과 회계사들은 비용을 다르게 보기 때문에 이들이 계산하는 이윤도 서로 다르다. 경제학적 이윤(economic profit)은 기업의 총수입에서 그 기업이 판매하는 재화와 서비스의 생산에 따르는 모든 기회비용(명시적 비용과 암묵적 비용)을 뺀 금액이다. 반면에 회계학적 이윤(accounting profit)은 기업의 총수입에서 명시적 비용만을 뺀 금액이다.

3. 생산과 비용

기업이 판매할 재화와 서비스를 생산하는 데 필요한 생산 요소들을 구입하면 비용이 든다. 앞에서 소개한 과자 공장의 예를 사용하여 기업의 생산과정과 총비용의 관계를 살펴볼 것이다.

다음 분석에서 우리는 매우 중요한 한 가지 단순화 가정을 사용한다. 우리는 과자 공장의 규모는 고정되어 있고, 과자 생산을 늘리기 위해서는 근로자를 더 고용하는 방법밖에 없다고 가정한다. 이 가정은 단기적으로는 옳지만, 장기적으로는 옳지 않다. 공장 규모를 하루아침에 늘릴 수는 없지만, 1년 정도의 기간이면 가능하기 때문이다. 따라서 이 가정을 사용한 다음의 분석은 단기 생산과정에 대한 분석으로 봐야 한다.

표 2-3. 생산함수와 총비용

근로자 수	산출량	노동의 한계생산물	공장비용	인건비	총비용
0	0		30,000	0	30,000
1	50	50	30,000	10,000	40,000
2	90	40	30,000	20,000	50,000
3	120	30	30,000	30,000	60,000
4	140	20	30,000	40,000	70,000
5	150	10	30,000	50,000	80,000
6	155	5	30,000	60,000	90,000

〈표 2-3〉은 과자 생산에 투입된 근로자의 수와 과자 생산량의 관계를 보여 준다. 이 공장에 근로자를 1명도 두지 않으면 과자를 전혀 생산할 수 없다. 근로자가 1명 있으면 과자를 50개 만들 수 있다. 근로자가 2명이면 생산량은 90개가 된다.

〈표 2-3〉의 제1열과 2열에 표시된 수치들을 그래프로 나타낸 것이 [그림 2-3]이다. 생산요소(근로자) 투입량과 산출량(과자)의 이와 같은 관계를 생산함수(production function)라고 부른다.

경제학의 기본원리 중에는 합리적 판단은 한계적으로 이루어진다는 것이 있다. 이러한 개념은 기업이 근로자를 몇 명 고용하여 산출물을 얼마나 생산할지를 어떻게 결정하는지 이해하기 쉽다. 이러한 의사결정에 한 발 더 접근하기 위해 〈표 2-3〉의 제3열에는 근로자의 한계생산성 수치가 제시되어 있다. 어느 생산요소의 한계생산물(marginal product)은 생산요소의 투입량을 한 단위 증가시킬 때 창출되는 산출량의 증가분을 말한다. 근로자 수가 1명

[그림 2-3] 생산함수와 총비용곡선

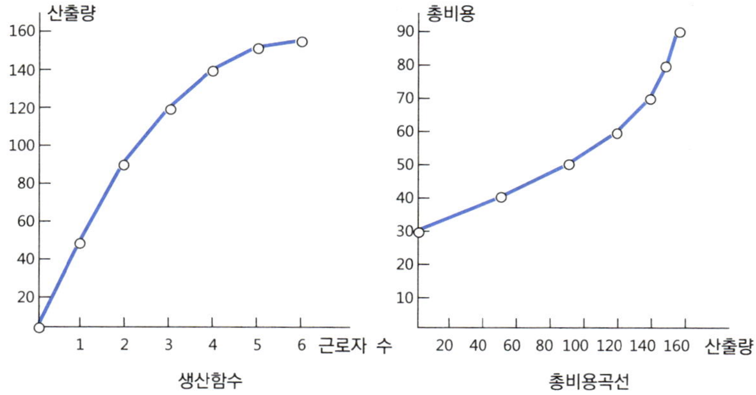

에서 2명으로 증가함에 따라 과자 산출량은 50개에서 90개로 증가한다. 따라서 두 번째 근로자의 한계생산성은 과자 40개다. 근로자 수가 2명에서 3명으로 증가하면 과자 산출량은 90개에서 120개로 증가하므로 세 번째 근로자의 한계생산성은 과자 30개다.

이 예에서 근로자의 수가 늘어남에 따라 한계생산물이 줄어든다는 점에 주목해야 한다. 두 번째 근로자의 한계생산성은 과자 40개고, 세 번째 근로자의 한계생산성은 과자 30개, 네 번째 근로자의 한계생산성은 과자 20개로 점점 적어진다. 이러한 현상을 한계생산물 체감현상(diminishing marginal product)이라고 한다.

처음에 근로자가 몇 사람밖에 없을 때에는 각 근로자들이 주방기계를 쉽게 사용할 수 있다. 그러나 근로자 수가 늘어남에 따라 추가로 고용된 근로자들은 종전의 근로자들과 기계를 함께 사용해야 하고 보다 혼잡한 상태에서 작업을 해야 한다. 따라서 근로자 수가 늘어남에 따라 과자 생산량의 증가분은 점점 작아진다.

한계생산물 체감현상은 [그림 2-3]을 보아도 분명히 알 수 있다. 생산함수의 기울기는 추가로 투입되는 근로자 수에 대한 과자 생산량 증가분의 비율이므로 근로자의 한계생산성을 나타낸다. 근로자 수가 늘어남에 따라 한계생산물은 감소하고 생산함수의 기울기는 더 평평해진다.

고정비용과 가변비용

기업의 총비용은 고정비용과 가변비용의 두 유형으로 구분할 수 있다. 고정비용(fixed costs)은 생산량에 따라 변하지 않는 비용이다. 따라서 고정비용은 아무것도 생산하지 않아도 계속 지출되는 비용이다. 레모네이드 가게를 예를 들면, 레모네이드의 생산량이 얼마가 되든 임대료는 지불해야 하므로 임대료는 고정비용이다. 만일 회계처리를 전담하는 직원을 고용한다면 레모네이드 생산량에 관계없이 월급을 지불해야 하므로 이 직원에 대한 보수도 고정비용이다.

〈표 2-4〉의 제3열은 레모네이드 가게의 고정비용을 나타내는데 이 예에서는 시간당 3,000원이다.

한편 기업의 비용 중에는 생산량에 따라 달라지는 것도 있는데, 이런 비용을 가변비용(variable costs)이라고 한다. 레모네이드 가게의 예에서 가변비용에는 레몬, 설탕, 종이컵, 빨대 등이 포함된다. 레모네이드를 더 생산하려면

표 2-4. 고정비용과 가변비용

산출량	총비용	고정비용	가변비용	평균 고정비용	평균 가변비용	평균 총비용	한계비용
0	3,000	3,000	0				
1	3,300	3,000	300				
2	3,800	3,000	800				
3	4,500	3,000	1,500				
4	5,400	3,000	2,400				
5	6,500	3,000	3,500				
6	7,800	3,000	4,800				
7	9,300	3,000	6,300				
8	11,000	3,000	8,000				
9	12,900	3,000	9,900				
10	15,000	3,000	12,000				

이들 품목이 더 필요하기 때문이다. 또 레모네이드 생산을 늘리기 위해 종업원을 추가로 고용한다면 이들에게 지급되는 월급 역시 가변비용이 된다. 〈표 2-4〉의 제4열은 이 가게의 가변비용을 나타낸다. 생산하지 않으면 가변비용은 0이고, 생산량이 1잔이면 가변비용은 300원, 2잔이면 800원이 된다.

어느 기업의 총비용은 고정비용과 가변비용의 합과 같다. 〈표 2-4〉에서 제2열의 총비용은 제3열의 고정비용에 제4열의 가변비용을 더한 수치다.

평균비용과 한계비용

레모네이드 가게 주인은 생산량을 결정해야 하는데, 이 결정에서 중요한 것은 생산량을 변동시킴에 따라 비용이 어떻게 변하는가 하는 것이다. 이 가게 주인은 생산 책임자에게 생산비와 관련한 다음 두 가지 질문을 던질 것이다.

- 레모네이드 1잔을 만드는 데 드는 비용은 얼마인가.
- 레모네이드 1잔을 더 만드는 데 드는 추가 비용은 얼마인가.

이 두 질문에 대한 답이 같을 것 같지만 사실은 그렇지 않다. 이 두 질문에 대한 답 모두 기업의 생산량 결정을 이해하는 데 중요하다.

제품의 한 단위를 생산하는 데 드는 비용을 계산하기 위해서는 기업의 총비용을 산출량으로 나누면 된다. 예를 들어 레모네이드 가게에서 1시간에 레모네이드를 2잔 생산하고 그 총비용이 3,800원이라면 레모네이드 1잔의 생산비용은 3,800원 / 2 = 1,900원이다. 이처럼 총비용을 산출량으로 나눈 수치를 평균총비용(average total cost)이라고 한다. 총비용은 고정비용과 가변비용의 합과 같으므로 평균총비용은 평균고정비용과 평균가변비용의 합으로 표시될 수 있다. 여기서 평균고정비용(average fixed cost)은 고정비용을 산출량으로 나눈 것이고, 평균가변비용(average variable cost)은 가변비용을 산출량으로 나눈 것이다.

평균총비용은 제품 한 단위를 생산하는 데 소요되는 비용을 나타내지만, 기업이 생산량을 변동시킬 때 총비용이 어떻게 변하는지 말해주지는 않는다.

〈표 2-5〉의 제8열은 기업이 생산량을 한 단위 증가시킴에 따라 총비용이 얼마나 증가하는지 보여 주는데, 이 수치를 한계비용(marginal cost)이라고 부른다. 예컨대 레모네이드 생산량을 2잔에서 3잔으로 늘리면 총비용은 3,800원에서 4,500원으로 증가하므로 레모네이드 세 번째 잔의 한계비용은 4,500원 - 3,800원, 즉 700원이다.

표 2-5. 평균비용과 한계비용

산출량	총비용	고정비용	가변비용	평균 고정비용	평균 가변비용	평균 총비용	한계비용
0	3,000	3,000	0	–	–	–	
1	3,300	3,000	300	3,000	300	3,300	300
2	3,800	3,000	800	1,500	400	1,900	500
3	4,500	3,000	1,500	1,000	500	1,500	700
4	5,400	3,000	2,400	750	600	1,350	900
5	6,500	3,000	3,500	600	700	1,300	1,100
6	7,800	3,000	4,800	500	800	1,300	1,300
7	9,300	3,000	6,300	430	900	1,330	1,500
8	11,000	3,000	8,000	380	1,000	1,380	1,700
9	12,900	3,000	9,900	330	1,100	1,430	1,900
10	15,000	3,000	12,000	300	1,200	1,500	2,100

이러한 비용 개념들을 수식으로 표시하면 이해에 도움이 될 것이다. 산출량을 Q, 총비용을 TC, 평균총비용을 ATC, 한계비용은 MC라 하면, 다음과 같다.

> 평균총비용 = 총비용 / 산출량
> ATC = TC / Q

> 한계비용 = 총비용의 변화량 / 산출량의 변화량
> MC = △TC / △Q

여기서 △는 그리스 문제 델타로 어떤 변수의 변화량을 나타낸다. 이 방정식들은 평균비용과 한계비용이 총비용에서 어떻게 도출되는지를 보여준다.

[그림 2-4] 평균비용곡선과 한계비용곡선

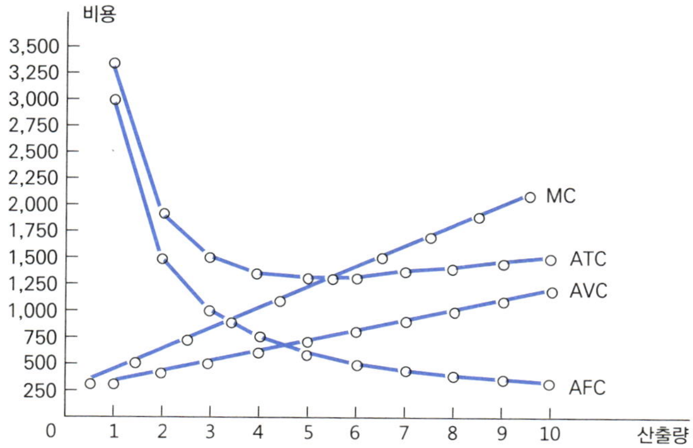

평균총비용은 총비용이 생산되는 제품 모든 단위에 똑같이 배분될 경우 한 단위를 생산하는 데 드는 비용을 말한다. 한계비용은 산출량 한 단위를 증가시킬 때 총비용의 증가를 나타낸다. 이는 기업의 생산에 관한 의사결정에 있어 평균비용과 한계비용의 개념은 매우 중요하다.

규모의 경제와 규모의 비경제

장기 평균총비용곡선의 모양은 생산기술에 관한 중요한 정보를 제공한다. 산출량이 증가함에 따라 장기 평균총비용이 하락하면 규모의 경제(economies of scale)가 존재한다고 말한다. 산출량이 증가함에 따라 장기 평균총비용이 상승하면 규모의 비경제(diseconomies of scale)가 존재한다고 말한다. 장기 평균총비용이 산출량과 관계없이 일정하면 규모에 대한 수익불변(constant returns to scale)이라고 말한다.

예를 들어 현대자동차의 자동차 생산량이 상대적으로 작을 때는 규모의 경제가 존재하고, 생산량이 중간 수준일 때는 규모에 대한 수익불변이 작용하며,

생산량이 커지면 규모의 비경제가 나타난다. 예컨대 최신의 조립라인에 의한 생산방식을 운영하기 위해서는 많은 근로자가 각자의 직무에 특화해야 하므로 규모의 경제가 성립한다. 만일 현대자동차가 소량생산을 한다면 이러한 규모의 경제에 따른 이득을 실현할 수 없고, 따라서 평균총비용은 높을 것이다. 반면에 조직이 비대해져서 경영인이 감독을 제대로 하기 어려워진다면 규모의 비경제가 나타날 수 있다. 자동차의 생산규모가 커질수록 경영진의 업무량이 늘어나 비용을 효과적으로 절감하기 어려워지기 때문이다.

이 분석을 통해 장기 평균총비용곡선이 [그림 2-5]와 같이 왜 U자형인지 알 수 있다. 기업의 생산규모가 작을 때는 생산규모를 늘릴수록 전문화의 이점을 살릴 수 있는 반면, 업무조정은 큰 문제가 되지 않는다. 그러나 생산규모가 커짐에 따라 전문화의 이점은 모두 실현되고, 점점 업무조정이 문제로 대두된다. 따라서 생산규모가 작을 때는 생산량이 증가함에 따라 장기 평균총비용곡선이 하락하다가 생산규모가 커짐에 따라 평균총비용 곡선은 다시 상승한다.

[그림 2-5] 전형적인 기업의 비용곡선

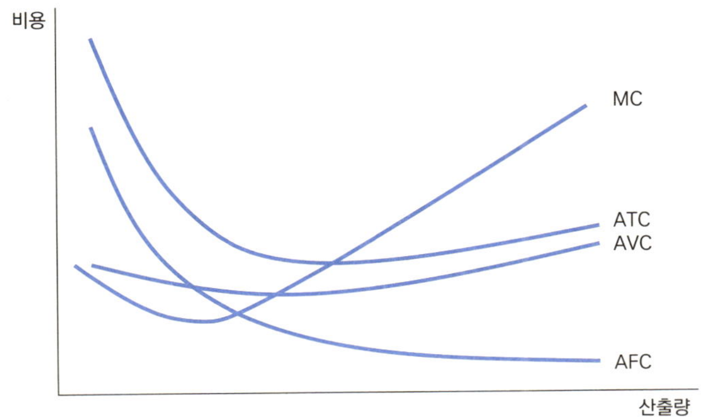

제 4 절 시장의 기능과 가격메커니즘

시장의 형태와 특징

시장(market)이란 무엇인가. 시장은 크게 생산물시장(product market)과 요소시장(factors market)의 두 가지 형태로 구분된다. 생산물시장이란 기업들이 생산한 재화와 서비스가 거래되는 시장을 말하며, 요소시장이란 가계가 소유하고 있는 노동, 자본, 토지 등과 같은 생산요소들의 서비스가 거래되는 시장을 말한다. 여기서는 상품시장(생산물시장)을 중심으로 설명하고자 한다.

흔히 시장이라 하면 상인이 출몰하고 물품이 모이는 어떤 특정한 구역을 연상한다. 그러나 경제학의 측면에서 보면 시장이란 어떤 특정한 장소라기보다는 상품에 대한 수요와 공급에 관한 정보가 교환되고 그 결과로 상품이 판매되는 매개체라고 할 수 있다. 다시 말해서 시장(market)이란 재화 및 서비스 등에 대한 수요–공급에 관한 정보가 수요–공급자 간에 교환되고, 그 결과로 상품이 매매되는 매개체로서의 유형 · 무형의 조직 또는 장소를 말한다. 예를 들면, 채소 · 과일 등을 판매하는 야채시장 및 과일시장과 노동시장 등을 생각해 볼 수 있다.

파는 사람과 사는 사람들이 청과물시장에서와 같이 물리적으로 같은 장소에 있는 경우가 있는가 하면 국제 외환시장에서와 같이 멀리 떨어져 있는 양 당사자가 전화나 전신 혹은 그 밖의 통신수단에 의하여 연결되어 있는 경우도 있다. 경제학에서 의미하는 시장이란 재화를 교환하기 위하여 사람들끼리 꼭 만나야 할 필요가 없으며 또한 실제 교환하고 있는 장소를 의미할 필요도 없다.

시장에는 언제나 서로 상반된 이해관계를 갖는 힘이 작용한다. 물건을 팔려고 하는 사람들은 일단 서로 경쟁 관계에 있으며, 모두 사는 사람들로부터 최량의 주문을 받아내고자 한다. 파는 사람들을 하나의 집단으로 본다면, 사는 사람들의 집단과도 이해관계가 상반된다. 사는 사람들 또한 서로가 경쟁 관계에 있고, 파는 사람들로부터 최고의 조건을 얻어 내고자 하므로 집단 전체로 보면 파는 사람들의 집단과 이해관계가 상반된다. 이렇게 됨으로서 이해의 충동과 경쟁이 끊임없이 일어난다.

시장에서는 조화나 협력보다는 경쟁이나 이해의 상충이 오히려 다반사이다. 그러나 이러한 개개의 경쟁 관계가 마침내는 전체로 하나의 조화를 이루게 되고 혼란이 결국에는 큰 질서를 낳게 된다. 서로 상충하는 이해관계가 오히려 모든 거래당사자에게 이익을 가져다준다는 것이 아담스미스 (A. Smith)의 이른바 보이지 않는 손(invisible hand)의 작용이며, 이것이야말로 자유시장의 매력이라 하지 않을 수 없다.

시장구조의 종류와 특징

판매자의 수, 상품의 성질, 진입장벽 등에 따라 개별기업이 직면하는 수요곡선의 형태가 달라지고, 기업의 가격 및 산출량에 관한 의사결정, 즉 기업의 행동도 달라지는 것을 알 수 있다. 경제학에서도 기업의 행동에 영향을 미치는 이와 같은 시장 조직상의 특성을 시장구조(market structure)이라고 부른다. 특히 진입장벽(barrier to entry)의 경우는 그 생성요인에 따라 제도적 진입장벽과 기술적 진입장벽으로 분류할 수 있다. 제도적 진입장벽에는 특허권, 정부의 인허가, 전매권(market franchise) 등이 있고, 기술적 진입장벽에는 규모의 경제, 즉 기업의 최적 규모에 비하여 상대적으로 작은 시장규모가 있다.

새로운 기업이 기존산업에 진입하기 위해서는 굉장히 값비싼 생산설비와 대규모 자본이 필요하다. 이와 같은 사업의 규모와 기타의 이유 등으로 새로운 산업에 진입하기에는 많은 어려움이 따른다. 또한 어떤 기업이 생산기술 등의 비교우위로 인하여 독점권을 획득할 수 있다.

시장구조의 결정요인, 즉 기업의 수, 각 기업의 상품의 동질성 여부, 그리고 그 시장에 새로운 기업이 진입할 수 있는 난이도 등에 따라서 시장구조의 형태를 수분하여 볼 수 있다.

특히, 기업의 판매수입(단위당 판매가격 × 판매량)은 그 기업이 어떤 종류의 시장에 속하는가에 따라 달라지기 때문에 각 시장형태에 따라 이윤을 극대화하는 산출량 및 가격수준도 달라지게 된다. 따라서 시장의 형태와 그 특성을 살펴보아야 할 것이다.

제 5 절 완전경쟁

1. 가격조정

시장수요곡선

수요(demand)는 소비자의 개별수요와 시장수요로 분류된다. 전자는 한 구매자 또는 소비자수요이고, 후자는 개별소비자의 수요를 집계한 개념이다. 소비의 개별수요함수는 한 구매자의 수요함수이고, 시장수요함수는 모든 개별수요함수를 집계한 개념이다.

다시 말해서, 어느 재화에 대한 시장수요(market demand)는 개별소비자들의 수요곡선을 수평적으로 합계한 것이 된다. 즉, 어떤 재화, 예컨대 X재에 대한 개별소비자의 수요 결정요인들(X재의 가격, 소비자의 소득수준, 다른 관련 재화의 가격 등)과 X재의 시장에 참가하고 있는 소비자의 수에 의해 결정된다. 따라서 X재의 시장수요곡선(market demand curve)은 X재의 시장에 참여하는 개별소비자들의 수요곡선을 수평적으로 집계함으로써 구해질 수 있다.

〈표 2-6〉은 구매자가 두 사람뿐일 때 각각의 가격에 대응한 시장수요량을 보이는 것이며 [그림 2-6]은 시장 수요곡선의 도출과정을 설명하고 있다.

표 2-6. 가격 변화에 따른 수요량의 변화

가격	A의 수요량	B의 수요량	시장수요량
10,000	7	10	17
8,000	12	20	32
6,000	21	35	56
4,000	35	55	90
2,000	55	80	135

[그림 2-6] 시장 수요곡선 도출

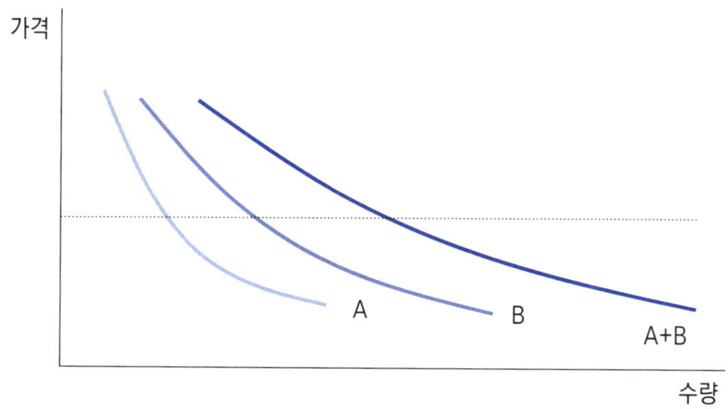

시장공급곡선

어느 재화의 시장공급(market supply)은 시장수요와 마찬가지로 그 재화의 시장에 참여하는 모든 생산자들이 매기당 여러 가지 다른 가격에서 공급하려고 하는 공급량을 집계한 것을 말한다.

따라서 어느 한 재화의 시장공급은 개별생산자들의 공급을 결정하는 모든 요인과 그 재화시장에 참여하는 생산자의 수에 따라 결정된다. 또한 어느 한 재화에 대한 시장공급곡선(market supply curve)은 특정가격수준에서, 그 재화의 시장에 참여하는 모든 개별공급자들의 공급량을 수평으로 집계함으로써 구할 수 있다.

Y재를 예로 들어 공급자 C와 공급자 D의 가격의 변화의 따른 공급량의 변화가 〈표 2-7〉과 같다면, 시장 공급곡선은 각 가격에 따른 C와 D의 공급량의 수평적인 합계로 [그림 2-7]과 같이 나타낸다.

표 2-7. 가격 변화에 따른 공급량의 변화

가격	C의 공급량	D의 공급량	시장공급량
2,000	8	10	18
4,000	16	30	46
6,000	24	50	74
8,000	32	70	102
10,000	40	90	130

[그림 2-7] 시장 공급곡선 도출

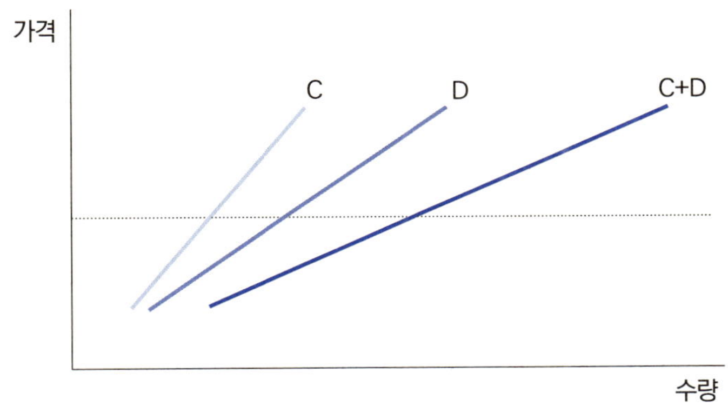

시장균형가격

균형(equilibrium)이란 수요와 공급이 일치하여 외부에서 다른 충격이 없는 한 변화되지 않는 상태를 말한다.

어떤 재화 및 용역의 시장수요 · 공급표 및 시장수요 · 공급곡선들을 결합하여 시장균형(market equilibrium)을 이룩할 수 있다. 즉, 균형은 어떤 재화의 수요곡선과 공급곡선이 교차하는 점에서 발생하며 그 상태에서 결정된 가격을 균형가격(equilibrium price), 이때의 수요량과 공급량을 균형량(equilibrium quantity)이라고 한다.

이와 같이 수요와 공급이 균등하게 되는 점에서 가격이 결정되는 것을 수요공급의 법칙(the law of demand and supply)이라고 한다.

초과 수요가 발생하면 소비자의 지불용의 가격이 상승함에 따라 공급량이 증가하여 초과 수요량이 해소된다. 초과공급이 발생하면 생산자는 공급가격을 인하하고 공급량을 줄이면서 초과 공급량이 해소된다. 이러한 과정에서 시장은 균형점으로 수렴하는 현상이 나타난다.

2. 완전경쟁시장

가격이란 재화 1단위와 교환되는 화폐금액, 즉 재화 1단위와 화폐와의 교환비율을 말한다. 현대와 같은 교환경제하의 모든 경제활동은 이러한 가격에 의해서 이루어진다. 따라서 현대의 경제현상을 이해하기 위해서는 우선 가격이 어떻게 결정되는가 또 어떤 점에서 귀착하려는 경향이 있는가를 명백히 알 필요가 있다.

그런데 가격의 결정 과정은 사회제도에 따라 각기 다르다. 즉 완전경쟁시장과 독점시장에서의 가격 결정 과정은 다르다. 다수의 판매자와 구매자가 서로 자유롭게 경쟁하면서 교환이 이루어지는 시장을 완전경쟁시장이라 한다. 구매자나 판매자가 1명이거나(독점시장) 또는 구매자나 판매자가 소수인 경우(과점시장)를 독점적 성격의 시장이라고 한다.

판매자와 구매자들 간의 완전경쟁(perfect competition)이란 공급자(판매자)든 수요자(구매자)든 간에 어느 누구도 재화의 시장가격에 결정적인 영향력을 갖지 않을 때에 존재한다. 특히, 수요자에 비해 공급자가 상대적으로 숫자가 적다는 점을 고려해 볼 때, 생산자 또는 공급자가 시장가격에 영향을 미칠 수 없을 때 완전경쟁이 발생한다.

생산자는 기존의 시장가격에 공급해야만 한다는 의미에서 가격순응자(price taker)이다. 즉 완전경쟁은 소규모의 기업들이 존재하여 각 기업이 시장가격에 영향을 미치기에는 너무 소규모이며, 동질적인 상품(homogeneous product)을 생산하는 경우에 발생한다. 따라서 완전경쟁하에서는 각 기업(생산자)은 시장지배력이 없으므로 완전히 수평적인 수요곡선에 직면하게 된다. 수평적인 수요곡선이라 소규모의 한 생산자가 아무리 많이 생산을 하더라도 시장가격은 변하지 않으며, 같은 가격으로 계속 판매할 수 있다는 의미이다.

완전경쟁은 다음과 같은 다섯 가지 특징을 만족시킬 때를 말할 수 있다.

첫째, 다수의 판매자와 구매자들이 존재해야 한다.

둘째, 동질적인 상품이 존재해야 한다.

셋째, 각 판매자와 구매자는 가격과 상품의 질에 대해 완전한 정보를 가져야 한다.

넷째, 산업에의 진입과 탈퇴가 자유로워야 한다.

다섯째, 각 개별판매자(개별공급자)는 가격순응자이다.

이와 같은 특성(또는 성질)을 중심으로 하여 완전경쟁의 성립조건을 살펴보기로 한다.

다수의 참여자 : 가격순응자(price-taker)

다수의 구매자와 판매자가 있을 때 완전경쟁이 성립될 수 있다. 왜냐하면, 각 구매자와 판매자는 시장의 매우 작은 부분을 구성하고 있기에, 각자의 의사결정이 가격에 영향을 미치지 못한다. 따라서 다수의 의견이 집결된 시장경제원리에 의해 결정된 가격에 순응하게 된다.

상품의 동질성

소비자들이 어떤 생산자 및 판매자에게서 구입하든 동일한 상품이어야 한다. 즉, 어떤 판매자가 공급하는 상품은 그 밖의 다른 판매자가 공급하는 상품과 동질적이어야 한다. 그래서 소비자들이 누구에게서 구입하든 상관없어야 한다.

진입-퇴출의 자유

시장에 진입하기를 원하는 새로운 기업은 기존기업이 취할 수 있는 장벽에 직면하지 않아야 자유로운 경쟁이 이루어질 수 있다. 또한 상품의 생산 및 판매로부터 이윤이 없음을 알게 되어 시장에서 탈퇴하는 데에도 방해하는 장벽이 있어서는 안된다.

완전정보

각 생산자(기업)와 각 구매자(소비자)는 상품의 질, 가격, 구입방법 등 모든 정보에 대해 완전하게 주어졌을 때 완전경쟁이 가능하다.

위와 같이 네 가지 조건을 충족하는 시장형태를 완전경쟁(perfect competition)이라고 하는데, 이러한 시장형태는 현실적으로 존재하기 어려울지 모른다. 따라서 완전경쟁시장은 다만 현실적으로 가능한 시장형태를 분석하는데 비교의 척도가 될 뿐이다.

제 6 절 독점과 규제

1. 독점

자신이 개인용 컴퓨터를 가지고 있다면, 아마 마이크로소프트사(Microsoft Corporation)가 개발한 Windows의 어떤 버전을 사용하고 있을 것이다. 마이크로소프트사는 Windows 프로그램을 처음 개발했을 때, 미국 정부에 저작권(copyright)을 신청하였다. 이 저작권은 마이크로소프트사에 Windows 프로그램의 제작과 판매에 관한 독점적인 권한을 부여한다. 따라서 누구든지 MS Windows를 구입하려면, 마이크로소프트사가 결정한 약 20만원의 가격을 지불해야만 한다. 즉, 마이크로소프트사는 Windows를 통해 OS 시장을 거의 독점하고 있다는 것이다.

마이크로소프트사의 기업 의사결정 과정은 앞장에서 배운 모형으로는 잘 설명되지 않는다. 앞장에서 우리는 똑같은 물건을 파는 수많은 기업이 시장에서 존재하기 때문에 어느 기업도 시장가격에 영향을 미칠 수 없는 것으로 가정하였다. 이와 반대로 마이크로소프트사와 같은 독점기업은 경쟁기업이 존재하지 않기 때문에 시장가격을 자유롭게 결정할 수 있다. 경쟁시장의 기업은 가격수용자(price taker)인 반면, 독점기업은 가격설정자(price maker)라고 할 수 있다.

시장지배력이 존재하면 제품가격과 제품생산비의 관계가 달라진다. 경쟁시장에 있는 기업은 시장가격을 주어진 것으로 받아들여 이 가격과 자신들의 한계비용이 일치되는 생산량을 결정한다. 그러나 독점기업의 가격은 한계비용보다 높다. 이것은 MS 윈도우의 경우에서 명백하게 나타난다. 마이크로소프트사의 한계비용, 즉 윈도우 프로그램을 DVD에 담는 비용은 고작해야 몇 달러에 불과할 것이며, 다운로드 형태의 판매는 거의 비용이 발생하지 않는다. 그러나 윈도우 프로그램의 시장가격은 한계비용의 몇 배나 된다.

독점기업이 높은 가격을 받는 것은 그다지 놀라운 일이 아니다. 독점기업의 제품을 구입하는 소비자는 독점기업이 제시하는 가격을 지불하는 것 외에 별다른 대안이 없기 때문이다. 그렇다면 마이크로소프트사는 왜 윈도우 가격을 100만 원나 500만 원을 받지 않는 것일까. 물론 가격을 올리면 판매량이 적어지기 때문이다. 사람들이 아예 컴퓨터를 사지 않거나 다른 프로그램을 구입하거나 불법 복제를 시도할 것이기 때문이다. 높은 가격을 받으면 판매량이 감소하기 때문에 독점기업이라고 해서 얼마든지 많은 이윤을 남길 수 있는 것은 아니다. 가격은 마음대로 받을 수 있지만 이윤의 크기에는 한도가 있다.

독점기업도 경쟁시장의 기업들처럼 이윤의 극대화를 추구한다. 그러나 이 목표는 경쟁기업과 독점기업 사이에 매우 다른 결과로 나타난다. 사익을 추구하는 경쟁시장의 수요자와 공급자들은 자신도 모르게 보이지 않는 손에 이끌려 사회 전체의 경제적 후생을 증가시킨다. 그러나 독점기업은 경쟁에 의해 견제를 받지 않기 때문에 독점기업의 의사결정이 반드시 사회적으로 최적인 것은 아니다.

경제학의 기본 원리 중 경우에 따라 정부가 시장성과를 개선할 수 있다는 것이 있다. 독점이 초래하는 문제를 분석하면서, 동시에 이 문제를 해결할 수 있는 정부의 정책 방안들에 대해서도 살펴볼 것이다. 1994년에 마이크로소프트사가 다른 소프트웨어 회사인 인튜이트사를 흡수·합병하려 했을 때, 미국 정부는 이를 저지한 바 있다. 인튜이트사는 가장 많이 팔리는 재무관리 프로그램의 저작권을 가지고 있었다. 마이크로소프트사가 인튜이트사를 합병하면 마이크로소프트사는 지나친 시장지배력을 갖는다는 것이 미국 정부의 생각이었다. 또 1998년에 미국 정부는 마이크로소프트사가 윈도우 프로그램에 인터넷 익스플로러라는 인터넷 브라우저 프로그램을 한데 묶어서 파는 행위를 제한하기 위해 법원에 제소하였다. 인터넷 익스플로러와 경쟁하는 프로그램을 만드는 회사와의 경쟁이 제한될 것이라는 이유에서였다.

2. 독점은 왜 생기는가

어떤 기업이 공급하는 상품에 밀접한 대체재가 존재하지 않고, 그 재화가 오직 하나의 공급자에 의해 공급되고 있다면 그 기업은 독점기업(monopoly)이다. 독점이 발생하는 근본적인 원인은 진입장벽(barriers to entry)이 존재하기 때문이다. 즉, 독점기업이 독점적 지위를 유지할 수 있는 것은 다른 기업이 이 시장에 진입하여 경쟁할 수 없기 때문이다. 진입장벽이 발생하는 이유는 다음 세 가지다.

- 중요한 생산요소를 하나의 기업이 소유하고 있는 경우
- 정부가 기업에게 독점생산권을 부여한 경우
- 하나의 기업이 생산할 때의 생산비용이 여러 기업이 생산하는 것보다 낮은 경우

생산요소의 독점

독점이 발생하는 가장 간단한 배경은 생산에 필수적인 어떤 요소를 한 기업이 독점하고 있는 경우다. 예를 들어 어떤 작은 마을의 식수 시장을 생각해 보자. 이 마을에 우물이 10여 개가 있다면, 공급자들의 행태는 앞장에서 배운 경쟁 시장에 가까워져 물 값은 단위당 물을 퍼내는 한계비용과 같아질 것이다. 그러나 이 마을에 우물이 오직 1개만 존재한다면, 이 우물의 주인은 식수 공급을 독점할 것이다. 말할 것도 없이 독점 공급자는 경쟁시장의 공급자에

비해 매우 큰 시장 지배력을 갖는다. 식수와 같은 필수재의 경우 독점 공급자는 한계비용을 훨씬 초과하는 높은 가격을 받을 수 있다.

물론 중요한 요소에 대한 독점 때문에 독점이 발생할 수 있지만 실제로 이런 경우는 그렇게 많지 않다. 현실에서는 경제 규모가 크기 때문에 실제로 한 사람이 한 생산자원을 독점하기 쉽지 않고, 또 많은 자원들이 국제시장에서 거래되기 때문에 요소독점에 의한 독점의 사례는 거의 없다.

사례 : 드비어스의 다이아몬드 독점

자원의 독점으로 발생한 시장독점의 고전적 사례로 남아프리카공화국의 다이아몬드 회사 드비어스(DeBeers)를 들 수 있다. 드비어스는 전 세계 다이아몬드 공급의 80%를 차지하고 있다. 이 회사의 시장점유율이 100%는 아니지만, 세계 다이아몬드 가격에 영향을 미치기에는 충분하다.

드비어스의 시장 지배력은 과연 얼마나 될까. 이것은 다이아몬드에 대한 대체재의 존재 유무에 있다. 만약 사람들이 사파이어, 루비, 에메랄드와 같은 보석을 다이아몬드의 좋은 대체재라고 생각한다면 드비어스의 시장 지배력은 그리 크지 않을 것이다. 드비어스가 다이아몬드 가격을 인상하면 소비자들은 다른 보석을 사려 할 것이기 때문이다. 그러나 사람들이 다이아몬드가 다른 보석들과는 매우 다른 것으로 생각한다면 드비어스는 상당한 시장 지배력을 행사할 수 있다.

드비어스는 광고에 막대한 비용을 지불하고 있다. 드비어스의 이런 광고 행위가 이해되지 않을 수도 있다. 상품의 유일한 공급자인 독점기업이 왜 광고를 하는 것일까. 드비어스가 광고를 하는 목적은 소비자들에게 다이아몬드는 다른 보석과 차별화된 보석이라는 인식을 심어주기 위해서다. 드비어스의 광고문구인 다이아몬드는 영원하다(A diamond is forever)는 소비자들에게 사파이어, 루비, 에메랄드 등 다른 보석과는 전혀 가치가 다르다는 느낌을 주기 위한 것이다(또 이 문구에서 다이아몬드가 드비어스 다이아몬드만을 의미하는 것이 아니라는 점이 시장에서 드비어스의 독점적 지위를 짐작케 하는 부분이다). 이 광고가 효과가 있다면 소비자들은 다이아몬드는 다른 보석류와는 다른 것이라고 느끼고, 이 느낌은 드비어스에게 시장 지배력을 갖게 한 것이다.

정부가 만든 독점

대부분의 경우 독점은 정부가 한 사람 혹은 한 기업에게 배타적인 공급권을 부여함으로써 발생한다. 어떤 독점권은 오로지 공급자의 정치적 영향력 때문에 주어지기도 한다. 예를 들어 과거에 왕들은 그들의 친지나 동지들에게 독점사업권을 하사하기도 했다. 그리고 경우에 따라서 독점이 공익을 보호한다는 정부의 판단하에 독점권이 부여되기도 한다. 예를 들어 미국 정부는 네트워크 솔루션즈(Network Solutions)라는 회사에게 .com, .net, .org 주소를 가진 모든 인터넷 주소의 데이터베이스를 독점적으로 관리하도록 하는 독점권을 주었다. 이것은 인터넷 주소를 한 곳에서 집중 관리하는 것이 공익에 도움이 된다고 미국 정부가 판단하였기 때문이다

특허권 제도나 저작권 제도는 정부가 공익 보호를 위해 만든 독점권이다. 새로운 약품을 발명한 제약회사는 정부에 특허권을 신청한다. 정부가 이 신청을 심사하여 이 약품을 새로운 발명품으로 인정하면, 정부는 이 회사에게 특허권을 부여하고, 이 회사는 (한국의 경우 20년 간) 독점적으로 이 약품을 생산–판매할 권리를 갖는다. 마찬가지로 어떤 소설가가 문학작품을 저술하였다면, 이 사람은 저작권(한국의 경우 사후 70년 간)을 획득할 수 있다. 저작권이란 저자의 동의 없이 어느 누구도 그의 작품을 인쇄–복제–판매할 수 없도록 정부가 보장해주는 것이다. 저작권은 소설가에게 그의 작품 판매에 대해 독점권을 부여한다.

특허권 제도나 저작권 제도의 효과는 자명하다. 이 제도에 의해 생산자들은 독점권을 갖기 때문에 이들이 공급하는 상품들은 높은 가격을 받는다. 그러나 이같이 높은 가격과 높은 이윤을 허용함으로써 사회적으로 바람직한 행동을 유발할 수 있다. 제약회사들에게 독점권을 주면 이들이 새로운 약품을 더 열심히 연구–개발할 유인이 생기며, 저술가들은 저작권이 보호되기 때문에 더 좋은 작품을 쓰고자 노력할 것이다.

따라서 특허권과 저작권을 인정해주는 것은 사회적으로 득과 실이 있다. 창의적 활동이 장려된다는 사회적 이득이 있지만, 그 이득은 독점가격의 형성으로 인하여 부분적으로 상쇄된다.

자연독점

시장 전체수요를 여러 생산자보다 하나의 생산자가 더 적은 비용으로 생산-공급할 수 있는 시장 조건을 자연독점(natural monopoly)이라고 한다. 자연독점은 규모의 경제가 존재할 때 발생한다.

상수도 공급은 자연독점의 예라고 할 수 있다. 지역주민에게 수돗물을 공급하려면 공급자는 마을 구석구석에 배수관을 설치해야 한다. 복수의 공급자가 수돗물을 공급한다면 공급자마다 배관망을 설치해야 하는데, 이를 위해서는 막대한 고정비용을 지출해야 한다. 따라서 수돗물을 공급하는 평균비용은 하나의 공급자가 존재할 때 가장 낮다.

공공재와 공유자원에 대해 살펴볼 때 자연독점의 몇 가지 예를 볼 수 있는데, 거기서는 배제성이 있지만 경합성이 없는 재화의 공급이 자연독점이라고 배웠다. 교통혼잡이 전혀 없는 다리가 좋은 예다. 다리는 통행료를 받을 수 있기 때문에 배제성이 있다. 그러나 혼잡이 없다면 다리의 이용은 경합성이 없다. 다리를 건설하는 데 큰 고정비용이 지출되었지만, 통행의 한계비용은 거의 무시해도 될 만큼 작기 때문에 다리에 대한 이용이 증가할수록 다리를 이용하는 평균총비용(총비용 / 이용량)은 감소한다. 즉, 다리는 자연독점인 것이다.

어느 기업이 자연독점이라면 이 기업은 경쟁자가 진입하여 시장을 잠식할 것을 걱정하지 않아도 된다. 생산자원에 대한 독점력이나 정부가 보장하는 독점권이 없는 기업이 독점지위를 유지하는 것은 쉽지 않다. 독점기업이 누리는 이윤이 경쟁자들을 유인하여 시장을 보다 경쟁적으로 만들 것이기 때문이다. 그러나 자연독점 기업이 지배하고 있는 시장에는 경쟁기업들이 진입할 유인이 그다지 존재하지 않는다. 왜냐하면 후발 경쟁자들이 종전의 독점기업보다 많은 양을 생산하지 않는 한 평균총생산비용이 더 높을 것이기 때문이다.

어떤 경우에는 시장규모가 자연독점 여부를 결정하기도 한다. 예를 들어 도시인구가 적을 때는 하나의 다리로 통행 수요를 충족시킬 수 있어 자연독점 상태가 된다. 그러나 인구가 증가하여 다리 이용이 늘고 통행에 혼잡이 발생하면, 통행 수요를 만족시키기 위해 이제는 2개 이상의 다리가 필요할 것이다. 따라서 자연독점이던 시장이 시장규모가 증가함에 따라 경쟁적 시장으로 변하기도 한다.

3. 독점에 대한 정책

경쟁시장의 기업과 달리 독점기업은 자원을 효율적으로 배분하지 못한다는 사실을 살펴보았다. 독점기업은 사회적 최적생산량보다 적은 양을 생산하고, 한계비용보다 높은 가격을 설정한다. 이러한 독점의 문제를 해결하기 위한 정부의 정책은 다음 네 가지로 정리할 수 있다.

- 독점시장을 보다 경쟁적으로 : 독점금지법과 경쟁촉진
- 독점기업의 행태를 규제한다 : 정부규제
- 민간소유의 독점을 국영독점으로 전환한다 : 국유화
- 아무런 조치도 취하지 않는다 : 자유방임

독점금지법과 경쟁촉진

만약 코카콜라 회사와 펩시콜라 회사가 합병을 추진한다고 하면, 미국 정부는 이것을 심각하게 우려할 것이다. 아마 미국 법무부는 이 합병이 미국 음료 산업의 경쟁을 현저하게 낮추어 미국 소비자의 경제적 후생을 낮추리라는 결론을 내릴 것이다. 만약 그런 결론을 내린다면, 법무부는 법원에서 이 두 회사의 합병을 금지하는 판결을 얻어내려 할 것이다. 바로 이런 근거와 과정으로 1994년에 마이크로소프트사는 인튜이트사 합병에 실패하였다.

정부가 민간기업의 거래에 이와 같이 간섭할 수 있는 것은 미국의 경우 독점금지법(antitrust laws)이 있기 때문이다(한국의 독점금지법은 독점규제 및 공정거래에 관한 법률로서 통상 공정거래법이라고 불린다). 미국의 독점금지법의 효시

는 1890년에 제정된 셔먼 독점금지법(Sherman Antitrust Act)이다. 이 법은 당시 미국 산업계를 지배하고 있던 막강한 트러스트(trust, 기업들의 담합을 통한 공동행위를 의미한다)들을 규제하기 위하여 만들어졌다. 1914년에 제정된 클레이턴 법(Clayton Act)은 독점규제를 위한 정부의 권한을 더욱 강화하고, 민간인들도 경쟁 제한 행위에 대해 제소할 수 있도록 하였다. 미국 대법원이 판결문을 통해 선언한 바와 같이 독점금지법은 자유경쟁이 상거래의 기본 원칙으로 자리 잡도록 하는 경제적 자유의 포괄적 헌장이라고 할 수 있다.

독점금지법은 경쟁을 촉진하기 위해 정부에게 다양한 수단을 허용하고 있다. 독점금지법에 의해 정부는 경쟁을 억제하는 효과를 가져올 우려가 있는 기업 간의 합병을 막을 수 있고, 기업을 분할할 수도 있다. 예를 들어 1984년에 미국 정부는 미국 내 최대의 전화회사 AT&T를 8개의 작은 회사로 분할하였다. 독점금지법은 또한 경쟁을 회피하기 위한 기업 간 공동행위와 행동조정을 금지하고 있다.

독점금지법으로 얻는 것도 있지만 잃는 것도 있다. 기업들이 합병을 하는 것은 반드시 경쟁을 회피하기 위해서만은 아니다. 경우에 따라서는 공동생산을 통한 비용의 절약과 효율성의 향상도 기대한다. 기업합병의 이런 효과를 시너지(synergy)라고 한다. 최근 미국의 많은 은행들이 합병을 추진하고 있다. 이것은 합병을 통해 은행 관리 인원을 줄이고 경영을 효율화할 수 있기 때문이다. 독점금지법이 실효를 거두려면 정부가 어떤 기업합병이 경쟁을 제한하고 어떤 합병이 그렇지 않은지를 결정해야 한다. 즉, 기업합병에서 발생하는 시너지의 이득과 경쟁의 제한으로 인해 발생하는 손실을 잘 비교해야 한다. 독점금지법의 비판자들은 정부가 이런 비용편익분석을 제대로 정확하게 할 수 있는지에 대해 회의적이다.

정부규제

독점문제를 해결할 수 있는 또 하나의 방법은 정부가 직접 독점기업의 행태를 규제하는 것이다. 상수도나 전기와 같은 자연독점 산업에서 이 방법이 일반적으로 사용된다. 이 분야의 기업들은 임의로 요금을 결정하지 못하도록 규제받고 있다. 그 대신 정부규제 기관이 요금을 결정해준다.

정부가 자연독점 사업의 가격을 어떻게 결정해야 할까. 이것은 생각보다 그리 쉬운 일이 아니다. 가격이 한계비용과 일치하면, 경제적 총잉여를 극대화하는 수량이 생산되어 자원배분이 효율적으로 이루어질 것이다.

그러나 이 한계비용 가격정책을 실행하는 데는 두 가지 현실적인 문제가 따른다. 첫째, 자연독점 사업의 평균 총비용은 지속적으로 하락한다. 평균 총비용이 감소하면, 한계비용은 항상 평균 총비용보다 작다. 만약 정부가 가격을 한계비용과 같도록 규제한다면 이 기업은 손실을 입을 것이다. 장기적으로 이 기업은 사업을 포기하고 시장을 떠날 것이다.

정부는 이 문제를 몇 가지 방법으로 해결할 수 있다. 그러나 어느 방법도 완벽하지는 않다. 한 가지 방법은 독점기업에게 보조금을 주는 것이다. 정부가 한계비용 가격에 의해 불가피하게 초래되는 손실을 세금으로 보상해주는 방법이다. 그러나 세금을 거두는 것 자체가 경제적 순손실을 초래한다는 사실을 기억할 것이다. 정부는 그 대신 가격을 한계비용보다 높게 설정할 수도 있다. 정부가 가격을 평균총비용과 같도록 결정하면 독점기업의 이윤은 0이 될 것이다. 그러나 가격이 한계비용을 초과하기 때문에 평균비용가격도 불가피하게 경제적 순손실을 초래한다. 평균비용가격도 결국은 독점기업 제품에 대해 세금을 부과한 것과 같은 효과를 낸다.

한계비용가격 정책의 또 다른 문제는 둘째, 가격규제의 문제라고 할 수 있다. 이 문제는 평균비용가격 정책에서도 마찬가지다. 가격규제 정책은 규제를 받는 기업이 비용을 줄이려는 유인을 없앤다. 경쟁시장의 기업들은 비용을 가급적 많이 줄이려고 노력한다. 비용을 줄인 만큼 이윤이 증가하기 때문이다. 그러나 가격규제를 받는 독점기업이 비용을 줄이면, 그만큼 가격도 하락하기 때문에 기업이 비용 절감의 혜택을 전혀 차지하지 못한다. 이러한 문제 때문에 현실적으로는 정부가 가격규제를 받는 기업에게 비용 절감으로 발생하는 잉여의 일부를 기업이윤으로 가질 수 있도록 허용하고 있다. 그러나 이 방법도 가격이 한계비용에서 멀어지게 하기는 마찬가지다.

국유화

독점문제를 해결하기 위한 또다른 방법으로 정부 정책은 국유화다. 민간이 소유하고 있는 독점기업을 규제하는 대신, 아예 정부가 독점기업을 소유하는 것이다. 이 방법은 유럽 여러 국가의 전화, 상수도, 전력 등의 분야에서 많이 행해지고 있다. 미국에서는 우편배달 서비스가 정부 소유의 사업이라고 할 수 있다. 우편물의 배달은 자연 독점적이라고 여겨지기 때문이다.

경제학자들은 자연독점이라도 민간 소유가 정부 소유보다 바람직하다고 본다. 여기서 논점은 소유구조에 따라 생산비가 어떻게 영향을 받을 것인가이다. 민간소유주들은 비용을 조금이라도 절약하면 그만큼 자기들 이윤이 증가하기 때문에 가능한 한 비용을 최소화하려는 유인을 갖는다. 경영진이 비용 최소화에 실패하면, 소유주들은 이들을 교체하려 할 것이다. 그러나 국영기업을 경영하는 관료들이 경영을 잘못하면 이 때문에 손해를 보는 사람들은 소비자와 납세자들이다. 국민이 국영기업 경영진에게 책임을 물을 수 있는 방법은 정치적 경로를 통하는 길뿐이다. 그러나 관료집단도 하나의 이익집단이 되어 비용 절약을 위한 개혁에 저항하려 할 것이다. 간단하게 표현하자면, 투표함(정치적 동기)보다는 이윤 동기가 기업경영을 잘하도록 유도하는 데 효과적인 것이다.

자유방임

앞에서 살펴본 세 가지 독점문제 해결방안들은 각각 단점이 있다. 따라서 일부 경제학자들은 아예 독점문제를 그대로 놓아두는 것이 더 우월한 정책이라고 주장한다. 산업조직이론에 대한 공로로 노벨 경제학상을 받은 스티글러(George Stigler)는 Fortune Encyclopedia of Economics에 기고한 글에서 다음과 같이 말하고 있다.

경쟁적인 기업경제가 제한된 자원으로 최대의 소득을 올린다는 것은 경제학의 유명한 정리 중의 하나다. 그러나 현실에서 이 정리가 요구하는 조건을 정확하게 만족시키는 시장은 존재하지 않으며, 현실의 모든 시장은 이상적인 시장 조건에 못 미친다. 우리는 이 차이를 시장실패라고 부른다. 그러나 내 생각에 미국에서 시장실패의 정도는 불완전한 현실 정치구조가 만들어내는 불완전한 경제정책의 결과인 정치실패(political failure) 보다는 작다.

스티글러의 이 말이 시사하는 바와 같이 정부의 적절한 경제적 역할이 무엇인지 판단하려면 시장기능에 대한 평가뿐만 아니라 정부 기능에 대한 평가도 반드시 필요하다.

4. 가격차별

지금까지 독점기업이 모든 소비자에게 동일한 가격을 부과하는 것으로 가정했다. 그러나 많은 경우 기업들은 생산비가 같은 경우에도 소비자에 따라 다른 가격을 부과하기도 한다. 우리는 이런 행위를 가격차별(price discrimination)이라고 한다.

독점기업의 가격차별 행위를 분석하기 전에 우리는 경쟁시장의 기업들은 가격차별을 할 수 없다는 사실을 알아야 한다. 경쟁시장에서는 동일한 물건을 시장가격에 공급하는 많은 경쟁기업들이 존재한다. 어느 기업이나 시장가격에 원하는 수량을 얼마든지 팔 수 있기 때문에 어느 기업도 일부러 시장가격보다 낮은 가격을 제시할 필요가 없다. 그리고 어느 기업이 시장가격보다 높은 가격을 받으려 하면, 소비자는 다른 기업의 상품을 구입할 것이다. 따라서 어느 기업이 가격차별을 한다는 것은 그 기업이 시장지배력을 가지고 있다는 뜻이다.

가격설정에 관한 우화

독점기업이 왜 가격 차별을 하려고 하는지 한 가지 예를 들어 생각해 보자. 당신이 출판사의 사장이고, 유명한 베스트셀러 작가가 방금 최신작의 집필을 마쳤다고 가정하자. 당신은 그 소설가에게 그 작품에 대한 독점출판권의 대가로 미리 2억 원을 지불하였고, 그 책을 인쇄하는 비용은 편의상 0이라고 하자. 출판사의 이윤은 책의 판매수입에서 작가에게 미리 지불한 2억 원을 제외한 나머지가 될 것이다. 이제 당신은 이윤을 극대화하기 위해 이 책의 가격을 얼마로 책정해야 할까.

먼저 여러분이 해야 할 일은 책에 대한 수요가 얼마나 될지 예측하는 것이다. 영업부가 조사한 바에 따르면 시중에 두 종류의 독자들이 있다고 한다. 우선 이 작가에게 만 명의 열렬한 독자들이 있는데, 이들은 이 책에 무려 4만 원을 지불할 용의가 있는 것으로 조사되었다. 그리고 약 2만 명의 일반 독자들이 있는데, 이들은 만 원을 지불할 용의가 있다고 한다.

어떤 가격이 이 출판사의 이윤을 극대화할까. 우선 두 가지 방법을 생각할 수 있다. 책값을 4만 원으로 설정하여 만 부(열렬 독자)를 팔아 4억 원의 수입을 올리는 방법과 책값을 만 원으로 설정하여 3만 부(열렬 독자 + 일반 독자)를 팔아 3억 원의 수입을 올리는 방법이다. 따라서 이 출판사는 가격을 4만 원으로 설정하여 만 명에게 판매하여 이윤을 극대화하고, 나머지 2만 명의 일반 독자들에게 이 책을 판매할 기회를 포기해야 할 것이다.

그러나 만 원의 지불 용의가 있는 2만 명의 수요자가 있고, 이 책의 한계생산비는 0이므로, 출판사의 이런 결정은 경제적 순손실을 초래한다. 따라서 출판사가 가격을 4만 원으로 설정하면 가격을 만 원으로 설정했을 경우 창출될 수 있었던 2억 원(만 원 × 2만 명)의 경제적 잉여는 상실된다. 이 경제적 손실이 바로 가격이 한계비용보다 높게 설정되었을 때 발생하는 경제적 비효율이다.

그런데 출판사의 영업부가 한 가지 중요한 사실을 발견했다. 이 두 독자층이 지리적으로 분리되어 있다는 것이다. 열렬한 독자층은 모두 한국에 살고 있고, 일반 독자들은 모두 미국에 살고 있다. 더구나 두 나라 독자들은 서로 상대방 국가에서 책을 구입하는 것이 불가능하다. 이런 정보가 출판사의 판매전략에 어떤 영향을 미칠까.

출판사는 이런 정보를 이용하여 더 많은 이윤을 남길 수 있다. 한국의 만 명의 독자에게는 4만 원에 팔고, 미국 내 2만 독자에게는 만 원에 팔면 된다. 그렇게 하면 한국 독자에게 판매한 4억 원와 미국 독자에게 판매한 2억 원을 합쳐 모두 6억 원의 수입을 올릴 수 있다. 따라서 이윤은 4억 원이 될 것이다. 이것은 가격차별을 하지 않았을 경우, 즉 모든 독자에게 만 원을 받는 경우의 3억 원 이윤에 비해 매우 높다.

이상의 우화는 가상적인 것이지만, 이런 가격차별은 출판업계에서 일반적인 관행이다. 예를 들어 대부분의 교과서는 미국보다 유럽에서 낮은 가격에 판매된다. 더 중요한 차이는 하드커버(양장본, hardcover) 책과 소프트커버(softcover) 책의 가격 차이이다. 출판사들이 소설책을 출판할 때, 똑같은 내용의 책이지만 처음에는 하드커버의 책을 높은 가격에 내놓고, 나중에 소프트커버의 책을 저렴한 가격에 내놓는 것이 관행이다. 이 두 종류 책의 가격 차이는 제본 원가 차이보다 훨씬 크다. 출판사들이 이런 판매전략을 사용하는 이유는 명백하다. 열성적인 독자에게 하드커버의 책을 판매하고, 일반 독자들에게는 소프트커버의 책을 판매하는 가격차별 전략을 사용함으로써 이윤을 증가시킬 수 있기 때문이다.

우화에서 배울 점

앞의 우화에서 우리는 세 가지 중요한 사실을 배울 수 있다. 첫째, 독점기업에게 있어 가격차별은 이윤증가를 위한 합리적인 선택이라는 것이다. 다시 말해서 수요자의 지불용의에 따라 수요자별로 다른 가격을 부과함으로써 단일가격을 부과할 때보다 많은 이윤을 남길 수 있는 것이다.

둘째, 가격차별을 할 때 수요자를 지불용의에 따라 구별할 수 있어야 한다는 것이다. 앞의 예에서 수요자들은 지리적으로 분리되어 있었다. 그러나 연령이나 소득과 같은 특징으로 수요자를 구분하기도 한다. 가격차별의 이 전제조건 때문에 시장기능에 의해 가격차별이 곤란해지는 경우가 발생하기도 한다. 특히 차익거래(arbitrage)가 가능하면 가격차별이 곤란해진다. 차익거래란 어떤 물건을 한 시장에서 싸게 사서 다른 시장에 비싸게 판매함으로써 시세차익을 노리는 거래행위를 말한다. 앞의 예에서 어떤 중개인이 미국에서 낮은 값에 책을 사서 한국에서 높은 값에 팔 수 있다고 생각해보자. 이런 차익거래에 발생하면, 출판사는 가격차별을 시행할 수가 없다. 한국의 어느 수요자도 비싼 값에 책을 사고자 하지 않을 것이기 때문이다.

셋째, 가격차별이 경제적 후생을 증가시킬 수 있다는 점이다. 앞에서 출판사가 4만 원의 단일가격을 설정했을 때, 지불용의가 4만 원에 못 미치는 2만 명의 일반 독자들은 책을 살 수 없었다. 그런데 그들의 지불용의가 한계비용보다 높기 때문에 경제적 순손실이 발생하였다. 그러나 출판사가 가격차별을 시행하면 모든 독자들이 책을 사볼 수 있다. 그리고 이 결과는 모든 사람에게 이득이다. 따라서 가격차별이 어떤 경우에는 독점가격에 의해 초래되는 비효율을 해소할 수 있다.

여기서 가격차별에 의한 경제적 후생의 증가는 모두 생산자잉여의 증가다. 앞의 예에서 두 종류의 소비자 모두 지불용의가 책값과 같다고 가정했기 때문에 소비자 잉여의 변화는 없다. 가격차별에 의한 총 잉여의 증가는 전액 출판사 이윤의 증가분이 된다.

가격차별의 이론

가격차별이 경제적 후생에 어떤 영향을 미치는지에 대해 좀 더 이론적으로 분석해 보자. 먼저 독점기업이 완전하게 가격차별을 할 수 있다고 하자. 완전 가격차별(perfect price discrimination)은 독점기업이 모든 수요자의 최대 지불용의를 정확히 파악하여 모든 수요자에게 지불용의와 같은 금액의 가격을 부과하는 경우를 말한다. 완전 가격차별이 발생하면 소비자 잉여는 전액 공급자에게 흡수된다.

물론 현실에서는 완전한 가격차별이 존재하지 않는다. 소비자가 가게에 들어갈 때 자기의 지불용의가 얼마인지 써 붙이고 들어가는 것은 아니다. 그 대신 기업들은 소비자를 일정 기준에 따라 그룹으로 분류하여 가격차별을 행한다. 예를 들어 수요자의 나이, 주중 고객과 주말 고객, 판매지역 등과 같은 기준이 적용된다. 앞의 출판사의 예와는 달리 소비자 그룹 내에서도 소비자마다 지불용의가 다르기 때문에 완전가격차별은 불가능하다.

불완전한 가격차별은 경제적 후생에 어떤 영향을 미칠까. 가격구조에 대한 분석은 다소 복잡하지만, 경제적 후생에 대한 효과는 분명하지 않다. 가격차별을 하지 않는 경우와 비교하여 가격차별은 총 잉여를 증가시킬 수도 있고, 감소시킬 수도 있으며, 중립적일 수도 있다. 분명한 것은 가격차별은 독점기업의 이윤을 증가시킨다는 사실이다. 그렇지 않다면 독점기업은 당연히 가격차별을 하지 않을 것이기 때문이다.

이와 같이 독점시장의 속성을 지녔으면서도 경쟁적인 시장을 독점적 경쟁(monopolistic competition)이라고 부른다. 독점적 경쟁시장은 다음과 같은 속성을 지니고 있다.

- **다수의 공급자** : 다수의 기업들이 같은 소비자 집단을 대상으로 경쟁한다.
- **제품 차별화** : 각 기업은 경쟁기업과 차별화된 제품을 생산한다. 따라서 기업들은 가격수용자가 아니며 우하향하는 수요곡선을 가지고 있다.
- **자유로운 진입** : 기업들은 이 시장에 아무런 장애 없이 들어오고 나갈 수 있다. 따라서 이 시장 내 기업 수는 모든 기업의 경제적 이윤이 0이 될 때까지 증가하거나 감소한다.

잠깐만 생각해 보면 이런 속성을 지닌 시장이 많다는 것을 알 수 있다. 서적, 음반, 영화, 컴퓨터 게임, 식당, 피아노 레슨, 과자, 가구 등과 같은 시장에 여기에 해당한다.

독점적 경쟁도 과점처럼 독점과 완전경쟁이라는 두 극단적 구조의 중간 형태다. 그러나 과점과 독점적 경쟁은 매우 다르다. 과점시장이 완전경쟁의 이상적인 시장성과에서 멀어지는 것은 시장 내에 존재하는 기업의 수가 적기 때문이다. 경쟁기업의 수가 적으면 그만큼 치열한 경쟁이 발생할 가능성이 줄어들고, 오히려 기업 간 전략적 상호작용의 가능성이 높아진다. 이와는 대조적으로 독점적 경쟁시장에서 각 기업은 시장규모에 비해 매우 적다. 독점적 경쟁시장이 완전경쟁의 이상적 시장성과에서 멀어지는 것은 각 기업이 차별화된 제품을 공급하기 때문이다.

제 7 절 과점

지금까지 시장유형의 양극단에 있는 완전경쟁시장과 독점시장의 이윤극대화 원리를 살펴보았다. 그리고 완전경쟁이 독점에 비해 바람직한 이유도 알아보았다. 그러나 현실에서 대부분의 시장은 이 양극단의 중간형태를 지닌다. 이 절에서는 현실에서 존재하는 독점적 경쟁과 과점시장에 대하여 살펴본다.

1. 과점시장

과점(寡占, oligopoly)은 대체재가 거의 없는 시장에서 2개 이상 소수의 기업이 존재하며 각 기업은 상당한 시장점유율을 갖고 있어서 한 기업의 의사결정이 시장에 영향을 줄 수 있는 시장의 형태이다. 따라서 과점시장 내의 기업들은 소수의 기업만이 존재하므로 상대방의 의사결정에 영향을 받게 된다. 만약 과점기업들이 가격담합을 하지 않는다면 완전경쟁처럼 가격은 낮게 유지될 수 있으나 가격담합을 하면 독점기업처럼 가격이 높게 된다. 이와 같이 과점시장의 가격 설정은 기업 간 담합의 정도에 따라 달라지므로 이론적으로 예측하기 매우 어렵다.

과점시장의 예는 흔히 볼 수 있다. 예를 들어, 철강, 반도체, 통신, 항공 및 자동차 시장 등은 과점시장의 대표적인 경우이다. 이 산업들은 소수의 기업들이 경쟁 관계 하에서 서로의 경영전략에 상호 영향을 받는다.

담합

과점시장에서는 시장에 참여하는 기업들이 서로 담합(collusion)하려는 유혹이 크다. 과점기업들이 담합하게 되면 독점기업처럼 시장을 지배할 수 있기 때문이다. 담합은 독점과 같은 결과를 가져오기 때문에 독점과 같은 폐해를 낳는다. 그래서 대부분의 나라에서 담합은 법으로 금지되어 있다.

그러나 국제적으로 담합이 합법적인 경우가 있다. 국제적 수준에서 담합의 가장 대표적인 예는 국제 석유시장의 석유공급자들의 담합체인 석유수출기구(OPEC)를 들 수 있다. 그러나 이러한 담합이 성공적으로 유지되기 위해서는 회원들이 상호 간 협약을 준수하는 것이 무엇보다도 중요하다. 성공적으로 담합하여 생산량을 줄일 수 있게 되면 독점과 마찬가지로 시장 지배력을 갖기 때문이다. 그러나 만약 모든 회원들이 협약을 준수하고 있는데 한 회원만이 비밀리에 협약을 위반하여 많은 석유를 생산한다면 위반하는 회원의 이윤이 보다 커지게 된다. 따라서 담합기업들은 항상 위반하고자 하는 유혹이 있게 된다. 결국 모든 회원들이 위반하게 되면 담합은 깨지게 된다. 그러므로 담합의 성공은 회원들이 협약을 얼마나 잘 준수하는지에 달려 있다. 따라서 협약 위반에 대한 감시와 제재를 잘하는 것이 담합의 성공조건이 된다.

그러나 회원들이 협약을 잘 지키는지 관리하는 것이 실제적으로 매우 어렵다. 따라서 담합은 공급업체들의 입장에서 서로에게 보다 높은 이윤을 가져올 수 있음에도 불구하고 현실적으로 담합이 성공하기 어렵다. 이와 같이 담합기업들의 힘을 약화시키는 가장 효과적인 방법은 외부에 있는 것이 아니라 바로 내부에 존재하는 회원기업 간에 속이려는 동기(mecrtives to cheat)이다. 다행스럽게도 이러한 동기가 담합의 힘으로부터 소비자를 보호해 줄 수 있는 가장 효과적인 수단이 된다. 그래서 OPEC는 1970년대 이후 몇 번의 예외를 제외하고는 최근까지 국제석유시장에서 큰 힘을 발휘하지 못해 왔다.

2. 게임이론

과점시장을 설명하는 이론 중 가장 주목을 받는 이론이 게임이론(game theory)이다. 과점시장은 경쟁기업이 소수이기 때문에 이는 도박이나 바둑 등과 유사한 특징을 지닌다. 즉 상대방의 대응을 염두에 두면서 전략을 세워나가야 한다. 이러한 게임의 논리를 이용하여 과점시장에서의 기업의 행동을 설명할 수 있다. 게임이론의 개념을 설명하기 위해서 유명한 죄수의 딜레마(prisoners' dilemma)를 살펴보자.

구소련 치하에서 첩보 활동을 하던 두 사람이 어느 날 비밀경찰(KGB)에 의해 체포되어 각각 별도의 감방에 수감되었다. KGB가 죄수 A에게 제안하기를 죄수 B의 범죄사실을 증언하면 죄수 B에게 죄가 돌아가게 되어 중형(사형)에 처하게 되지만, 죄수 A 자신은 석방시켜 주겠다고 하였다. 그러나 만약 죄수 B도 이러한 회유에 넘어가 죄수 A의 첩보 활동 사실을 KGB에게 털어놓게 되면 둘 다 첩보 활동을 한 것이 인정되어 두 사람 모두 노동 캠프에서 20년간 유배된다. 반면, 둘 다 상대방이 신의를 지킬 것을 믿고 첩보 활동 사실을 인정하지 않는다면 두 사람은 중형을 받지 않고 각기 5년의 실형만 살면 된다. 그러나 만약 두 사람 중 한 사람은 신의를 지켜 상대방의 첩보 활동 사실을 감싸주었는데 다른 한 사람이 KGB의 꼬임에 빠져 상대방을 배반하면, 배반한 사람은 석방되지만, 배반당한 사람은 사형을 받게 된다.

자신의 감방에서 깊은 생각에 잠긴 죄수 A는 죄수 B가 신의를 지킬지 아니면 배반할지를 생각한다. 이와 같은 생각을 해 본 죄수 A는 죄수 B가 어떤 선택을 하든지 자신은 배반하는 쪽을 택하는 것이 더 가벼운 형량을 받게 된다는 것을 알게 된다. 죄수 A의 입장에서 보면 죄수 B가 신의를 지키는 경우에 자신도 신의를 지키면 둘이 함께 5년간 감옥에 있게 되지만 자신이 배반하면 죄수 B는 사형을 당하고 자신은 석방된다. 그러므로 죄수 B가 신의를 지킨다고 가정하는 경우, 자신은 배반하는 쪽이 더 유리하다. 다음으로 죄수 B가 배반하는 경우를 생각해 보자. 만약 A 자신이 신의를 지키면 죄수 B는 석방되지만 자신은 사형을 당하고, 자신도 배반하면 둘이서 함께 20년 유배 생활을 하게 된다. 그러므로 이 경우에도 자신은 배반하는 쪽이 더 유리하다는 결론을 내린다.

한편 죄수 B도 마찬가지 결론을 내리게 되어, 결국 두 사람은 서로 배반하게 되고 함께 20년의 유배 생활을 하게 된다. 두 사람이 서로 믿고 신의를 지켰다면 둘 다 5년만 고생하면 되었을 것이다. 여기서 상대방이 신의를 지키든 배반을 하든 자신은 배반을 하는 것이 더 유리한 결과를 가져다 준다고 판단하기 때문에, 서로 신의를 지키면 더 나은 결과를 가져올 수 있음에도 불구하고 항상 더 열등한 결과가 나타날 수밖에 없다. 이러한 현상을 죄수의 딜레마라고 부른다.

이 경우를 게임이론으로 설명하면 두 사람은 신의를 지키기 위해 범죄행위를 부인할 것인가, 아니면 자백하여 배반할 것인가, 두 가지 전략 중에서 하나를 선택하는 문제에 해당된다. 각각의 선택에 대한 보수(pay off)를 표로 나타내면 [그림 2-8]과 같다.

[그림 2-8] 죄수의 딜레마

		죄수 B	
		신의를 지킨다	배반한다
죄수 A	신의를 지킨다	5년, 5년	사형, 석방
	배반한다	석방, 사형	20년, 20년

행렬의 앞 숫자는 죄수 A에게 돌아가는 형량이고, 뒤 숫자는 죄수 B에게 돌아가는 형량이다. 이러한 표를 보수행렬이라고 한다.

이 보수행렬에서 두 죄인에게 가장 바람직한 결과는 둘 다 신의를 지키는 것이다. 그런데 이 두 사람을 격리시켜 놓을 경우 이 두 사람의 선택은 둘 다

배반이 된다. 게임이론에서는 모든 경기자가 최종적으로 선택할 것으로 예상되는 전략조합 결과를 해(solution)라고 한다. 그리고, 상대방이 어떤 전략을 취하든지 최적인 전략이 되는 것은 지배적 전략 해라고 한다. 이 게임에서 지배적 전략 해는 두 사람이 모두 배반하는 것이다. 그런데 이 지배적 전략 해가 항상 가장 바람직한 결과를 낳는 것은 아니다.

죄수의 딜레마에서 두 사람이 서로 신의를 지키는 경우를 협력적 결과(cooperative outcome)라고 부른다. 이런 결과를 얻기 위해서는 두 사람이 사전에 서로 협력하기로 마음을 먹어야 하기 때문이다. 반대로 두 사람이 모두 배반하는 경우를 비협력적 결과(noncooperative outcome)라고 한다. 위의 예에서 협력적 결과가 비협력적 결과보다 두 사람 모두에게 더 나은 결과를 가져오지만 서로 사전에 약속이 되어 있지 않거나 서로 상의를 하지 못하면, 두 사람은 비협력적 결과를 선택하게 되는 것이다.

수학자이며 경제학자인 존 내쉬(John Nash)는 이러한 상태를 비협렵적 균형(내쉬 균형)이라고 정의하였는데, 이 경우 두 사람 모두 어느 한쪽이 먼저 자신의 선택을 변경하기 어렵기 때문에 일종의 균형 상태가 된다.

이와 유사한 현상은 과점기업의 경쟁이나 무역 등 경제의 여러 분야에서 발견된다. 이와 비슷한 상황이 발생할 수 있는 예를 광고 경쟁을 가지고 설명해 보자. 흔히 과점기업들은 광고 경쟁을 하게 된다. 광고비를 지출하지 않으면 경쟁기업에게 이길 수 없기 때문에 과점기업들은 광고비에 많은 돈을 지출한다. 그러나 상대방 기업 역시 똑같은 이유로 광고를 하기 때문에 광고효과가 줄어든다. 이 광고 문제의 경우에 다음과 같은 예를 생각해 볼 수 있다.

어느 주류(酒類) 시장에 두 과점기업이 존재한다고 가정하자. [그림 2-9]에 표시된 가정에 따르면 두 기업이 모두 광고를 하지 않으면 한 해에 7억 원의 순이익을 낼 수 있다. 그런데 두 기업이 모두 광고를 할 경우에 판매에는 변함이 없고, 광고비만 연간 3억 원이 소요되므로 순이익이 4억 원으로 줄어든다고 가정하자. 반면에 한 기업은 광고를 하고 다른 기업은 광고를 하지 않을 경우에는 광고를 한 기업에 고객이 몰려서 광고를 많이 한 기업은 9억 원의 순이익을 낼 수 있는 반면에 광고를 안 한 기업은 2억 원밖에 순이익을 내지 못한다.

[그림 2-9] 광고 전쟁의 보수 행렬

		기업 B	
		광고 안함	광고함
기업 A	광고 안함	7억원, 7억원	2억원, 9억원
	광고함	9억원, 2억원	4억원, 4억원

이러한 상황, 즉 보수행렬이 주어질 경우 앞에서 설명한 죄수의 딜레마와 같은 결과를 가져온다. 즉 기업 B가 광고를 안 할 경우, 기업 A는 광고를 하면 9억 원의 순이익이 발생되므로 광고를 안 할 때(7억 원 순이익)보다 유리하다. 기업 B가 광고를 할 경우에도 역시 기업 A의 입장에서는 광고를 하는 것이 4억 원의 순이익이 발생해 광고를 하지 않는 경우(2억 원의 순이익이 발생)보다 더 큰 순이익이 발생한다. 따라서 기업 A의 입장에서는 기업 B가 어떤 선택을 하더라도 자신은 광고를 하는 것이 유리하다는 이기적인 결과에 도달하게 된다. 두 기업은 광고비에 지출할 수밖에 없고, 결국 최적의 결과에 이르지 못한다. 지금까지 가장 간단한 게임이론을 설명하였다. 이러한 게임이론은 앞에서 설명한 과점시장의 기업 의사결정을 설명하는 데 유용하게 사용되고 있다. 즉 과점시장의 기업들은 기업의 숫자가 적기 때문에 죄수의 딜레마처럼 상대방의 행동이 어떻게 나타날 것인가를 전제로 자신의 의사결정을 내린다.

이 게임에서 두 당사자가 서로 상의를 할 수 있다고 가정하면 어떻게 될까. 당연히 두 당사자들은 상호 합의하에 광고를 하지 않는 편이 더 유리할 것이다. 또는 이 두 당사자가 사전에 서로 합의는 못한다고 할지라도 여러 번 반복하면 어떻게 될까. 아마 처음 몇 번은 둘 다 광고를 많이 하겠지만, 이것이 서로에게 손해가 된다는 것을 알게 된 후에는 자발적으로 광고를 하지 않는 선택을 할 가능성도 있을 것이다. 이와 같이 죄수의 딜레마 상황은 게임의 양 당사자가 서로 협력할 수 없거나, 또는 게임이 일회적일 경우에 성립된다.

그렇다면 현실적으로 과점기업 간에 협상할 수 있는 가능성이 높은가 아니면 협상하지 못할 가능성이 높을까. 물론 협상 가능성이 더 높다. 그런데 문제는 신뢰가 있느냐는 것이다. 즉 협상의 결과를 양 당사자가 다 지킨다면 서로 협상을 통해 최적의 상황을 선택할 것이다. 그런데 협상을 통해 광고를 서로 자제하기로 약속한 후에 한쪽이 서서히 그 약속을 어기면, 어기는 쪽이 더 큰 이익을 얻게 된다. 따라서 이 협상이 지켜지기 위해서는 신뢰가 필요하다.

또 이러한 게임이 반복되는 경우가 많을까, 아니면 일회에 그치는 경우가 많을까. 과점기업의 경우에는 반복의 경우가 많지만 의외로 실제 경제에는 일회적 거래가 많다. 특히 사회적 분화가 별로 안된 작은 사회에서는 서로 아는 사람끼리 거래가 일어나므로 반복 거래가 중요해서, 단골을 만들고, 당장의 높은 이익보다 다음의 거래를 위해서 바가지를 씌우지 않는다. 그러나 사회가 분화되어 갈수록, 서로 모르는 사람끼리 거래할 일이 많아지면서 일회성 거래가 많아져서 이러한 죄인의 딜레마가 발생할 거래가 늘어난다. 이 죄인의 딜레마는 양육강식의 사회를 그대로 두면 서로 자기의 이익을 극대화하려는 선택을 통해 나쁜 결과를 가져온다는 예로 사용되기도 한다.

다음으로 과점시장에서 정부의 역할에 대해 생각해 보자. 앞의 예에서 정부가 주류 광고를 억제하기 위해서 주류 광고에 대해서 100% 과세를 한다고 가정해 보자. 그러면 이 두 주류생산 기업이 직면하는 보수행렬은 다음 [그림 2-10]과 같을 것이다.

[그림 2-10] 세금부과 후 기업의 보수 행렬

		기업 B	
		광고 안함	광고함
기업 A	광고 안함	7억원, 7억원	2억원, 6억원
	광고함	6억원, 2억원	1억원, 1억원

광고를 할 경우 3억 원의 세금을 부담해야 하므로 기업 B가 광고를 하지 않고 기업 A는 광고를 할 경우에 기업 A가 얻는 수입이 9억 원에서 3억 원 세금을 뺀 6억 원이 된다. 이 경우 기업 A는 광고를 하지 않는 경우가 수익이 7억 원이므로 광고를 하지 않는 선택을 하게 된다. 기업 B의 경우도 동일한 선택을 하게 되므로 이 경우의 해는 둘 다 광고를 하지 않게 되어 사회적으로 바람직한 결과를 얻게 된다. 이와 같이 게임이론은 정부의 역할이 필요하다는 논리적 설명도 가능하게 한다.

제8절 독점적 경쟁

1. 독점적 경쟁

미장원, 식당, 목욕탕 등 시장점유율이 작은 다수의 기업들이 서로 밀접한 대체재를 생산하고 판매하는 시장 활동을 독점적 경쟁(monopolistic competition)이라고 한다. 독점적 경쟁시장은 시장영향력을 크게 행사할 수 없을 만큼 참여 기업들의 시장점유율이 작고, 시장진입이 쉽다는 점에서 경쟁적 특성을 갖지만, 차별화된 상품을 공급한다는 면에서는 독점적이므로 독점적 경쟁이라고 부른다.

독점적 경쟁기업은 약간의 시장지배력은 가지고 있기 때문에 제한된 범위 내에서 가격결정권을 행사할 수 있다. 그러나 가까운 대체재가 많기 때문에 가격결정력은 제한적이다. 설렁탕집이 몰려있는 골목의 경우 각 식당에서 제공되는 설렁탕은 서로 가까운 대체재이기 때문에 커다란 가격차이를 보기는 어렵지만, 깍두기가 맛있다든지, 국물맛이 좋다든지 하는 특색을 갖는 식당의 경우 손님들이 식사를 하기 위해 줄을 서기도 하고, 약간 높은 가격을 지불하기도 한다. 그러나 손님들의 충성심(loyalty)의 정도는 그렇게 높지 않다. 아무리 특색이 있다 해도 가까운 대체재가 다수 존재하기 때문에 가격이 지나치게 높을 경우 손님을 잃게 된다. 따라서 독점적 경쟁시장 기업의 경우 독점적 경쟁기업이 가격을 변화시키면 자신의 상품에 대한 수요량의 변화는 비교적 크게 나타난다.

그러므로 독점적 경쟁기업의 경우에도 독점적 경쟁기업이 생산하는 상품의 가격(P)이 한계비용(MC)보다 크기 때문에 자원배분의 비효율성 문제가 존재한다. 그러나 독점적 경쟁기업의 경우 그 차이가 크지 않기 때문에 자원배분의 비효율성 문제는 크지 않다. 독점적 경쟁기업이 가지는 약간의 가격통제력은 상품의 특성화를 도모할 수 있게 하는 편이다. 깍두기가 맛있는 설렁탕집이나, 국물이 잘 우러난 설렁탕집이 존재한다는 것은 좋은 일이다.

비가격경쟁

독점적 경쟁시장에 있는 기업은 상품에 대한 가격통제력을 행사하기 위하여 여러 가지 비가격경쟁(non-price discrimination) 수단을 사용한다. 설렁탕 식당에서 주변 회사 사무실에 광고전단을 돌린다든지, 식당을 찾는 손님들에게 기념품을 선물한다든지 하는 것들도 모두 이러한 목적에서 사용되는 방법들이다. 대학가에 많이 있는 커피전문점들의 경우에 일정한 구매를 했을 경우 공짜 커피를 제공하는 마일리지 방식 등도 이러한 비가격경쟁의 예이다.

독점적 경쟁시장에 있는 기업이 사용하는 가장 대표적인 비가격경쟁 수단이 광고이다. 독점적 경쟁시장에서는 기업은 자신의 상품과 다른 업체의 상품이 차별화되어 있다는 것을 인식시키기 위하여 광고와 같은 비가격경쟁(non-price competition) 전략에 많이 의존한다. 완전경쟁기업은 이론적으로 동질의 재화를 생산하므로 광고를 할 필요가 없고, 독점기업도 자기 제품만이 시장에 있으므로 광고에 주력하지 않는다. 그러나 독점적 경쟁기업은 광고를 통해 자기 제품이 다른 제품보다 우수함을 알리는 것이 중요하므로 비가격경쟁이 치열할 수밖에 없다. 이러한 지출은 전체 생산비를 증가시킨다. 그러나 모든 기업들이 광고를 하게 되면, 개별기업의 수요 자체에는 아무런 변화가 없게 된다. 광고비의 지출로 자신의 상품에 대한 수요가 늘어나도, 곧 다른 기업의 광고로 그 수요 증가가 상쇄될 수 있기 때문이다. 그렇다고 자신이 먼저 광고를 중단할 수도 없다.

따라서 광고비의 지출은 아무런 수요 증가의 효과 없이 생산비만 증가하게 된다. 즉, 광고에 사용된 자원은 생산적인 효과를 가져오지 못하게 되고, 경제적 의미에서는 광고는 낭비이다. 이처럼 광고는 완전경쟁 시장을 갖지 못했기 때문에 발생하는 사회적 비용인 셈이다. 그러나 독점적 경쟁기업의 광고를 통한 정보제공은 소비자들에게 선택의 여지를 준다는 긍정적인 면도 있다.

2. 독점적 경쟁과 사회적 후생

독점적 경쟁의 시장성과를 사회적 관점에서 어떻게 평가해야 할까. 정부가 시장성과를 개선할 수 있을까. 이 질문에 대한 답은 간단하지 않다.

독점적 경쟁시장에서 비효율이 발생하는 한 가지 이유는 균형가격이 한계비용을 초과하고, 이로 인해 지불용의가 한계비용보다 높은 (그러나 가격보다는 낮은) 소비자들이 소비에서 배제된다는 데 있다. 따라서 독점적 경쟁시장에서는 독점가격에 항상 수반되는 경제적 순손실이 발생한다.

물론 이런 비효율은 가격이 한계비용과 일치하는 최선의 결과보다는 못한 것이지만, 정부가 이 문제를 해결할 수 있는 손쉬운 정책수단은 없다. 한계비용가격을 실현하기 위해서는 정부가 차별화된 상품을 공급하는 모든 기업을 규제해야 한다. 그러나 이런 상품은 너무 많기 때문에 이를 규제하기 위한 행정적 부담은 엄청날 것이다.

더구나 독점적 경쟁시장의 기업들을 규제한다면 그 과정에서 자연독점 기업을 규제할 때 발생하는 모든 문제가 발생할 것이다. 특히 독점적 경쟁시장의 기업들은 이미 이윤이 0이기 때문에 가격을 한계비용 수준으로 낮추면 손실이 발생한다. 따라서 이 기업들의 도산을 방지하기 위해서 정부는 보조금을 지급해야만 한다. 이를 위해 세금을 거두느니 정부는 독점적 가격이 초래하는 비효율성을 그대로 놓아두는 것이 나을지 모른다.

독점적 경쟁시장에서 비효율이 발생하는 또 다른 이유는 시장에 존재하는 기업의 수가 이상적인 숫자가 아니기 때문이다. 즉, 시장에 기업이 지나치게 많거나 너무 적을 수 있다는 것이다. 이 문제를 이해하는 한 가지 방법은 진입과 관련된 외부효과 차원에서 생각해 보는 것이다. 신상품을 가지고 시장에 새로 진입하려는 잠재적 기업은 자기가 진입한 후에 얻을 수 있는 이윤에만 관심을 갖는다. 그러나 그 기업의 의사결정은 두 가지 외부효과를 나타낸다.

- **제품다양화 효과**(product-variety externality) : 새로운 제품의 출현은 이를 구입하는 소비자들에게 소비자 잉여를 창출한다. 이것은 기업의 진입의 긍정적 외부효과다.
- **시장탈취 효과**(business-stealing externality) : 새로운 제품의 출현은 다른 기업의 고객과 이윤을 감소시키는 효과를 나타낸다. 이것은 기업진입의 부정적 외부효과다.

따라서 독점적 경쟁시장에서 기업의 진입은 긍정적 외부효과와 부정적 외부효과를 모두 가지고 있다. 어느 효과가 더 큰가에 따라 기업의 수가 지나치게 많을 수도 있고, 지나치게 적을 수도 있다.

이 두 효과의 크기는 독점적 경쟁시장의 상황과 밀접한 관련이 있다. 제품다양화 효과는 새로 진입한 기업이 종전의 제품과는 차별화된 새로운 제품을 공급하기 때문에 발생한다. 시장탈취 효과는 기업들의 가격이 한계비용을 초과하고, 따라서 기업들이 항상 판매량을 늘리려고 하기 때문에 발생한다. 완전경쟁시장에서는 동일한 상품을 한계비용과 일치하는 가격에 판매하기 때문에 위의 두 가지 효과가 발생할 수 없다.

결론적으로 독점적 경쟁시장은 완전경쟁시장에 비해 경제적 후생의 관점에서 완벽하지 않다고 말할 수 있다. 즉, 독점적 경쟁시장에서는 경제적 총잉여가 극대화되지 않는다. 그러나 여기서 발생하는 비효율은 미묘하고, 측정하거나 바로잡기가 어렵기 때문에 정책을 통해 독점적 경쟁시장의 시장성과를 향상시키기가 그리 쉽지 않다.

따라서 독점적 경쟁은 그 이름이 의미하듯이 독점적이고 경쟁적인 시장구조다. 독점기업과 같이 우하향하는 수요곡선을 가지고 있고, 이 때문에 가격이 한계비용을 초과한다. 그러나 완전경쟁시장의 기업들처럼 자유로운 시장 진입과 퇴출로 인하여 장기적으로 기업이윤은 0이다.

독점적 경쟁시장의 기업들은 차별화된 상품을 생산하기 때문에 각 기업은 소비자들을 더 많이 확보하기 위해 활발한 광고를 한다. 광고는 소비자의 취향에 영향을 미쳐 소비자의 불합리한 선택을 유발하고 경쟁을 제한하기도 하지만, 상품정보를 제공하고 브랜드 이름을 통한 품질경쟁을 유발하여 경쟁을 촉진하는 효과가 더 크다고 할 수 있다.

현실에서 많은 시장이 독점적 경쟁 모형으로 설명된다. 그러나 아쉽게도 이 모형의 분석에서 명쾌하고 강력한 정책대안은 도출되지 않는다. 이론적으로 독점적 경쟁시장의 자원배분은 완벽하지 않다. 그러나 실무정책 차원에서 보면 이를 개선하기 위한 별다른 정책방안도 없다.

제 9 절 외부성과 시장실패

1. 시장실패

우리가 살고 있는 현 시대에 해결해야 할 문제를 기술하면 대부분 다음과 같을 것이다. 기업이 흘려보낸 독극물과 폐수 그리고 가계가 내다 버린 쓰레기로 강물과 바다가 오염되고 있다. 노동자들은 위험이 늘 존재하고 불결한 작업환경에서 일하고 심지어 개발도상국에서는 어린이도 일한다. 가짜 휘발유, 가짜 명품 등 불량제품이 끊임없이 시장에 나돌고 있다. 또한 재벌기업들의 기업형 슈퍼마켓(ssm)이 골목길 상권을 침해한다고 소상인들은 아우성이다.

이것은 기업과 가계는 합리적으로 행동했지만 사회 후생 극대화는 이루지 못한 것을 의미한다. 다시 말해서, 시장 메커니즘에 무엇인가 문제가 있다는 것이다. 이처럼 시장이 효율적 자원 배분을 실현해내지 못할 때 시장실패(market failure)가 발생했다고 말한다. 앞에서 이미 배웠듯이 시장이 완전경쟁시장인 P = MR = MC 상태가 아닌 P > MR = MC 상태에서 균형에 도달함으로써 사회 후생 극대화에 실패했다는 것을 의미한다.

시장실패가 발생하면 사회 전체의 효율적인 생산량보다 시장이 더 많이 혹은 더 적게 생산하게 함으로써 비효율이 유발된다. 현재 기회균등(equal opportunity), 직업안전(job safety), 생산품안전(product safety), 빈곤(poverty)과 환경(environment)이 사회적으로 심각하게 문제가 되고 있다. 이것은 시장이 가계와 기업에 효율성을 높이기 위한 충분한 인센티브를 제공하지 못한다는 것을 의미한다.

시장실패가 발생하면 개별경제 주체들의 합리적 경제행위가 저절로 사회후생 극대화로 연결되지 않는다. 이에 따라 시장실패로 인한 비효율적 자원배분을 교정할 수 있는 여러 가지 방법을 모색해야 한다. 이처럼 시장실패가 발생할 경우 사회 후생을 극대화 할 수 있는 방법을 모색하고 탐구하는 학문을 공공경제학이라 한다.

시장실패 요인

시장경제는 수많은 개별시장으로 구성되어 있다. 이들 개별시장은 서로 밀접하게 연관되어 있으며 서로 영향을 미치고 있다. 예컨대 커피 수요가 증가하면 커피 가격과 보완재인 크림이나 설탕 가격이 상승하고, 대신 대체재인 녹차 수요는 감소하여 녹차 가격은 하락할 것이다. 이런 연관 관계 속에서 시장경제가 궁극적으로 어떻게 자원을 배분하는가를 이해하려면 시장을 하나하나 분리하기보다는 모든 시장을 고려하여 분석해야 한다. 이것을 위해 두 가지 분석방법인 부분균형분석과 일반균형분석이 있다.

부분균형분석은 특정시장을 제외한 모든 시장이 균형상태에 도달했다는 전제하에 특정시장의 균형상황을 분석하는 것이다. 지금까지 여러분에게 설명한 소비자이론, 생산자이론, 시장이론은 모두 부분균형분석틀에서 논의되어 왔다. 이 방법은 특정시장의 균형상황을 파악하는 데 유용하지만 시장 간 연관관계를 이해하는데 한계가 있다.

일반균형분석은 개별시장들 간의 상호작용의 결과 궁극적으로 어떠한 균형이 성립하는가를 분석하는 이론적 방법론이다. 사회 전체적 측면에서 자원의 효율적 배분을 고려하기 위해서는 일반균형분석에 대한 정확한 이해가 필요하다. 이 분석방법은 거시경제부분에서 유용하다. 예컨대 정부가 확대 금융정책을 실시했을 때 재화시장, 화폐시장, 외환시장, 노동시장들의 균형변화를 총체적으로 이해해야 하기 때문이다. 일반균형분석에 대한 자세한 설명은 거시경제 부분에서 다루기로 하고, 여기서는 부분균형분석틀을 바탕으로 하되 필요한 경우 일반균형이 갖는 직관적 설명을 이용한다.

시장실패를 분석할 때 기준이 되는 시장형태는 완전경쟁시장이다. 이 시장만이 개인의 합리적 행동을 통해 사회후생 극대화를 실현하였기 때문이다. 이때 시장균형조건은 P = MR = MC 상태이다. 이런 조건들을 충족하지 못하여 시장실패를 유발하는 것으로 독점을 포함한 불완전경쟁시장, 외부효과, 공공재, 불완전한 정보 등을 들 수 있다.

앞에서 독점, 과점, 독점적 경쟁 등 불완전경쟁시장에 대해서 이미 배웠다. 이들 시장형태는 공통적으로 P > MR = MC에서 균형에 도달하였다. 즉, 시장이 기업들의 합리적 행동을 통해 사회후생의 극대화를 가져오지 못한다. 시장실패는 불완전경쟁시장에서 일반적인 현상이다.

여기서는 불완전경쟁시장 이외의 요인인 외부효과, 불완전한 정보에 대해서 다룰 것이다. 이에 따라 각각 어떤 요인이 어떻게 시장실패를 발생시키며, 그것을 교정하기 위해 어떤 대안(공적, 사적)이 필요한지 살펴본다.

[그림 2-11]은 시장실패의 세 가지 요인에 대한 개념도이다. 세 가지 요인 아래에서는 시장이 작동되어도 결국 자원배분의 비효율성이 발생하게 된다.

[그림 2-11] 시장실패의 요인

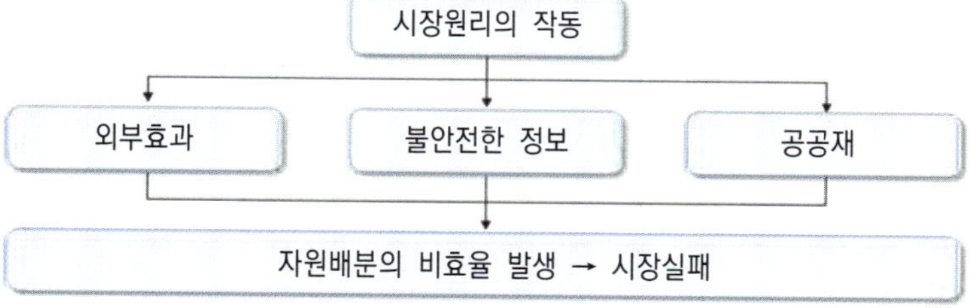

2. 외부효과

시장실패는 일반적으로 외부효과(externality)라고 불리는 현상이다. 외부효과는 한 사람의 행위가 제삼자의 경제적 후생에 영향을 미치지만 그 영향에 대한 보상이 이루어지지 않는 경우에 발생한다. 제삼자의 경제적 후생수준을 낮추는 외부효과를 부정적 외부효과(negative externality)라고 하고, 제삼자에게 이득을 주는 외부효과를 긍정적 외부효과(positive externality)라고 한다. 외부효과가 발생하면 사회적 후생은 시장에 참여하는 수요자와 공급자의 경제적 후생뿐만 아니라, 방관 공급자들이 시장에서 의사결정을 할 때, 자신들의 행위가 다른 사람에게 어떠한 영향을 미치는지 의식하지 않기 때문에 시장균형이 자원의 효율적인 배분을 달성할 수 없다. 즉, 시장균형이 창출하는 경제적 후생이 극대화되지 않는 것이다. 대기 중에 다이옥신을 방출하는 것은 부정적 외부효과다. 사적 이윤을 추구하는 종이 회사들은 자신들이 방출하는 오염물질의 사회적 비용을 고려하지 않고 생산량을 결정하기 때문에, 정부가 이를 규제하거나 억제하지 않으면 오염물질 배출량이 사회적으로 과다해진다.

외부효과에는 여러 가지 형태가 있다. 따라서 이에 대응하는 정책방안도 여러 가지가 있다. 다음은 몇 가지 예다.

- 자동차의 배기가스는 대기를 오염시키기 때문에 부정적 외부효과라고 할 수 있다. 따라서 운전자들은 자유방임 상태에서 대기를 지나치게 많이 오염시킨다. 정부는 이 문제를 해결하기 위해 자동차의 배기가스 허용기준을 정해 이를 시행하고, 휘발유에 세금을 부과하여 휘발유 소비를 억제하고 있다.
- 역사적 건물들은 아름답기도 하지만 사람들로 하여금 역사적 의미를 기억하게 하므로 긍정적 외부효과를 준다고 할 수 있다. 그러나 그 건물들의 소유자는 이런 건물을 잘 유지-관리하더라도 별 이득이 없기 때문

에, 그대로 방치해버릴 유인이 존재한다. 많은 지방정부들이 역사적 건물의 파괴를 금지하거나, 건물의 유지-관리비용에 대해 세금혜택을 줌으로써 이 문제를 해결하고 있다.

- 개 짖는 소리는 시끄러워서 이웃에게 부정적 외부효과를 준다. 그러나 개 주인은 이 소음으로 이웃들이 느끼는 불쾌감에 대해 대가를 지불하지 않기 때문에 자기들의 개가 짖지 않도록 충분한 주의를 기울이지 않는다. 지방정부들은 개 짖는 소리에 의한 소음공해를 금지함으로써 이 문제를 해결하고 있다.
- 신기술의 개발은 다른 사람들이 사용할 수 있는 지식을 창조하므로 긍정적인 외부효과를 나타낸다. 그러나 개발한 사람들은 신기술 개발이 주는 사회적 혜택을 완전하게 획득하지 못하기 때문에 연구-개발에 충분한 자원을 투입할 유인이 약하다. 이 문제를 해결하기 위해 정부는 신기술을 개발한 사람들에게 일정 기간 독점권을 주는 특허제도를 유지하고 있다.

이상의 사례들의 공통적인 특징은 누군가가 의사결정 과정에서 그들의 행위가 다른 사람에게 미칠 영향을 간과하고 있다는 사실이다. 정부는 바로 이런 행위에 영향을 미침으로써 제삼자의 이익을 보호하고자 하는 것이다.

3. 외부효과에 대한 정책

외부효과로 인해 시장이 효율적인 성과를 내지 못하고 있을 때, 정부는 지시-통제방식(command-and-control)을 통한 직접규제나 시장기능을 활용한 정책(maket-based policies) 중 하나를 사용하여 대응할 수 있다. 시장기능을 활용한 정책 수단이란 민간주체들이 외부효과 문제를 스스로 시정하도록 시장유인을 제공하는 것을 말한다.

직접규제

정부는 일정한 행위를 의무화하거나 금지함으로써 외부효과 문제를 해결할 수 있다. 예를 들어 독성이 있는 화학물질을 상수원에 버리는 것은 범죄로 규정되어 있다. 이 경우는 사회적 비용이 사적 이득을 훨씬 초과하기 때문에, 정부는 이러한 행위 자체를 불법화하는 직접규제 수단을 사용한다.

그러나 대부분의 오염문제는 이처럼 간단치가 않다. 일부 환경보호론자들의 주장에도 불구하고, 오염을 유발하는 행위 전부를 금지하는 것은 불가능하다. 예를 들어 거의 모든 교통수단은 어떤 형태로든 오염을 발생시킨다. 그렇다고 해서 모든 교통수단을 금지할 수는 없다. 따라서 모든 오염을 완전히 없애려고 하기보다는 오염방지의 비용과 편익을 비교하여 사회적으로 허용할 수 있는 수준의 오염배출량을 결정하는 것이 합리적이다. 미국에서 환경보호를 위한 규제와 정책집행의 책임을 지고 있는 정부부서는 환경청(EPA : Environmental Protection Agency)이다.

환경규제에는 여러 가지 형태가 있다. 정부가 오염물질의 최고 배출 허용량을 결정하기도 하고, 배출량을 줄이기 위한 정화기술을 의무화하기도 한다. 그러나 어떤 경우든 정부가 제대로 규제를 하려면 각 산업의 특성과 적용할 수 있는 환경기술에 대해 잘 알고 있어야 한다. 그러나 정부 규제당국은 이러한 정보를 쉽게 얻을 수 없다는 문제가 있다.

피구세와 보조금

직접규제를 통해 사람들의 행동을 직접 규제하기보다는 민간의 사적 이익동기와 사회적 효율을 일치시키도록 시장기능을 활용한 정책을 사용할 수도 있다. 예를 들어 앞에서 우리는 정부가 부정적 외부효과에 대해서는 세금을 부과하고, 긍정적 외부효과에 대해서는 보조금을 지급함으로써 외부효과를 내부화할 수 있음을 보았다. 부정적 외부효과를 시정하기 위해 고안된 세금은 이 세금을 처음으로 제창한 경제학자 아서 피구(Arthur Pigou, 1877~1959)

의 이름을 따서 피구세(Pigovian tax)라고 부른다.

경제학자들은 환경보호의 수단으로 직접규제보다 피구세를 선호한다. 그 이유는 이 방법이 더 낮은 비용으로 오염을 줄일 수 있기 때문이다. 왜 그런지 알아보기 위해 다음의 예를 생각해 보자. 종이 공장과 철강 공장이 각각 1년에 500톤씩의 오염물질을 강에 버리고 있다. 정부는 지금 이 오염물질의 양을 줄이기 위해 다음의 두 가지 방법을 고려하고 있다.

- **직접규제** : 정부가 각 공장에게 연간 오염물질 배출량을 300톤으로 줄이도록 명령하는 방법
- **피구세** : 정부가 오염물질 1톤당 10만원씩 세금을 부과하는 방법

직접규제는 오염물질의 양을 정부가 직접 결정해주는 반면, 피구세는 공장 주인으로 하여금 오염을 줄이도록 하는 경제적 유인을 제공한다. 어느 것이 더 나은 방법일까.

대부분의 경제학자들은 세금을 선호한다. 우선 경제학자들은 세금도 규제와 마찬가지로 전반적인 오염배출량을 줄일 수 있다는 사실을 지적한다. 정부가 세금을 어느 수준으로 결정하는가에 따라 오염 수준이 결정된다. 즉, 세금이 높을수록 오염물질의 배출량은 줄어들 것이다. 만약 세금이 아주 높다면 공장들은 아예 문을 닫아버릴 것이고, 따라서 오염물질의 배출량은 0이 된다.

경제학자들이 피구세를 선호하는 이유는 직접규제에 비해 낮은 비용으로 같은 수준의 오염감소 효과를 달성할 수 있기 때문이다. 직접규제는 모든 공장으로 하여금 같은 분량만큼 오염물질 배출을 줄이도록 의무화한다. 그러나 이러한 규제는 가장 낮은 비용으로 수질오염을 방지하는 방법이 아니다. 종이 공장이 철강 공장에 비해 같은 양의 오염물질을 줄이는 비용이 더 낮을 경우 종이 공장은 세금을 덜 내기 위해 오염물질의 방출을 아주 많이 줄이려 할 것이고, 반대로 철강 공장은 오염물질을 줄이는 대신 세금을 내고자 할 것이다.

다시 말해, 피구세는 오염물질을 배출하는 권리에 가격을 부과하는 것과 같은 의미를 지닌다. 마치 자유로운 시장에서는 재화에 대해 가장 높은 가치를 부여하는 사람에게 우선적으로 재화가 배분되듯이, 피구세도 오염방지에

가장 큰 비용을 지불할 용의가 있는 생산자에게 오염배출권이 우선적으로 배분되도록 한다. 따라서 정부가 달성하고자 하는 오염의 수준이 얼마든지 간에 피구세를 통해 그 수준을 가장 적은 사회적 비용으로 달성할 수 있다.

또 경제학자들은 피구세가 환경보호에 더 효과적이라고 믿고 있다. 지시-통제 방식의 직접규제하에서는 공장들이 일단 규제기준인 300톤까지 오염물질을 감축하고 나면 더 이상 오염을 줄인 유인이 없다. 이와는 반대로 세금이 부과되면 공장들은 환경친화적인 기술을 채택해서 세금을 가능한 한 많이 줄이려고 노력한다.

대부분의 세금은 사람들의 유인구조를 바꾸어 사람들의 행동이 사회적 최적에서 멀어지게 만든다는 것을 배운 바 있다. 즉, 소비자잉여와 생산자잉여의 합(총잉여)의 감소분이 정부 조세수입보다 크기 때문에 경제적 순손실(경제적 비효율)이 발생하는 것이다. 그러나 피구세는 보통의 세금과는 다르다. 외부효과가 존재할 때는 제삼자의 후생도 사회적 후생(social welfare)에 반영되어야 한다. 피구세는 외부효과에 의한 사적 유인의 왜곡을 사회적 최적과 일치시키는 역할을 한다. 따라서 피구세는 경제적 효율을 향상시키면서 동시에 정부의 조세수입도 증가시키는 것이다.

오염배출권의 거래

앞의 예에서 경제학자들의 권고에도 불구하고 정부가 두 공장들에게 오염물질 배출량을 무조건 연간 300톤 이내로 감소시키도록 규제를 가하였다고 하자. 그 결과 두 공장은 규정대로 오염배출을 감축하였다. 그런데 어느 날, 두 공장이 공동으로 정부에 다음과 같은 건의서를 제출하였다. 철강 공장이 배출량을 100톤만큼 더 늘리는 대신 종이 공장이 그만큼 배출량을 줄이고 그 대가로 철강 공장은 종이 공장에게 1,000만원을 지불하겠다는 것이다. 정부는 이 건의를 받아들여야 할까.

경제 효율성의 측면에서 보면 정부는 당연히 이 제안을 받아들여야 한다. 두 공장의 오염배출권 거래는 당사자들이 자발적으로 도달한 합의이기 때문에 양자에게 모두 이득이 된다. 더구나 오염물질의 총배출량은 전과 변함이 없기 때문이다. 추가적인 사회적 부담도 없다. 따라서 종이 공장이 철강 공장에 오염배출권을 팔도록 허용하면 사회적 후생이 증가한다.

어떤 형태든 기업 간의 자발적인 오염배출권의 거래에 이 같은 논리를 적용할 수 있다. 정부가 오염배출권의 거래를 허용한다면, 정부는 사실상 오염배출권이라는 또 하나의 희소 자원을 창조한 것이다. 그렇다면 궁극적으로 이 배출권이 거래되는 시장에 자연스럽게 형성될 것이며, 이 시장 역시 수요 – 공급의 원리에 의해 지배될 것이다. 이 새로운 시장은 보이지 않는 손에 의하여 오염배출권을 효율적으로 배분할 것이다. 오염물질을 감소시키는 비용이 가장 높은 기업이 이 오염배출권에 대해 가장 큰 지불용의를 갖는다. 오염물질을 감소시키는 비용이 낮은 기업은 자기들에게 할당된 오염배출권을 비싼 값에 다른 기업에게 팔고, 자기들은 오염물질을 직접 감축할 것이다.

이런 오염배출권 거래 시장의 한 가지 장점은 최초에 오염배출권이 기업들 간에 어떻게 배분되어 있었는지와 무관하게 경제적 효율성이 달성된다는 점이다. 이 결론은 코즈의 정리와 논리적으로 같다. 오염물질을 가장 효과적으로 감축할 수 있는 기업들은 자기들에게 배당된 오염배출권을 팔고자 할 것이고, 오염물질 감축비용이 높은 기업들은 차라리 오염배출권을 구입하는 것이 더 경제적이라고 생각할 것이다. 따라서 시장에서 오염배출권의 거래가 자유롭게 이루어지기만 한다면, 초기 배분상태와 무관하게 최종 배분상태는 효율적이 되는 것이다.

오염배출권의 발행을 통한 오염감축 방법은 피구세와는 매우 다른 방법처럼 보이겠지만, 사실 두 정책수단은 많은 공통점이 있다. 두 경우 모두 기업들은 오염물질 배출에 대해 비용을 지불해야만 한다. 피구세의 경우 기업들이 정부에게 세금의 형태로 지불하고, 오염배출권의 경우 기업들이 오염배출권을 구입하는 비용을 다른 기업들에게 지불한다(이미 오염배출권을 소유하고 있는 기업일지라도 비용을 치른다고 할 수 있다. 오염물질을 배출하는 행위의 기회비용은 오염배출권의 시장가격이기 때문이다). 두 방법 모두 오염배출 행위에 대한 대가를 치르게 함으로써 환경오염의 외부효과를 내부화한다는 공통점이 있다.

오염배출권의 판매가 피구세보다 유리한 경우도 있다. 만약 정부가 600톤 이상의 오염물질이 배출되는 것을 절대 허용하지 않기로 했다고 하자. 그러나 정부는 오염에 대한 수요곡선을 정확하게 모르기 때문에 피구세가 얼마가 되어야 오염물질 배출량이 600톤이 될지 모를 수가 있다. 이 경우 정부는 600톤에 해당하는 오염배출권을 경매에 부치면 된다. 그 결과 형성되는 오염배출권의 시장균형가격이 바로 거기에 해당하는 피구세가 될 것이다.

정부가 경매를 통해 오염물질 배출권을 판매하자는 아이디어가 경제학자에게서 처음 나왔으리라고 짐작할 것이다. 실제로도 그렇게 시작되었다. 그러나 미국의 환경청(EPA)은 환경오염을 통제하기 위한 수단으로서 배출권 거래제도를 점점 더 널리 시행해왔다. 오염배출권 거래제도는 피구세처럼 비용 측면에서 효과적인 환경보전 수단으로 인식되고 있다.

4. 불안전한 정보

경제학에서 정보는 상품이나 시장 상황에 대한 지식이나 자료로 경제주체의 의사 결정 과정에 영향을 미쳐야 한다. 단편적으로 책을 읽는다거나, 강의를 들으면서 접하는 과정에서 우리가 받아들이는 것은 지식 혹은 데이터라 할 수 있다. 즉 정보는 경제주체가 합리적 의사결정 과정에서 반영된 지식이나 자료를 의미한다.

모든 경제주체들은 자신이 알고 있는 정보를 바탕으로 경제행위를 한다. 완전경쟁시장 조건에 구매자와 판매자가 완전한 정보 또는 적어도 구매자와 판매자가 알고 있는 정보가 동일(정보의 대칭성)해야 한다는 것이 포함되어 있다. 이처럼 시장이 자원배분의 효율성을 극대화하기 위해서 정보는 아주 중요한 요소가 된다.

현실에서는 이러한 정보를 얻기 위해 가격을 지불하는 것이 일반적이다. 그러나 여기서는 정보는 대가 지불 없이 얻는 자유재(free goods)로 가정한다.

현실 경제에서 특정 재화에 대해 알고 있는 정보가 판매자와 구매자 사이에 서로 다른 것(정보의 비대칭성)이 일반적이다. 예컨대 특정 재화의 정보가 100으로 구성되어 있다고 하자. 판매자는 해당 재화의 정보를 다 알고 있다. 반면 구매자는 60만 알고 있다면, 정보의 비대칭성이 성립한다.

이러한 비대칭적 정보 상황은 우리 일상생활에서 광범위하게 찾아볼 수 있다. 중고차 시장의 경우 판매자는 자기 차의 상태에 대해서 잘 알지만 구매자는 겉만 보고 사고를 당한 차인지 아니면 잘 유지된 차인지 그 상태를 잘 알 수 없다. 건강보험의 노동시장의 경우 수요자인 기업이 공급자인 노동자(취업 준비생)보다 노동력에 대한 정보가 부족할 것이다. 이 때문에 기업은 고용할 때 노동력을 선별하기 위해 다양한 스펙을 요구하고 단체면접 및 연수 등을 통해 검증을 시도한다. 재화 시장도 마찬가지이다. 재화의 성능 및 품질에 대한 정보는 생산을 직접 담당하는 판매자가 구매자보다는 더 많이 가지고 있을 것이다. 의료시장에서 의사가 환자를 위해 최선을 다한 진료인지, 오진인지에 대해서는 알기 어렵다.

시장에는 수많은 다양한 주체들이 서로 다른 정보와 목적을 가지고 참여한다. 경제주체들은 자신의 경제적 행동을 위해 다양한 정보를 입수하고, 이를 바탕으로 의사결정을 하게 된다. 현실 경제에서 이러한 주체 간의 동일한 정보는 거의 불가능하다. 우리가 의사결정 이전에 많은 시간을 사용하여 정보를 얻으려고 하는 것은 거래 당사자와의 정보 갭을 축소하여 더욱더 정보대칭적 상황으로 바꾸려는 노력이라 할 수 있다.

그러나 사회 전체적으로 보면 비대칭적 정보는 다양한 시장 공간에서 존재하기 때문에 사회후생을 극대화하는 시장균형에 도달하기가 어렵게 된다. 이를 비대칭적 정보로 인한 시장실패라 한다. 불안전한 정보의 원인은 다음과 같다.

감춰진 속성

비대칭적 정보의 원인으로 감춰진 속성과 감춰진 행동 두 가지를 들 수 있다. 두 가지 모두 무엇인가를 감추고자 하는 것에서 비대칭적 정보가 발생한다. 감춰진 속성은 중고품 시장에서 흔히 발견된다. 판매자가 자신이 가지고 있던 재화를 다른 사람에게 판매하는 과정에서 재화의 문제점에 대해서 더 많이 알고 있지만, 판매하는 과정에서 이를 정확하게 밝히기를 꺼린다.

금융시장도 마찬가지이다. 대출자는 자기의 대출상환능력을 정확하게 알고 있다. 대출자도 은행에 자신에게 불리한 정보를 밝히길 꺼린다. 그러므로 은행은 대출자의 상환능력을 정확히 파악할 수 없다.

이러한 비대칭적 정보로 인하여 낮은 품질의 재화나 서비스를 선택하게 되는 경우가 발생한다. 이것을 역선택(adverse selection)이라 한다. 이것은 값싸고 질 좋은 상품을 선별해내는 시장기능을 왜곡시킨다.

이제 비대칭적 정보 상황에서 경제주체들은 어떤 선택을 하는가 살펴보자. 미국의 경제학자 에컬로프 (G.Akerlof)는 1970년 레몬시장(market for lemons)이라는 논문에서 중고차 시장의 예를 가지고 정보의 비대칭문제를 처음으로 다루었다. 그는 이 공로로 2001년 노벨경제학상을 받았다.

중고차 판매자는 자신이 직접 사용했기 때문에 구매자보다 그 차에 대해서 더 잘 안다. 중고차 시장에서는 일반적으로 사용 연수나 마일리지 등 일정한 평가 기준에 따라 비슷한 차들의 평균상태를 바탕으로 가격이 제시된다. 예컨대 좋은 중고차(peach)의 가격이 500만 원이고, 나쁜 중고차(lemon)의 가격이 300만 원이라면 이 시장에서 중고차의 평가액은 평균 400만 원으로 형성된다. 중고 자동차의 상태를 알지 못한다면 구매자는 평균 가격인 400만 원에 구입하고자 할 것이다. 나쁜 중고차 소유자는 실제 가치인 300만 원보다 높은 400만 원이 시장가격이기에 적극적으로 판매를 하려고 할 것이다. 좋은 중고차를 팔려는 사람은 500만 원짜리를 400만 원에 팔아야 하므로 100만원 손해를 보고 팔려고 하지 않을 것이다. 이 때문에 중고차 시장에서는 나쁜 중고차만 넘쳐난다. 결과적으로 시장에서 구매자는 질 좋은 자동차(상품)보다 역으로 질이 낮은 자동차를 선택할 가능성이 높아진다.

건강보험 시장도 마찬가지이다. 사람들의 건강 상태는 곧 운명할 사람부터 병이 전혀 없는 사람까지 다양할 것이다. 그리고 자신의 건강 상태는 자신이 가장 잘 안다. 보험회사는 모든 사람의 건강 상태를 정확히 모른다. 과거 건강기록을 활용하든 여러 가지 자료를 사용하든 보험회사는 평균적인 건강 상태를 기준으로 보험료를 책정할 것이다. 건강한 사람들은 이 보험료가 비싸다고 느낄 것이고 이에 따라 보험에 가입하지 않는다.

반면 건강이 좋지 않은 사람은 싸다고 생각하고 보험에 가입한다. 결국 건강보험회사에는 건강하지 못하는 사람만이 보험에 가입한다. 이런 상황에서 이 건강보험회사의 보험금 지급은 보험료 수입보다 커지게 된다. 이에 따라 결국 파산하게 된다. 이런 이유 때문에 대부분의 국가에서 정부가 강제적 방법으로 의료보험료를 징수하는 사회보험 형태로 건강보험을 운영하고 있다.

이제 우리는 노동시장에서도 평균 임금을 주고 능력 있는 인재를 고용할 수 없다는 것을 이해할 것이다. 젊은 시절 에컬로프는 미연방은행 총재인 부인 엘런(j. yellen)과 함께 아이들을 위해 좋은 베이비시터를 구하기 위해 노동시장 평균 임금의 1.5배를 주겠다고 광고한 적이 있다. 물론 마음에 드는 베이비시터를 구하였다. 이런 경험은 부인 엘런과 공저로 노동시장의 효율임금모형(efficiency wage model)을 개발하였다. 효율임금모형에 의하면 기업들이 인재를 고용하기 위해 노동시장의 임금보다 더 높은 임금을 지급하기 때문에 노동시장은 항시 초과공급 상태가 되어 실업이 발생한다는 것이다. 이것은 정보의 비대칭성으로 인해 노동시장이 왜곡되는 것을 보여준다.

감춰진 행동

비대칭적 정보의 다른 원인으로 감춰진 행동을 들 수 있다. 경제활동은 일반적으로 상호 간의 계약을 통해 이루어진다. 두 당사자 간에 계약이 체결되면 상호 간에 최선을 다한다는 내용을 명시적으로 계약서에 적는다. 이것이 신의성실의 원칙이다. 감춰진 행동은 이런 신의성실의 원칙이 과연 얼마나 지켜지느냐와 관련이 있다.

자동차 보험을 예로 들어보자. 보험 가입과정에서 보험설계사들은 고객들을 열심히 설득한다. 여기에는 사고처리와 보상내용 등이 포함될 것이다. 보험가입자는 이런 내용을 믿고 계약을 체결한다. 보험가입자 입장에서는 자신의 사고 위험을 보험회사로 이전했기 때문에 방어운전 등 사고 예방을 소홀히 하는 것이 합리적인 행동이 된다. 예전에는 사고 두려움 때문에 저속도로 안전운전을 했다면, 이제는 사고 위험을 감수하더라도 좀 더 빠른 속도로 운전하여 회사에 출근한다. 그러나 보험회사는 보험가입자의 신의성실의 의무를 확인하기가 쉽지 않다. 여기에 보험회사와 보험가입자 간 정보의 비대칭성이 존재한다. 상가의 화재보험자들이 화재예방조치를 소홀히 하는 것도 마찬가지이다. 보험가입자의 이런 태도는 결국 자동차 사고와 화재 발생을 더 유발한다. 결국 사회적 자원의 낭비를 가져온다.

이러한 정보의 비대칭성에 의한 인간의 행위를 도덕적 해이(moral hazard)라 한다. 이런 도덕적 해이는 보험 분야뿐만 아니라 다양한 분야에서 관찰된다. 기업경영을 예로 들어보자. 현대 사회에서 기업은 대부분 주식회사 형태이고 기업의 소유와 경영이 분리되어 있다. 주주는 계약을 통해 경영자를 고용하고 주주 이익 극대화를 위해 일하도록 필요한 권한을 위임한다. 경영자는 계약서에 따라 신의성실의 의무를 다하여 주주의 이익에 봉사하면 자원은 효율적으로 배분된다. 즉 경영자 고용시장이 잘 작동된 것이다.

경영자가 주주 이익을 위해 일을 잘하고 있는지 감시하기가 쉽지 않다. 주식회사는 주주가 다수일 뿐만 아니라 지속적인 감시도 쉽지 않기 때문에 경영자의 도덕적 해이가 발생할 수 있는 확률이 높다. 즉 경영자는 자신의 정보를 활용하여 주주의 이익보다는 자신의 이익을 추구할 가능성이 높다. 조직을 확대하기 위해 수익률이 낮음에도 투자를 확대하거나 승용차를 비싼 차로 바꾸거나 집무실을 호화롭게 꾸미는 것 등이 이러한 도덕적 해이에 해당할 것이다.

도덕적 해이는 소송당사자와 변호사 간의 관계에서도 발견할 수 있다. 의뢰인은 변호사를 선임하여 자신의 소송을 위임한다. 의뢰인은 변호사가 자신의 소송에 최선을 다해줄 것으로 기대하지만 이것을 확인하기가 쉽지 않다. 또한 이 변호사는 자신의 소송만 맡은 것이 아니기 때문에 도덕적 해이가 발생할 가능성이 높다.

이런 도덕적 해이는 다음과 같은 구조에서 자주 일어난다는 것을 알 수 있다. 주인이 어떤 일을 하려고 대리인을 고용한다. 그런데 이 대리인이 주인이 자기가 하는 일을 잘 감시할 수 없는 구조를 이용하여 자신의 이익을 추구할 수 있는 경우이다. 이런 도덕적 해이는 주인과 대리인 사이의 정보의 비대칭성 때문에 발생한다. 이것을 대리인 문제(agency problem)라 한다. 이런 대리인 문제는 국민과 정치가 간의 관계, 국민과 공무원 간의 관계, 사장과 종업원 간의 관계 등 어떤 조직에서도 발견 할 수 있다.

대리인 문제는 자신의 이익을 위해 일하고 자기 주인의 이익을 소홀히 하는 것이다. 즉 대리인의 합리적 행동이 주인의 이익 최대화에 기여하지 못한다. 이것은 사회 전체의 효율적 자원 배분을 가로막는 또 다른 시장실패를 의미한다.

대안

지금까지 정보의 비대칭성 발생 요인이 감춰진 속성과 감추진 행동에 있다는 것을 살펴보았다. 이러한 정보의 비대칭성은 결국 시장실패를 가져와 자원 배분의 비효율성을 유발한다. 다음 〈표 2-8〉은 두 가지 요인에 대해 정리한 것이다.

표 2-8. 정보의 비대칭성과 시장실패

원인	감춰진 속성	감춰진 행동
정보의 비대칭성 발생시점	사전적	사후적
시장 실패	역선택	도덕적 해이 (대리인 문제)
대안	정보의 생산 신호발생과 선별장치	인센티브

〈표 2-8〉에서 정보의 비대칭성 발생시점에 대해서 살펴보자면 감춰진 속성은 사전적이며, 감춰진 행동은 사후적이다. 역선택은 구매행위 이전에 감춰진 속성 때문에 발생하는 시장실패의 유형이다. 반면 도덕적 해이는 계약 이후 감춰진 행동 때문에 발생하는 시장실패의 유형이다. 이처럼 속설과 행동의 차이는 정보의 비대칭성 발생시점에 따라 구분할 수 있다.

이제 이러한 정보의 비대칭성으로 인해 발생하는 시장실패를 극복하기 위한 대안을 살펴보자. 가장 일반적인 대안은 정보의 갭은 줄이는 것이다. 시장이 할 수 없기 때문에 시장 이외의 조직이 이 역할을 수행해야 할 것이다.

먼저 감춰진 속성이 존재하면 구매자는 정부가 제도적으로 갖추어 놓은 공식적인 정보를 이용하는 것이 바람직하다. 정부가 시행하고 있는 재화의 품질인증제도가 좋은 예이다. 이것은 중고시장에서 거래되는 고가의 재화에 대해서는 정부가 주요 내용에 대해 명시하도록 하는 제도이다. 이처럼 정부개입은 정보의 갭을 줄이면서 정보의 비대칭성에 의한 시장실패를 어느 정도 해결할 수 있다. 그러므로 정부는 정보를 감추려는 유인이 있는 그룹이나 사람들이 정보를 공개할 수 있도록 법적-제도적 장치를 마련해야 한다.

외국에 여행 가서 그 나라 음식을 먹는 것은 커다란 모험이 아닐 수 없다. 그러나 맥도날드 햄버거 가게가 보이면 주저하지 않고 들어갈 것이다. 이것이 글로벌 기업들이 전 세계에 표준화된 상품을 공급하는 한 가지 이유가 될 수 있다. 이미 자기 국가에서 표준화된 상품에 정보를 갖고 있기 때문에 외국에 가서도 정보의 갭이 그렇게 크지 않다. 이렇게 보면 글로벌 시장 자체가 정보의 비대칭성을 해결할 수 있는 하나의 방안이 될 수 있다.

판매자는 자신의 시장을 지키기 위해서 구매자의 역선택 피해를 줄어야 한다. 그렇지 않으면 심각한 시장실패로 인해 시장 자체가 위협을 받게 된다. 예컨대 중고차 시장에 빛 좋은 개살구들만 진열되어 있다면 누구 중고차를 구매하겠는가. 머지않아 그 중고차 시장은 사라질 것이다.

좋은 품질의 상품을 선택하고자 하는 소비자에게 기업의 광고를 통해 품질에 대한 확신을 심어주는 것이 필요하다. 이 중 많이 사용되고 있는 것이 품질보장제도이다. 예를 들어 자동차의 경우 5년 무상수리, 10만km 무상수리 등을 보장하는 제도이다. 즉 자신이 제조한 자동차의 품질에 대한 확신을 심어주는 것이다. 이것을 신호 발송이라고 한다. 이러한 과정에서 신호 발송 비용이 발생하지만 품질에 대한 자신감을 통해 창출된 이윤이 이것보다 큰 경우 전략적으로 선택된다.

도덕적 해이의 문제는 상벌을 규정대로 공정하고 엄중하게 하는 것이 가장 효과적인 방법이다. 주인을 위해 일을 잘하면 상을 주고 잘못하면 반드시 벌을 준다는 것을 대리인이 확실하게 인식하도록 하는 것이다. 주식회사의 경우 대리인 문제를 해결하기 위해 매년 재무제표를 작성하여 공표하게 한다. 주주들은 이 재무제표를 통해서 경영자의 능력을 평가한다. 실적이 좋지 않으면 경영자를 해고하는 등의 큰 벌을 내린다. 실적이 좋으면 큰 보너스가 지급될 것이다.

주식시장이 발전하면서 자사 주식의 가격을 통해서 경영자를 평가한다. 주식 가격이 상승하면 경영자가 그만큼 주주 이익을 위해 일한 것이고 주식 가격이 하락하면 경영자에 문제가 있는 것이다. 주식 가격이 신상필벌의 중요한 도구로 사용된다. 이런 제도를 스톡옵션(stock option)이라 한다. 경영자는 주식 가격을 높이기 위해서 열심히 노력하면 결국 자신보다는 주주 이익에 봉사하게 된다. 이런 과정에서 별도의 감시체계 없이 경영자가 주주 이익을 위해 최선을 다하게 되는 경제적 유인을 제공한다는 측면에서 도덕적 해이를 해소할 수 있다는 평가를 받고 있다.

5. 공공재

재화의 유형

사람들이 원하는 재화의 공급을 시장기능이 잘 담당하고 있는가. 여기에 대한 답은 어떤 재화인지에 따라 다르다. 시장은 가장 효율적인 수량의 아이스크림을 공급한다. 아이스크림의 가격이 변하여 수요와 공급이 일치하고, 그 균형 수량에서 소비자 잉여와 공급자 잉여의 합이 극대화된다. 그러나 시장기능은 자신의 이익을 위해 공장이 대기를 오염시키는 것을 억제하지 못한다. 시장에서 수요자와 공급자는 자기들의 행동에 수반되는 외부효과를 고려하지 않기 때문이다. 따라서 시장기능은 아이스크림에 대해서는 잘 작동하지만, 맑은 공기라는 재화에 대해서는 제대로 작동하지 못한다. 다음 두 가지 기준으로 재화를 구분하는 것이 유용하다.

- 배제성(excludable)이 있는가. 사람들이 이 재화를 소비하는 것을 막을 수 있는가.
- 경합성(rivalry)이 있는가. 한 사람이 이 재화를 소비하면 다른 사람이 이 재화를 소비하는 데 제한이 있는가.

[그림 2-12] 재화의 유형

배제성 \ 경합성	있음	없음
있음	**사적재화** - 아이스크림 - 옷 - 막히는 유료도로	**클럽재** - 소방서비스 - 케이블 TV - 막히는 않는 유료도로
없음	**공유자원** - 바닷속의 물고기 - 환경 - 막히는 무료도로	**공공재** - 태풍경보 - 국방 - 막히는 않는 무료도로

이 기준을 사용하여 재화를 [그림 2-12]와 같이 네 가지로 분류할 수 있다.

- 사적 재화(private goods, 사유재라고도 함)는 배제성과 경합성을 모두 가지고 있는 재화를 말한다. 아이스크림을 생각해보자. 아이스크림은 배제성이 있다. 당신이 상대방에게 주지 않으면 그 사람은 아이스크림을 먹을 수 없기 때문이다. 또 아이스크림은 경합성이 있다. 당신이 아이스크림을 먹어버리면, 상대방은 그 아이스크림을 먹을 수 없기 때문이다. 대부분의 재화는 사적 재화다. 수요-공급 원리를 공부할 때, 우리는 암묵적으로 모든 재화는 배제성과 경합성을 가지고 있는 것으로 가정하였다.

- 공공재(public goods)는 배제성과 경합성이 없는 재화를 말한다. 공공재는 사람들이 그 재화를 소비하는 것을 막을 수 없을 뿐 아니라, 한 사람의 공공재 소비가 다른 사람의 공공재 소비를 방해하지도 않는다. 예를 들어 작은 마을의 태풍경보는 공공재다. 일반 태풍경보가 울리면 특정 개인이 정보를 듣지 못하도록 막을 수 없다. 뿐만 아니라 어떤 사람이 태풍경보의 편익을 누린다고 해서 다른 사람들이 누릴 수 있는 편익이 줄어들지도 않는다.
- 공유자원(common resources)은 경합성은 있지만 배제성이 없는 재화를 말한다. 예를 들어 바닷속의 물고기는 공유자원이다. 누군가가 물고기를 잡으면 그만큼 다른 사람이 잡을 수 있는 물고기 수는 줄어든다. 그러나 바다가 너무 넓어 어부들이 물고기를 잡는 행위를 막을 수 없기 때문에 이들 물고기는 배제성이 없다.
- 클럽재(club goods)는 경합성은 없지만 배재성이 있다. 이런 재화는 자연독점(natural monopoly)의 속성을 지니고 있다고 말한다. 예를 들어 작은 마을의 유료회원제 케이블 TV 서비스를 생각해 보자. 이 서비스는 배제성이 있다. 유료회원이 아닌 가정에서는 케이블 TV를 시청할 수 없다. 그러나 케이블 TV 서비스는 경합성은 없다. 한 가정이 케이블 TV 방송을 시청한다고 해서 다른 유료 회원의 가정에서의 시청을 방해할 가능성은 거의 없다. 다시 말해서 한 마을이 이미 케이블 TV 서비스를 하고 있다면 추가적으로 한 가정 더 방송하는 비용은 매우 작을 것이다.

여기에서는 배제성이 없기 때문에 모든 사람에게 무료로 제공될 수밖에 없는 재화, 즉 공공재와 공유자원에 대하여 살펴볼 것이다. 나중에 밝혀지겠지만 이 주제는 외부효과와 밀접한 관계가 있다. 공공재와 공유자원은 어떤 대가를 지불하지 않는 사람들에게도 효용가치를 주기 때문에 외부효과와 같은 효과를 낸다. 어떤 사람이 국가안보와 같은 공공재를 제공한다면, 여러 사람들이 동시에 혜택을 입는다. 그러나 그 혜택을 입은 사람들에게 대가를 받아낼 수는 없다. 마찬가지로 어떤 사람이 바닷속의 물고기와 같은 공유자원을 사용한다면 다른 사람들은 손해를 보지만, 그에 대한 보상을 받지 못한다. 이와 같은 외부효과 때문에 사적 의사결정은 비효율적인 결과를 초래한다. 그리고 정부의 개입이 경제적 효율을 향상시킬 수 있다.

무임승차 문제

공공재가 다른 재화와 어떻게 다르고, 어떤 문제를 초래하는지 알아보기 위해 불꽃놀이를 생각해 보자. 사람들이 불꽃놀이를 보는 것을 막을 수 없기 때문에 불꽃놀이는 배제성이 없다. 또 누가 불꽃놀이를 보고 있다고 해서 다른 사람이 불꽃놀이를 보는데 방해가 되지 않기 때문에 경합성도 없다.

어떤 마을 사람들은 마을 기념일에 불꽃놀이를 보는 것을 즐긴다고 하자. 이 마을주민 500명은 각자 불꽃놀이를 통해 만 원의 효용을 느낀다고 하자. 한 번 불꽃놀이를 하는데 드는 비용은 백만 원이다. 마을주민이 느끼는 효용가치의 총합 5백만 원이 비용 백만 원을 초과하므로 이 마을 사람들이 마을 기념일에 불꽃놀이를 즐기면 경제적 후생이 증가한다.

시장 기능이 이와 같은 결과에 저절로 도달할 수 있을까. 아마 아닐 것이다. 예를 들어 이 마을의 한 기업가가 불꽃놀이 사업을 추진하고 있다고 하자. 이 사업가는 먼저 불꽃놀이 관람권을 판매해야겠지만, 이것은 쉽지 않을 것이다. 사람들이 관람권 없이도 불꽃놀이를 볼 수 있다는 사실을 금방 알아차릴 것이기 때문이다. 즉, 불꽃놀이는 배제성이 없기 때문에 사람들은 무임승차를 할 유인을 갖는 것이다. 무임승차 행위(free rider)란 어떤 사람이 어떤 재화를 소비하여 이득을 보았음에도 불구하고 이에 대한 대가 지불을 회피하는 것을 말한다.

이런 유형의 시장실패는 외부효과 때문에 발생한다고 볼 수 있다. 사업가가 불꽃놀이를 개최한다면, 그는 불꽃놀이를 공짜로 보는 사람들에게 긍정적인 외부효과를 준다. 사업가가 불꽃놀이를 개최할지 여부를 결정할 때, 이 외부효과를 전혀 의식하지 않기 때문에 불꽃놀이가 사회적으로 바람직한 것이라 해도 사적으로는 바람직한 것이 아니다. 결과적으로 사업가는 불꽃놀이를 개최하지 않는 사회적으로 비효율적인 결정을 내린다.

주민들의 수요가 있더라도 이 같은 이유로 민간기업에 의한 불꽃놀이 개최가 불가능해진다면, 이 문제는 당연히 정부가 해결해야 한다. 마을 자치기구가 주민 1인당 2천 원씩 세금을 거둬 그 세금수입으로 불꽃놀이를 개최하도록 하면 될 것이다. 그렇게 하면 이 마을 모든 주민의 경제적 후생은 8천 원(불꽃놀이가 주는 효용가치 만 원에서 세금 2천 원을 뺀 금액)씩 증가할 것이다. 민간기업이 달성할 수 없던 효율적인 결과가 정부에 의해 달성된 것이다.

이 마을의 이야기는 하나의 가상적 사례지만 매우 현실적인 이야기이기도 하다. 지방정부에서는 대부분의 불꽃축제를 직접 주최하고 있다. 이 이야기는 공공재에 관한 보다 일반적인 결론을 제시한다. 즉, 공공재는 배제성이 없어서 무임승차의 문제로 인해 민간기업이 공공재를 공급하는 것은 불가능하다. 그러나 정부가 이 문제를 해결할 수 있다. 만약 정부가 어떤 공공재의 사회적 총이득이 총비용보다 크다는 것을 확인할 수 있다면, 정부가 세금을 거두어 공공재 공급의 비용을 부담하면 된다. 물론 모든 사람의 경제적 후생은 향상될 것이다.

중요한 공공재의 예

먼저, 국방을 예를 들 수 있다. 외부의 침략에서 나라를 지키는 국방은 공공재의 고전적인 예다. 국방의 혜택을 특정한 개인들이 누리지 못하게 할 수 없다. 뿐만 아니라 한 사람이 국방의 혜택을 받는다고 해서 다른 사람이 누릴 수 있는 편익이 줄지도 않는다. 따라서 국방은 배제가 불가능하고 소비의 경합성도 없다.

국방은 가장 비싼 공공재 중의 하나다. 정부는 2020년 국방비 지출액을 50조 원이 넘는 규모로 편성하였다. 경우에 따라 이 금액이 너무 많다고 생각할 수도 있고, 너무 적다고 생각할 수도 있다. 그러나 국방비를 지출해야 한다는 데는 이견이 없다. 작은 정부를 주장하는 경제학자들조차도 국방은 정부가 반드시 제공해야 하는 공공재라는 데 의견을 같이하고 있다.

두 번째 예로 기초과학 연구이다. 지식의 창조는 공공재다. 만약 어떤 수학자가 매우 중요한 수학 정리를 하나 증명했다면, 이 수학 정리는 모든 사람이 자유롭게 활용할 수 있는 인간 지식의 일부가 될 것이다.

지식은 공공재이기 때문에 이윤을 추구하는 민간기업들은 다른 사람이 만들어놓은 지식에 무임승차하려 할 것이고, 그 결과 민간기업들은 지식의 창조에 매우 적은 양의 자원만을 투입하고자 할 것이다. 지식창조에 대한 정책을 평가함에 있어서 일반지식과 특수한 기술지식을 구분해야 한다. 고성능 건전지의 발명과 같은 특수한 기술지식은 특허를 낼 수 있다. 따라서 이런 지식을 발명한 사람은 그 발명이 사회에 끼치는 혜택의 상당 부분을(전부는 아니겠지만) 획득할 수 있다. 그러나 수학자는 자기가 증명한 수학 정리에 대해 특허를 낼 수 없다. 이런 지식은 누구나 거저 배워갈 수 있다. 다시 말해서 특수한 기술지식은 특허제도를 통해 배제성을 갖지만, 일반지식은 배제성이 없다는 것이다.

정부가 공공재인 일반지식을 공급하는 방법에는 여러 가지가 있다. 먼저 정부가 각종 국책연구소나 정부 출연 연구재단을 통해 의학, 수학, 물리학, 화학, 생물학, 심지어 경제학과 같은 분야의 기초연구에 보조금을 지급할 수 있다. 어떤 사람들은 미국 정부의 우주개발계획에 대한 예산지원이 인간 지식의 축적이라는 측면에서 정당화될 수 있다고 생각한다. 많은 사적 재화들, 예를 들면 방탄조끼, 물에 타서 마시는 주스와 같은 발명품들은 인간을 달에 보내려는 과학자들의 연구과정에서 부수적으로 발명된 것들이다. 과학기술 연구의 사회적 혜택은 측정하기가 매우 어렵기 때문에, 정부가 이런 과학적 노력을 얼마나 지원해야 하는가를 결정하는 것 역시 어려운 일이다. 더구나 연구-개발에 대한 정부예산 지원을 결정하는 국회의원들은 대부분 과학 분야에 문외한들이다. 그렇기 때문에 국회의원들이 어떤 분야에 대한 연구비 지원이 가장 큰 사회적 이득을 낼 수 있을지 결정하는 것은 적합하지 않다.

세 번째 예로 빈곤구제 정책이다. 가난한 사람들을 돕기 위해 많은 정책들이 시행되고 있다. 정부는 가난한 사람들에게 약간의 보조금을 지급한다. 또 저소득층에게 식류품 교환권(food stamps)을 주고, 주거에 대해서도 다양한 지원을 제공하고 있다. 이러한 빈곤구제 정책들은 경제적으로 여유가 있는 사람들이 낸 세금으로 유지되고 있다.

경제학자들도 정부가 빈곤문제를 어떻게 해결해야 하는지에 대해 의견의 일치를 보지 못하고 있다. 여기서 한 가지 지적할 수 있는 것은 빈곤구제 정책을 옹호하는 사람들이 빈곤구제가 공공재라고 주장한다는 사실이다.

모든 사람이 빈곤 없는 사회에서 살기를 원한다고 하더라도 빈곤퇴치는 민간기업이 제공할 수 있는 재화가 아니다. 한 개인이 빈곤을 해결하기에는 문제가 너무 크다. 더구나 민간의 자선활동에 의존하는 데는 한계가 있다. 자선활동에 참여하지 않는 사람들은 다른 사람들의 자선행위에 무임승차할 수 있기 때문이다. 따라서 세금을 거두어 가난한 사람들의 생활수준을 향상시키는 것은 모든 사람에게 유익할 수 있다. 즉, 가난한 사람들은 전보다 향상된 생활수준을 누리고, 세금을 내는 사람들은 빈곤이 줄어든 사회에서 살 수 있기 때문에 모든 사람이 이득을 보는 것이다.

제 3 장
거시경제학

제 1 절 거시경제학의 기본

1. 거시경제학의 접근방법

지금까지는 미시경제학에 대해서 공부하였다. 즉 개별경제 주체인 가계와 기업이 어떻게 의사결정을 하고 이들이 시장에서 어떻게 상호작용하는지를 다루었다. 즉 가계와 기업이 각자 자기 목적에 맞추어 행동하면 그 결과가 시장에서 합해지고 조정되어 자동으로 사회후생이 최대화된다. 이것의 분석과정을 보면 다수의 가계, 기업, 상품과 생산요소의 수요곡선과 공급곡선을 유도하여 시장을 분석한다.

반면 거시경제학은 국가 경제 전체를 하나의 분석대상으로 한다. 그러면 전체를 어떻게 나타내는가. 일반적으로 단위가 같으면 부분을 합해서 나타내고, 단위가 다르면 추상적인 개념을 가지고 나타낸다. 예를 들면 일정기간 동안 우리나라 전체 상품의 소비량과 생산량은 매년 얼마씩 증가하는가. 우리나라 노동자들의 취업률은 얼마나 될까. 모두 전체에 관한 질문이다.

이때 노동인구 수나 시간의 경우 단위가 같으므로 인구 수나 시간을 합하여 국가 전체의 노동인구 수와 노동시간을 구할 수 있다. 그러나 소비량과 생산량의 경우 개별가계에서 소비 상품의 종류가 다양하고, 또한 기업들도 다양한 상품을 생산하고 있기에 총소비량이나 총생산량을 단순히 합해서 구할 수 없다. 예컨대 오늘의 식사량, 데이트하면서 본 영화 1편, 리포트를 내기 위해 사용한 노트 한권, 볼펜 한 자루 등도 물리적으로 합할 수 없다. 그래서 우리나라에서 다양하게 생산되는 상품들을 하나로 묶을 수 있는 하나의 추상적인 상품을 만들면 국가 전체적인 입장에서 경제 상황을 파악하기가 용이할 것이다.

2. GDP

상품은 다양한 방법으로 측정되고 있다. 현재는 일반적으로 GDP(gross domestic product, 국내총생산) 방식이 사용되고 있다. 앞으로 이 추상적인 상품을 GDP라 하자.

또한 여기서 가계나 기업도 개별경제 주체로서가 아니라 GDP를 소비하고 생산하는 경제주체로서 총합적인 가계와 기업을 의미한다.

거시경제학에서는 그 사회에 존재하는 전체 생산요소를 투입하여 GDP라는 하나의 상품만 생산하는 경제에서 출발한다. 미시경제학에서는 소고기, 볼펜, 책 등 다양한 상품들이 다양한 시장에서 거래되지만, 거시경제학에서는 오직 GDP 시장에서 GDP만 거래될 뿐이다. 소고기, 볼펜과 책을 살 때도 거시경제학을 공부할 때는 가계는 GDP를 구입하고 기업은 GDP를 생산한다고 인식해야 한다.

GDP를 여러분이 어릴 때 미술 시간에 이용했던 찰흙으로 상상해보라. 한 반은 이것으로 배, 사과, 오이, 포도 등 과일로 만들었다. 반면 다른 반은 비행기, 선박 등 수송 수단을 만들었다. 어느 반이 더 많이 만들었을까. GDP 방식은 가짓수가 아니고 각 반에서 만든 것들을 다시 하나로 뭉친 다음 찰흙의 양을 측정하면 된다. 더 많은 찰흙을 사용한 반이 더 많이 만든 것이다.

시장은 상품이 교환되는 곳이다. 미시경제학에서는 복수 개의 상품이 존재하므로 중요한 의사결정은 상대가격으로 결정된다. 예컨대 소비자 균형은 한계대체율과 두 재화의 상대가격이 일치하는 점에서, 생산자 균형은 한계기술대체율과 두 생산요소의 상대가격이 일치하는 점에서 이루어진다. 상대가격은 상품 간 교환비율을 의미하며, 상대가격이 실질적인 분배기능을 수행한다.

이러한 세계에서 통화량이 두 배 늘어나면 두 재화의 가격이 두 배 상승하기 때문에 상대가격에는 변화가 없다. 이 때문에 소비량, 생산량과 생산요소량은 전혀 변화하지 않는다. 화폐(불환지폐)는 단지 교환의 매개수단의 역할만 수행할 뿐이다. 그래서 화폐가 존재하지 않는다고 해도 미시경제학 체계를 이해하는 데 크게 방해되지 않는다. 미시경제학은 단순히 물물교환의 세계, 즉 하나의 상품이 화폐 역할을 하는 체계와 크게 다르지 않다.

거시경제학에서는 상품시장에 GDP라는 상품만 존재한다. [그림 3-1]은 거시경제의 틀에서 경제순환모형도를 그린 것이다. 가계는 자신이 보유하고 있는 생산요소(자본, 노동)를 생산요소시장에 판매하고 이자율, 배당금, 지대와 임금 형태로 소득을 얻는다. 이것을 바탕으로 상품시장에서 GDP를 구입한다. 반면 기업은 자본과 노동을 생산요소시장에서 구매하여 GDP를 생산 및 공급한다. 이때 GDP의 수요를 개별상품 수요와 구분하기 위해 총수요(aggregate demand), GDP의 공급을 총공급(aggregate supply)이라고 한다. 그림에서 화살표는 실물의 흐름과 화폐의 흐름을 나타낸다. 이것을 통해서 소득 측면의 GDP, 지출 측면의 GDP, 수입 측면의 GDP와 비용 측면의 GDP는 모두 같다는 것을 알 수 있다.

[그림 3-1] 거시경제 순환모형

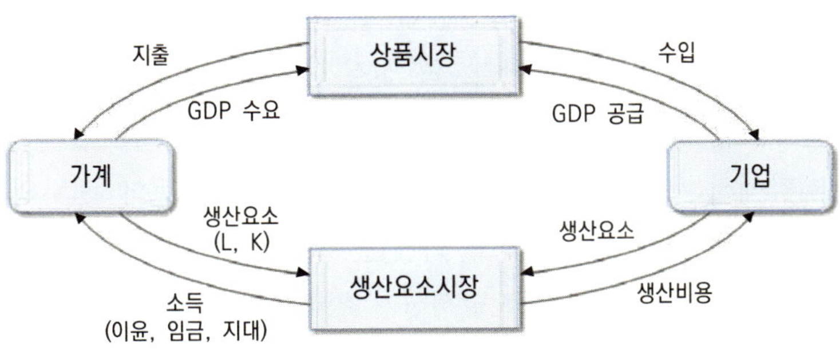

거시경제 순환모형과 미시경제 순환모형을 비교하면 상품시장에서 차이가 난다. 즉, 전자는 상품이 1개(GDP), 후자는 2개(복수)가 존재한다. 미시경제의 경우 상대가격(물물교환)으로 두 재화의 교환이 가능하다. 반면 거시경제의 경우 GDP와 화폐만이 교환 가능하다. 이제 화폐를 하나의 상품으로 받아들이면 상품시장에 2개의 상품이 존재하므로 거시경제 체계도 미시경제 틀에서 이해 할 수 있다. 다만 화폐는 기업이 아닌 정부가 공급(발행)하는 것이 다를 뿐이다.

이제 GDP 시장과 화폐시장 두 개가 존재하게 된다. 가계는 노동의 대가로 일정 액수의 임금을 화폐로 받는다. 이 화폐의 일부를 가지고 GDP를 구입하고 남은 화폐는 저축한다. 즉 가계는 GDP 시장에서는 수요자로, 화폐시장에서는 공급자로 나타난다. 이에 비해 기업은 은행이나 금융기관에서 대출받아 노동과 자본을 구입하여 GDP를 생산하고 시장에 공급한다. 기업은 GDP 시장에서는 공급자로, 화폐시장에서는 수요자로 나타난다. 이처럼GDP 시장에서는 수요-공급 원리에 따라 GDP 가격(물가), 화폐시장에서는 화폐가격(이자율)이 결정된다.

2개의 상품이 존재하므로 어느 것을 측정 단위로 사용하느냐에 따라 두 가지 경제변수로 구분을 할 수 있다. 즉 화폐단위로 나타내는 것을 명목변수(nominal variable)고, GDP 단위로 나타내는 것을 실질변수(real variable)라 한다. 예컨대 GDP 1단위의 가격이 100원이라 하자. 어떤 나라의 GDP가 5단위라면 화폐단위로 나타낼 때 500원이 된다. 즉 명목소득(GDP)이 500원이다. 반면 (명목)임금이 1.000원일 때 GDP 단위로 환산하면 10개이다. 이 GDP 10개는 실질임금을 의미한다. 즉 실질 GDP는 명목소득으로 살 수 있는 GDP의 양을 나타낸다는 점에서 실질구매력을 의미한다.

거시경제학에서는 시장의 불완전성을 전제로 하기 때문에 정부의 역할이 강조된다. 정부는 GDP를 소비하고 화폐를 발행하는 주체로서 GDP 시장과 화폐시장에 개입하여 정책목표를 달성하기 위해 영향력을 행사한다. 또한 수출과 수입의 차이로 정의된 국제수지는 개별가계와 기업 차원이 아닌 국가 전체 차원의 문제이기 때문에 당연히 거시경제학에서 다루어져야 할 부분이다.

이제 거시경제학의 체계를 다음과 같이 단순화하여 정리하면 이해하기가 쉬울 것이다. 1개의 가계가 존재한다. 전체는 둘일 수 없기 때문이다. 이 가계는 생산요소시장에 생산요소(노동과 자본)를 공급하고 상품시장에서는 GDP를 소비한다. 기업도 1개이다. 생산요소시장에서 생산요소를 구입하여 GDP를 생산하고 상품시장에서 GDP를 판매한다. 정부는 화폐를 정책적 판단에 따라 발행하고 GDP를 소비할 수 있다. 외국도 하나 존재한다. 이 국가는 우리나라 GDP를 국제시장에서 구입한다. 이것이 우리 입장에서 수출이다. 외국은 자국의 GDP를 우리나라에 판매한다. 이것이 수입이다. 앞으로 이런 상황에서 GDP 시장, 화폐시장(외환시장 포함)과 생산요소시장 간의 상호작용을 다룰 것이다.

3. GDP의 계산

국내총생산이 어떻게 계산되는지 살펴보자. 먼저 국내총생산(GDP : gross domestic product)을 일정 기간 동안에 어느 나라에서 생산된 모든 최종재화와 서비스의 시장가치라고 정의하자.

이 정의는 단순해 보일지 모르지만 실제로 한 나라의 GDP를 계산하려면 여러 가지 미묘한 문제에 부딪힌다. 이 정의의 각 부분을 하나씩 살펴보자.

GDP는 시장가치

사과와 오렌지는 비교할 수 없다는 속담이 있다. 그렇지만 GDP는 사과와 오렌지를 비교한다. 즉, GDP는 여러 가지 서로 다른 재화를 시장가격을 기준으로 합하여 하나의 경제활동 지표를 도출하는 것이다. 시장가격은 소비자들이 여러 가지 재화에 대해 지불하려는 금액을 나타내므로 이들 재화의 가치로 볼 수 있다. 따라서 사과 1개의 가격이 오렌지 가격의 2배라면 사과 1개는 오렌지 2개만큼 GDP를 증가시킨다.

모든

GDP는 한 경제에서 생산되어 시장에서 합법적으로 판매된 모든 품목을 포함하는 포괄적인 지표다. GDP에는 사과와 오렌지뿐만 아니라 배, 자몽, 책, 영화, 이발, 의료 서비스 등도 포함된다.

또 GDP는 종전 주택에서 창출되는 주거 서비스의 시장가치도 포함하고 있다. 임대주택의 경우 주택서비스의 가치는 세입자의 임대료 지불액인 동시에 집주인의 임대료 소득이므로 쉽게 측정할 수 있다. 그러나 자기 집에 사는 사람들은 집세를 내지 않으므로 정부는 이러한 자가 주택의 임대료 가치를 추정하여 GDP에 반영한다. 요컨대 GDP는 자가 주택 보유 가구가 자신에게 임대료를 내는 것으로 간주하여 임대료를 그 가구의 소득과 지출 양쪽에 포함시키는 것이다.

그러나 마약처럼 불법적으로 생산-거래되는 것은 측정하기가 너무 어려워 GDP에 포함되지 않는 항목들도 있다. 가정에서 생산-소비되어 시장을 거치지 않는 품목들도 대부분 GDP에 포함되지 않는다. 우리가 식료품점에서 구입하는 채소는 GDP에 포함되지만 집에서 재배하는 채소는 포함되지 않는다.

이렇게 GDP에서 배제되는 항목들 때문에 때로는 이상한 결과가 나올 수도 있다. 만약 A가 B에게 돈을 주고 자기 집 잔디를 깎게 하면 이 거래는 GDP에 포함된다. 그러나 만일 이 두 사람이 결혼한다면 상황은 달라진다. 여전히 B가 A의 집 잔디를 깎아주더라도 이제 이 서비스는 시장에서 거래되지 않으므로 GDP에 포함되지 않는다. 즉, A와 B가 결혼하면 GDP는 줄어드는 것이다.

최종

어떤 공책 제조회사가 제지 회사에서 종이를 구입하여 그 종이로 공책을 생산하는 경우, 종이는 중간재(intermediate good), 공책은 최종재(final good)라고 한다. 중간재의 가격은 최종재의 가격에 포함되어 있으므로 GDP는 최종재의 가치만을 계산한다. 만일 공책의 시장가치에 종이의 시장가치를 더한다면 종이의 가치가 두 번 계산되기 때문이다.

이 원칙에는 중요한 예외가 있는데, 그것은 생산된 해에 사용되지 않고 장래의 판매나 생산을 위해 보관되는 중간재다. 이 경우 중간재는 당분간 최종재로 간주되고 그 가치는 재고투자로 GDP에 포함된다. 저장된 중간재가 나중에 사용되거나 판매되면 그 기업의 재고투자는 마이너스가 되어 그 기간의 GDP는 감소한다.

재화와 서비스

GDP에는 가시적인 물건(음식, 의복, 자동차 등)은 물론, 보이지 않는 서비스(이발, 청소, 의사의 진료 등)도 포함된다. 여러분이 좋아하는 가수(그룹)의 CD를 사면 하나의 재화를 구입하는 셈이고, GDP에 그 CD 가격이 포함된다. 또 그 가수(그룹)의 공연을 관람한다면 하나의 서비스를 구입하는 셈이며, 그 입장료 역시 GDP의 일부분이 된다.

생산된

GDP에는 그 해에 생산된 재화와 서비스만 포함되며 과거에 생산된 물건의 거래는 포함되지 않는다. 현대자동차가 새 차를 만들어 팔면 그 금액은 GDP에 포함되지만, 어떤 사람들이 중고차를 사고팔면 그 중고차의 가치는 GDP에 반영되지 않는다.

한 나라 안에서

GDP는 한 국가의 영토 내에서 일어난 생산활동의 가치를 측정한다. 중국인이 임시로 한국에서 일한다면 그 사람의 생산활동은 한국의 GDP에 포함된다. 한국 국민이 베트남에 있는 공장을 소유하고 있을 경우 그 공장에서 생산된 재화의 가치는 베트남의 GDP에 포함되지만 한국의 GDP에는 포함되지 않는다. 즉, 생산자의 국적에 관계없이 어떤 나라의 영토에서 생산되는 물건은 그 나라 GDP로 잡히는 것이다.

주어진 기간 내에

GDP는 주어진 특정 기간 내에 이루어진 생산의 가치를 측정한다. 보통 일정 기간은 1년이나 1분기(3개월)를 의미하며, GDP는 이 기간 중에 발생한 소득과 지출의 흐름을 나타낸다.

정부가 어느 분기의 GDP를 보고할 때는 연간 GDP 수치를 제시한다. 이렇게 함으로써 분기에 발표되는 GDP가 그 분기 GDP의 4배가 되어 연간 GDP와 분기 GDP 자료를 쉽게 비교하여 사용될 수 있도록 하고 있다.

또 정부는 분기 GDP를 발표할 때 먼저 계절조정(seasonal adjustment)을 한다. 계절조정을 하지 않은 자료를 보면 1년 중 어떤 계절의 재화와 서비스 생산량은 다른 계절에 비해 많다(12월의 크리스마스 선물 구입 기간은 매출이 많은 시기다). 경제동향을 관찰할 때 경제학자들과 정책담당자들은 이러한 규칙적인 계절적 변화를 배제한 자료를 원하는 경우가 많다. 따라서 통계당국에서는 계절조정을 거친 분기 데이터를 발표하는 것이다.

4. 실질 GDP, 명목 GDP, GDP 디플레이터

우리가 GDP를 추계하고 그 크기에 지대한 관심을 갖는 것은 국민소득, 즉 전체 경제의 상황을 나타내는 대표 선수이기 때문이라고 하였다. 그런데 GDP는 국내총생산이고, 따라서 약간의 범위를 좁혀서 생각하면 이것은 곧 한 경제의 생산능력을 나타낸다고 할 수 있다. 따라서 우리는 해마다 달라지는 GDP의 크기에 따라 우리의 경제적 능력이 좋아졌는지 그렇지 않은지를 가늠해 보기도 한다. 경제적 능력이 좋아졌다면 더욱 좋아지도록, 나빠졌다면 무엇이 문제인지를 찾아 여러 가지 정책적 처방을 통해 상황을 개선해야 하기 때문이다.

그런데 시간의 흐름에 따라 변하는 것은 생산능력뿐만 아니라 시장에서 재화와 서비스가 거래되는 가격 또한 변한다. GDP가 생산능력을 금액으로 환산해서 표시한 것(시장가치의 합이라는 정의를 생각해 보라)이므로 생산능력과 물가가 동시에 변하였다면, 얼마가 능력의 변화이고 얼마가 가격의 변화인지 구별하기란 어렵다. 그래서 정확하게 생산능력의 변화를 알아보기 위해서는 가격은 변하지 않았다는 가정을 하고 GDP를 계산하여 보는 방법이 있을 수 있다. 이처럼 가격이 변하지 않았다는 가정하에 계산한 GDP가 실질 GDP이다.

- **실질 GDP**(real GDP) : 기준연도를 정해 놓고, 기준연도의 가격으로 최종생산물의 가치를 계산한 GDP이다.
- **명목 GDP**(nominal GDP) : 당해 연도의 가격을 시장가치로 하여 최종생산물의 가치를 계산한 GDP이다.

보통 경제성장이라고 하면 GDP가 얼마나 증가하였는가를 근거로 이야기한다. 이때의 경제성장이 경제적 능력이 향상되었는지를 보는 것이라면 경제성장은 당연히 실질 GDP의 개념을 가지고 설명해야 할 것이다. 따라서 성장을 이야기할 때 제시되는 통계는 특별한 언급이 없으면 모두 실질 GDP의 개념이라고 생각하면 된다. 그러나 일반적으로 통계 그 자체를 제시할 경우에는 실질과 명목을 잘 구별해서 파악해야 한다.

이제 실질 및 명목 GDP의 개념은 비교적 명확해졌으니 이들 두 개념 사이에는 어떤 특별한 개념으로 설명할 수 있는 관계가 있을 것처럼 보인다. 특히, 두 개념을 식으로 표현한 것을 잘 살펴보면 생산규모는 같고 가격만 기준연도와 비교연도로 다르니, 둘 사이에는 물가로 연결된 어떤 특별한 관계가 있을 것으로 짐작된다. 그것이 바로 GDP 디플레이터라고 하는 물가지수다. GDP 디플레이터는 명목 GDP를 실질 GDP로 나눈 것이다.

$$\text{GDP deflator} = \frac{\text{명목 GDP}}{\text{실질 GDP}} \times 100$$

이때 특정상품의 생산 규모는 마치 가격에 대한 일종의 가중치처럼 작용한다. 자동차와 같이 고가품인 경우에는 생산 대수가 적을 것이고, 볼펜처럼 값이 싼 제품은 생산량이 많을 것이다. 위 식에서 생산 규모는 같은 크기이므로 결국 위의 식은 생산 규모를 가중치로 한 기준연도와 비교연도의 물가를 비교한 것이 된다. 즉, 기준 연도에 비해 물가수준이 어떻다는 것을 보여 주는 지수가 된다.

GDP 디플레이터라는 말은 영어의 deflate에서 나온 것이다. deflate가 바람을 빼서 납작하게 만든다는 뜻이므로 GDP 디플레이터는 명목 GDP의 가격의 거품을 빼서 납작한 실질 GDP를 만들어 주는 창치 쯤으로 해석하면 재미있을 것 같다.

위의 식에서 분모의 실질 GDP를 좌변으로 보내고, 좌변의 GDP 디플레이터를 우변의 분모로 보내면 이러한 해석이 식으로도 분명해진다. 보통은 물가가 아주 적게라도 오르기 때문에 대체로 명목 GDP가 실질 GDP보다 크고, 따라서 이런 식의 이름이 붙여진 것이 아닌가 한다. 물론 물가가 오르기만 하는 것은 아니다. 대공황(1929년~1933년)때 미국에서는 물가가 25%나 떨어졌고, 1990년대 일본에서 물가하락이 발생하였다.

우리는 보통 물가를 이야기할 때 소비자물가지수, 도매물가지수 등을 사용한다. GDP 디플레이터가 일상적으로 잘 쓰이지 않는 이유는 그 개념 자체로부터 분명하다. GDP 디플레이터는 GDP를 가지고 계산한 것이다. 다시 말해, 경제 내에 존재하는 모든 재화와 서비스를 포함해서 물가지수를 계산하였다는 말이다. 따라서 우리가 실제 생활에서 느끼는 물가의 변동과는 차이를 보일 수밖에 없고, 이런 이유로 실생활에서 대표 물가지수의 자리는 소비자물가지수에게 내주게 된 것이다. 그 대신 GDP 디플레이터는 경제분석에 있어서 소비자물가지수와 함께 매우 중요한 변수로서의 역할을 하게 된다.

5. GDP, GNP, GNI

GDP와 GNP는 모두 한 경제의 총생산을 나타내는 지표이다. 앞서 언급한 바와 같이 그 차이는 한 나라의 영토 안에서 생산된 것과 한 나라의 국민에 의해 생산된 것에 있다.

GDP에는 우리나라 사람이, 또는 우리나라 사람의 돈이 외국에 나가서 벌어들인 소득은 제외하고, 외국사람 또는 외국자본이 우리나라 안에서 창출한 부가가치는 포함시킨다. 사람 또는 자본의 국적에는 관계없이 생산활동이 이루어진 장소를 기준으로 총생산을 계산하는 것이다.

그러나 GNP는 영토와 관계없이 생산에 참여한 사람 또는 생산에 투입된 자본의 국적이 중요하다. 우리나라 사람이 외국에 나가서 벌어들인 돈과 우리 자본이 외국에서 올린 수익은 포함시키고, 외국 사람 또는 외국 자본이 우리나라에서 창출한 부가가치는 제외시킨다.

국민소득 순환의 개념에 의하면, 생산은 소득과 같다(3면 등가의 법칙). 이때 소득이라 하면 분배국민소득을 말하는 것으로, 이는 생산요소로 제공된 노동과 자본에 대한 대가를 의미한다. 따라서 이 개념을 활용한다면 GDP는 생산요소를 제공한 사람의 국적에 관계없이 우리나라 안에서 이루어진 생산활동에 제공된 생산요소에 대한 소득은 포함시키지만 외국에서 이루어진 생산활동에 제공된 생산요소에 대한 소득은 제외시킨다. 반대로 GNP에서는 우리나라 사람이 생산활동에 제공한 생산요소에 대한 소득은 생산이 이루어진 장소에 관계없이 포함시키지만 외국사람이 제공한 생산요소에 대한 소득은 제외시킨다.

이제 GDP와 GNP의 관계를 하나의 식으로 표현해 보자. 바로 전에 설명한 바와 같이, GDP에서 외국 사람이 국내에서 얻은 소득은 제외시키고, 여기에 우리나라 사람이 외국에서 얻은 소득을 포함시키면 GNP가 된다. 즉, GDP + (내국인의 해외요소소득) − (외국인의 국내요소소득) = GNP가 되는 것이다. 여기서 중간에 있는 우리나라 사람의 해외요소소득과 외국사람의 국내요소소득의 차이를 한 단어를 표현하면 국외순수취요소소득이라고 할 수 있다. 한자말로 길게 표현된 것이 좀 거북스럽기는 해도 수출에서 수입을 뺀 것을 순수출이라고 하였던 것과 같은 방식의 표현이라고 생각하면 이해하기가 쉽다. 그러므로 GDP와 GNP의 관계를 다음과 같은 식으로 간략히 나타낼 수 있다.

GNP = GDP + 국외순수취요소소득

그런데 GNP를 이처럼 국내총생산에 국외순수취요소소득을 합한 것으로 정의하면 하나의 개념 안에 생산과 소득의 측면에서 본 국민소득이 혼재되어 다소 개념 상의 혼란이 일어날 수 있다. 이에 따라 1993년에 제정된 국민계정체계(system of national account : SNA)에서는 국민총소득(gross national income : GNI)이라는 개념을 도입하고 있다. 국민총소득(GNI)은 GNP에 교역조건변화에 따른 무역손익을 더하여 산출하며, GDI는 GDP에 교역조건변화에 따른 무역손익을 더하여 산출한다. 그리고 GNI는 GDI에 국외순수취요소소득을 합한 것이다.

GNI = GDI + 국외순수취요소소득

6. 3면 등가의 원칙

국민소득은 세 가지 측면에서 파악되는데 이를 생산국민소득, 분배국민소득, 지출국민소득이라 부르고 있다. 그리고 이러한 세 가지 국민소득은 그 크기가 똑같다. 그것은 국민소득이 생산 → 분배 → 지출 과정을 통하여 순환하기 때문이다. 먼저 생산주체인 기업이나 정부가 노동, 자본, 토지 및 경영 등의 생산요소를 투입하여 생산활동을 수행한 결과로 부가가치, 즉 생산국민소득이 발생한다. 여기에서 생산에 참여한 근로자는 급료와 임금, 돈을 빌려준 사람은 이자, 토지를 빌려준 사람은 임대료를 받게 되고 정부는 다른 경제주체에 의해 생산된 재화와 서비스의 거래와 관련하여 세금, 즉 생산 및 수입세를 부과하게 된다.

그리고 이들 소득을 공제한 나머지가 이윤으로서 기업에게 돌아가게 되는데 이와 같은 소득을 모두 합하여 분배국민소득이라 한다. 따라서 생산국민소득과 분배국민소득은 같아진다.

또 분배된 소득은 개인이 물건을 구입하는데 사용(소비)하거나 기업이 차기의 생산을 위하여 공장을 짓거나 기계를 사들이는데 지출(투자)함으로써 최종생산물에 대한 수요로 나타나며 이를 지출국민소득이라 한다.

이와 같이 국민소득은 만들어서(생산) 나누어 갖고(분배) 쓰는(지출) 양이 모두 같게 되는데 이를 가리켜 국민소득 3면 등가의 원칙이라 한다.

7. 물가지수

우리는 매일매일 생활에 필요한 재화와 서비스의 대부분을 구입하여 쓰고 있는데 이때 지급하는 돈의 액수를 가격이라고 한다. 그런데 시장에서 거래되는 상품은 매우 다양하여 같은 시간에도 어떤 것은 오르고 어떤 것은 내리는 현상이 발생하며 정도 또한 각각 다른 것이 보통이다. 우리는 개별상품의 가격 변화보다 전반적인 상품가격의 변화를 알아야 할 필요성이 종종 발생하는데 이러한 필요에 의해서 만들어진 개념이 물가와 물가지수이다.

즉, 물가란 시장에서 거래되는 개별상품의 가격을 경제생활에서 차지하는 중요도 등을 고려하여 평균한 종합적인 가격수준을 말하며 물가지수는 이러한 물가의 움직임을 알기 쉽게 지수화한 경제지표를 일컫는다. 지수란 통상 시계열자료에 대하여 기준이 되는 수치를 100으로 해서 비교 시점의 수치를 나타내는데, 이를테면 어느 특정 시점의 물가지수가 115라면 어느 기준시점보다 물가수준이 15% 상승한 것을 의미한다.

그러면 이러한 물가지수가 우리 생활에 왜 필요한가. 흔히 물가지수를 우리 몸의 체온을 재는 체온계에 비유하기도 한다. 이는 마치 우리 몸이 불편하면 먼저 체온계로 몸의 체온을 재어본 후 열이 높으면 일단 건강에 이상이 있다고 판단하고 그 원인을 찾아보는 것처럼 물가지수가 갑자기 큰 폭으로 오르기 시작한다면 생산, 소비, 투자 등 국민경제의 안정성에 어떤 문제가 생겼다고 보고 그 원인을 분석하기 때문이다.

물가는 전반적인 상품들의 가격수준을 뜻하는 말로 개별상품들의 가격을 경제생활에서 차지하는 중요도를 감안하여 평균한 종합적인 가격수준을 의미한다. 물가지수는 물가수준을 쉽게 비교 및 관찰할 수 있도록 수치화한 것이다. 통상 기준시점과 비교 시점의 물가수준을 측정하여 기준시점의 물가지수를 100으로 놓고 시점 간 물가수준의 변화에 비례하여 비교 시점의 물가지수를 나타낸다. 예를 들어 2020년도의 물가지수가 100이고 2021년도의 물가지수가 120이라면 1년 동안 물가는 20% 오른 것이다. 현재 우리나라에서 작성되고 있는 물가지수로 소비자물가지수, 생산자물가지수, 수출입물가지수, GDP 디플레이터 등이 있다.

생산자물가지수

생산자물가지수(PPI: producer price index)는 국내상품의 생산자 출하단계에서 기업 상호 간에 거래되는 모든 재화와 일부 서비스의 평균적인 가격수준 변동을 측정하는 지수이다. 생산자물가지수는 소비자물가의 변화를 사전에 감지할 수 있게 해주는 선행지표로서 의미가 있으며, 생산자가격의 동향을 측정하는 동시에 국민경제계산의 디플레이터로서도 이용된다. 한국은행에서 작성하여 공표하고 있는 생산자물가지수는 한국에서 가장 오래된 경제통계 중 하나로서, 1910년에 처음으로 작성되었으며, 1990년 개편시에는 지수의 명칭을 종전의 도매물가지수에서 생산자물가지수로 변경한 바 있다.

생산자물가지수는 상품과 서비스의 2개 부문으로 나누어지며 농림수산품, 광산품, 전력 · 수도 · 도시가스, 운수, 통신, 금융, 부동산, 리스 · 임대, 광고,

전문서비스, 기타서비스 등 12개 대분류로 편성된다. 상품과 서비스는 월 1회, 농림수산품은 월 3회 조사하며, 지수작성에 이용되는 가격은 생산자 판매가격(공장도 가격)을 기준으로 한다.

생산자물가지수의 조사대상품목은 현재 884개(상품부문 781개, 서비스부문 103개)이다. 조사의 표본이 되는 품목은 국내거래액과 대표성을 기준으로 선정된다. 상품의 경우 품목의 국내거래액이 모집단 거래액의 1/10,000, 서비스의 경우 국내거래액이 1/2,000 이상이고, 동종품목의 가격 변동을 대표할 수 있는 품목을 선정하고 있다. 조사대상 품목은 경제적 중요도에 따라 가중치를 두고 있다.

소비자물가지수

소비자물가지수는 소비자가 일상생활을 영위하기 위해 구입하는 재화 및 서비스의 가격 변동을 조사하여 소비자의 평균적인 구매력의 변동을 측정하는 지수로서, 대표적인 인플레이션 지표이다.

엄마는 시장에서 쌀, 채소를 구입하고, 아이들은 장난감을 사고, 아빠는 점심값을 지불한다. 이러한 상품과 서비스(점심값)의 가격을 바탕으로 만들어지는 통계는 무엇일까. 정부에서 경기를 판단할 때 살펴보고, 국민연금에서 시간에 따른 연금수령액 실질가치를 유지하기 위해 이용하는 통계는 무엇일까. 바로 소비자물가통계이다.

소비자물가지수는 어떤 품목의 가격을 조사할 것인지 정해야 한다. 이를 대표품목이라 하고 소비자물가조사에 포함되는 구체적 상품과 서비스 품목을 말한다. 실제 가구가 소비를 위하여 구입하는 상품 및 서비스는 무수히 많지만, 많은 품목을 조사할 경우 비용이 증가하고, 비슷한 품목들은 유사한 가격 움직임을 보이기 때문에 일정 수의 품목만을 대상으로 소비자물가를 작성한다. 2015년 기준 소비자물가지수는 460개의 대표품목으로 이루어져 있다. 품목이라고 하지만 정확히는 품목군(品目群)으로서, 개별지수가 공표되는 가장 작은 단위이다. 쌀, 라면처럼 하나의 품목으로 구성되어 있는 경우도 있지만,

냉동식품, 즉석식품, 등산용품, 운동용품 등은 그 안에 여러 품목을 포괄하는 경우도 있다. 대표품목 선정기준은 전국 가구(농어가 제외)의 월평균 소비지출액이 일정비율 이상이고, 동종 품목군의 가격을 대표할 수 있으며, 시장에서 계속적으로 가격조사가 가능한 품목이어야 한다. 대표품목은 소비자의 구입목적에 따라 〈표 3-1〉과 같은 12개 대분류로 구분할 수 있다.

표 3-1. 소비자물가지수 지출목적별 부문

식료품 비주류 음료	주류, 담배	의류, 신발	주택, 수도 전기 연료	가정용품 가사서비스	보건
133품목	7품목	30품목	16품목	49품목	32품목
교통	**통신**	**오락, 문화**	**교육**	**음식, 숙박**	**기타**
32품목	6품목	55품목	20품목	44품목	36품목

가구가 구입하거나 돈을 지출하지만, 소비지출로 보기 어려운 세금, 저축, 투자, 부채상환 비용 등은 제외된다. 예를 들어 소득세, 주식, 예술품, 주택구입비, 원자재 등은 소비성 지출이 아니며 소비자물가지수 품목에 포함되지 않는다.

가격조사는 2015년 기준 소비자물가조사는 인구 규모 및 상권 등을 고려하여 서울, 부산, 대구, 광주 등 전국 38개 도시에서 가격수집이 이루어지고 있다. 도시 내에서는 사람들이 주로 가는 소매점 위주로 일정 수의 소매점을 선정된다. 가격 수집은 매월 1회, 정해진 기간에 수집함을 원칙으로 하지만, 농축수산물, 석유류는 월중에도 가격 변동이 심하므로 매월 3회 조사하여 평균 가격을 사용한다.

전체 소비자물가지수는 대표품목 가격의 가중평균 변동을 나타낸다. 즉, 전체 가격 변동을 계산할 때, 각각의 대표품목은 각각의 상대적 중요도에 따라 전체 물가지수에 영향을 미치게 된다. 대표품목의 상대적 중요도는 그 품목이 전체 가구의 소비지출에서 차지하는 비중에 따라 정해지며, 이것이 소비자물가 품목의 가중치 이다.

예를 들어, 쌀에 대한 가구지출 비중이 달걀보다 3배 더 많다면 쌀 가격과 달걀 가격이 동일하게 10% 상승하더라도 쌀 가격 상승이 물가에 미치는 영향력은 달걀 가격 상승보다 3배 많을 것이다.

이렇듯 〈표 3-2〉의 2017년 기준 가중치는 각각의 대표품목에 부여되는 수치(가중치 총합은 1,000)로서, 각각의 대표품목이 전체 가구의 소비지출에서 차지하는 비중에 따라 소비자물가지수에 영향을 주는 역할을 한다.

표 3-2. 소비자물가지수 지출목적별 분류 가중치

식료품 비주류 음료	주류, 담배	의류, 신발	주택, 수도 전기 연료	가정용품 가사서비스	보건
137.6	15.8	61.1	165.9	44.2	69.8
교통	**통신**	**오락, 문화**	**교육**	**음식, 숙박**	**기타**
112.6	53.5	61.2	89.6	131.8	56.9

소비자물가지수는 정부가 경기를 판단하는 기초자료로 사용하거나, 화폐구매력을 감안하여 국민연금에서 연금 지급액을 조정할 때 등 다양하게 이용되고 있다. 이렇게 소비자물가지수는 정부, 기업, 국민 생활 전반에 영향을 미치고 있다.

- **경기판단지표** : 일반적으로 물가는 경기가 상승국면에 있을 때 수요 증가에 의하여 상승하는 경향이 있고, 하강 국면에서는 수요 감소에 의하여 하락하는 경향이 있다. 따라서 정부는 소비자물가상승률 등 여러 거시경제지표를 기초로 현재 우리나라의 경제 상태를 진단하고 필요한 경우 각종 재정정책, 경제정책 등을 수립하게 된다.
- **화폐의 구매력 측정 수단** : 물가가 지속적으로 오르면 같은 돈으로 구입할 수 있는 상품의 양이 감소하게 되므로 돈의 가치, 즉 화폐의 구매력은 떨어지게 된다. 따라서 동일한 화폐 구매력을 유지할 수 있도록 정기적으로 국민연금, 최저생계비 등 각종 지급액을 조정한다. 화폐의 구매력이 물가에 따라 변하는 것을 이용하여 과거 특정 시점의 화폐가치를 현재가치로 환산할 경우 소비자물가지수를 사용하기도 한다.
- **통화정책의 목표** : 중앙은행인 한국은행은 통화정책 운영체계로서 물가안정목표제를 채택하고 있다. 물가안정목표제란 물가 자체에 목표치를

정하고 중기적 시계에서 이를 달성하려는 통화정책 운용방식이다. 2019~2020년 중기 물가안정목표는 소비자물가상승률(전년대비) 기준 2.0%로 설정되어 있다.

소비자물가지수의 계산을 예를 들면, 오직 햄버거와 콜라만 생산하는 가상경제를 상상하자. 〈표 3-3〉과 같은 절차를 거쳐 소비자물가지수를 계산할 수 있다. 또한 소비자물가지수를 이용하여 인플레이션율을 계산할 수 있다.

표 3-3. 소비자물가지수 계산

1단계 : 대표적인 소비자의 품목과 소비량 결정
햄버거 : 150개, 콜라 : 100개

2단계 : 연도별 품목 가격 자료 수집

연도	햄버거 가격	콜라 가격
2020	3,000	2,000
2021	4,000	2,500
2022	5,000	3,000

3단계 : 연도별 고정 소비량에 대한 지출금액

연도	고정소비량에 대한 지출액
2020	(햄버거 3,000원×150개) + (콜라 2,000원×100개) = 650,000원
2021	(햄버거 4,000원×150개) + (콜라 2,500원×100개) = 850,000원
2022	(햄버거 5,000원×150개) + (콜라 3,000원×100개) = 1,050,000원

4단계 : 기준년도를 2020년으로 정하고 각 연도의 소비자물가지수 계산

연도	소비자물가지수
2020	(650,000 / 650,000) × 100 =100
2021	(850,000 / 650,000) × 100 =131
2022	(1,050,000 / 650,000) × 100 =162

5단계 : 소비자물가지수를 이용하여 인플레이션 계산

연도	인플레이션율
2021	(131-100) /100 × 100 =31.0%
2022	(162-131) /131 × 100 =23.7%

- 소비자물가지수에 포함되는 품목과 소비량을 결정한다. 여기에서는 햄버거 150개와 콜라 100개를 소비한다고 가정한다.
- 가격을 조사한다. 각 시점에 물가지수에 포함되는 각 상품의 가격을 조사한다.
- 지출 금액을 계산한다.
- 기준년도를 정하고 물가지수를 계산한다.

$$\text{소비자물가지수} = \frac{\text{비교년도 지출액}}{\text{기준년도 지출액}} \times 100$$

생활물가지수

소비자물가지수는 광범위한 품목을 포괄하기 때문에 일반 소비자가 일상생활에서 체감하는 물가수준과 괴리가 있을 수 있다. 생활물가지수는 이러한 괴리감을 줄이기 위한 보조지표로, 소비자의 구입 빈도 및 지출 비중이 높아 가격 변동을 민감하게 느끼는 품목으로 작성한 지수이다. 1995년부터 작성되었으며 소비자가 자주 구입하거나 가끔 구입하더라도 가격 변동에 민감한 품목 등을 포함하여 2015년 기준 총 141개 품목을 대상으로 한다. 일반적으로 소비자물가지수보다 높게 나타난다.

신선식품 지수

신선식품 지수는 신선 어류나 조개류 · 채소 · 과실 등 기상 조건이나 계절에 따라 가격 변동이 큰 품목으로 작성한 지수이다. 1990년부터 작성되었으며, 2015년 기준 총 50개 품목으로 구성되어 있으며, 계절적 요인이나 기타 수급과 관련된 요인으로 총지수와 비교하여 변동률의 방향이 상이하고 폭이 큰 특성이 있다.

근원물가지수

농수산물 및 석유류를 제외하고 곡물류를 포함한 물가지수를 근원물가지수 또는 핵심물가지수라고도 하며, 소비자물가지수에서 농수산물 및 석유류를 제외한 보조지표이다. 농산물과 석유류는 일시적인 충격에 의한 변동 폭이 높아, 이를 제거하면 경제의 기초여건에 따른 물가의 추세적 변동이 잘 나타난다는 장점이 있으나, 소비자의 체감물가와 괴리가 크다. 농산물 및 석유류 제외지수는 소비자물가지수보다 낮게 나타나며 변동성도 작게 나타난다.

제 2 절 재정정책

재정(public finance)이란 국가의 예산인 세입(歲入)과 세출(歲出)의 운용을 말한다. 세입은 정부가 거둬들이는 세금수입을 말하고, 세출은 정부가 지출하는 돈을 뜻한다. 여기서 말하는 재정은 기업의 재정(finance)과는 의미가 다르다. 기업활동과 관련하여 사용되는 재정이라는 표현은 기업이 자금을 조달하여 운용하는 것을 말한다. 국가의 재정은 기본적으로는 기업의 재정과 큰 차이가 없지만, 공공부문에서의 자금운용이므로 공공재정(public finance)이라고 한다.

1. 재정의 기능

국가의 재정은 국가 경제를 바람직하게 운용하기 위해 대단히 중요한 역할을 담당한다. 그 이유를 이해하기 위해서 공공재정의 기능에 대하여 살펴보자.

공공재정은 여러 가지 기능을 갖는다. 우선, 가장 근본적인 기능은 국가의 치안 유지와 국방이다. 정부는 국가의 치안 유지와 국방에 재정을 사용한다. 이를 통하여 국민의 안녕과 질서를 확립하는 것이 최소한의 국가기능이다.

재정의 두 번째 기능은 경제 하부구조의 확충이다. 경제 하부구조란 도로, 철도, 전력 등 경제활동에 기본적으로 필요한 기반 시설을 말한다. 경제 하부구조가 발달하지 못하면, 경제활동이 제대로 수행되기 어렵다. 예를 들면, 도로가 잘 닦여 있지 못한 국가의 경우, 높은 물류비용을 감수하지 않으면 안

된다. 따라서 경제 하부구조는 사회적 비용을 최소화하고, 생산력을 최대화하는 역할을 수행한다.

그러나 재정의 기능에는 이보다 더 적극적인 역할이 있다. 그 중 하나가 세 번째로 소득재분배 기능이다. 소득재분배는 소득분배와는 다르다. 소득분배는 국가 경제의 생산활동에 의해 일차적으로 각 가계에 소득이 분배되는 것을 의미한다. 반면에 소득재분배는 일단 분배된 소득을 조세와 보조금 등의 정책 수단을 통하여 다시 조정하는 것을 말한다. 즉, 재정의 적극적인 기능을 통해서 보다 바람직한 소득재분배를 도모할 수 있는 것이다. 이러한 목적으로 사용되는 제도 중의 하나가 조세를 누진세율로 걷는 것이다. 누진세는 소득 수준이 높은 사람이 더 높은 세율을 부담하는 것을 말한다. 예를 들어, 소득이 1천만 원인 사람이 10%의 세율을 부과받는다면, 누진세의 경우 소득이 2천만 원인 사람이 15%의 세율을 적용받는 방식이다. 세율이 일정하여도 소득 수준이 높은 사람은 더 많은 세금을 납부하겠지만, 누진세의 경우 고소득자에 대한 세율도 더 높아지기 때문에 고소득자는 훨씬 더 많은 세금을 납부하게 된다.

넷째로 재정은 경기조절의 수단으로 사용되기도 한다. 즉 경기가 침체하면 재정지출을 늘리고, 세금을 감면해 주는 확장적 재정정책(expansionary fiscal policy)을 통해 유효수요를 확대한다. 반대로, 경기가 지나치게 과열되면, 긴축적 재정정책(restrictive fiscal policy)을 통해 재정지출을 축소하고, 세금을 인상함으로써 유효수요를 축소시킨다.

재정의 다섯 번째 기능은 신 사업분야의 개발이다. 변화하는 대내외 경제 및 사회적 환경에 능동적으로 준비하기 위해서, 정부는 재정정책을 통해 국가 사회의 미래 수요를 예측하고, 이에 필요한 새로운 사업분야를 개발하는 데 앞장서기도 한다. 예를 들면, 정보화 사회를 준비하기 위해서는 정보통신 사업 분야에 대한 정부투자를 확대함으로써 변화하는 사회적 수요에 대비한다. 이를 위하여 공공부문과 민간부문의 결합인 제3섹터(the third sector) 방식이 활용되기도 한다. 이러한 방식은 민간부문 만으로서는 수행하기 어려운 새로운 사업 분야에 공공부문이 앞서서 민간부문의 참여를 유도하는 방식이다. 제3섹터 방식은 공공부문 만에 의해서 사업이 수행되는 데 따른 문제점들도 해소할 수 있다는 장점이 있다.

재정의 마지막 기능은 가장 적극적인 기능이라고 할 수 있는 산업지원의 기능이다. 우리나라의 경우 과거 경제개발 연대 기간 동안 국가 전략산업 부문에 대한 정부의 세금 감면과 보조금 지급 등으로 이들 산업이 빠르게 성장할 수 있도록 하였다. 오늘날 이러한 방식의 산업지원이 용이한 것은 아니지만, 세계 각국은 보이지 않는 형태로 현재에도 국가 전략산업에 대한 각종 재정적 지원을 하고 있다. 일본의 경우, 이미 방위산업 부문에서 기술개발(R&D)을 위한 세금 감면과 보조금 지급을 제도적으로 마련해 놓고 있다. 방위산업 부문의 기술개발에 대한 지원은 WTO 협정에서도 아직 다루어지지 않은 분야이다. 그러므로 현재 전개되고 있는 WTO의 뉴-라운드에서 이 분야에 대한 논의가 진행될 것으로 보인다.

지금까지 설명한 6가지 재정의 기능을 통해 정부의 역할을 살펴보았다. 치안과 국방이라는 공공재를 제공하고 하부구조를 건설하는 것이 국가의 가장 소극적인 역할이고, 가장 적극적인 역할을 특정계층의 소득을 지원하는 소득정책과 특정 산업을 지원하는 산업정책이다. 과거에는 적극적 재정정책이 중요했으나, 최근에는 정부 실패가 중요하게 부각되면서 적극적 정책을 줄여야 한다는 목소리가 높다. 특히 WTO에서는 각국의 산업정책을 금하고 있다. 각국 정부는 국제기구가 허락하는 범위 내에서 국가의 경쟁력을 높이기 위해서 가장 효율적인 시장운영의 방안을 마련하기 위해서 고심하고 있다.

금융시스템이 인체의 혈관에 비유될 수 있다면 국가재정은 무엇에 비유될 수 있을까. 재정은 인체에 비유하면 중추신경과 같다고 할 수 있다. 인체에서 중추신경이 제대로 기능하지 못하면, 사람의 걸음걸이가 올바르지 못하듯이, 국가 경제도 재정이 올바르게 운용되지 못하면, 갈 길을 바로 잡지 못하게 된다.

조세

앞에서 재정은 세입과 세출로 구성되고, 세입은 다시 조세수입, 세외수입 및 자본수입으로 나누어진다. 여기서는 세입 항목 중 조세수입 부문을 따로 살펴보자. 그 이유는 조세수입은 정부의 세입 중 가장 중요한 항목이고 국민경제에 영향을 주는 중요한 정책적 수단이기 때문이다. 조세는 국민에게는 경제적 부담이 되므로 공평성(equity)과 효율성(efficiency)에 입각하여 부과하여야 한다. 조세의 유형을 살펴보면 다음과 같다.

첫째, 법에 의해 세금을 정부에 직접 납부해야 할 의무가 있는 납세의무자(납세자)와 자신의 소득이나 재산에서 실질적으로 세금을 부담하는 담세자가 같은가 다른가에 따라 직접세와 간접세로 구분할 수 있다.

직접세(direct tax)는 납세자와 담세자가 일치하는 조세를 말하는데 우리나라의 경우 소득세, 법인세, 재산세 등이 이에 속한다. 소득세의 경우 근로자가 자신이 납부하는 세금을 직접 부담하며, 법인세의 경우에도 기업이 자신의 이윤에 대한 세금을 직접 부담하여 납부한다. 그리고 재산세도 자신이 소유한 재산에 대하여 자신이 납부하므로 직접세에 해당된다.

간접세(indirect tax)는 납세자와 담세자가 일치하지 않은 세금을 지칭하며 주로 재화와 용역의 소비를 대상으로 부과된다. 우리나라의 경우 부가가치세, 특별소비세, 주세, 수입 관세, 전화세 등이 이 범주에 속한다. 이러한 세금들은 이들 상품을 구매하는 소비자들이 세금을 부담하지만 실제로 정부에 세금을 납부하는 주체는 기업이다.

둘째, 과세표준의 기준에 따라 종가세와 종량세가 있다. 과세표준이란 세금을 부과함에 있어서 그 기준이 되는 것을 말한다. 예를 들어서 소득세의 경우에는 소득금액이 과세표준이 되며, 재산세의 경우 재산 가치가 과세표준이 된다. 종가세(ad valorem tax)는 과세표준을 화폐단위로 표시하는 세금을 말하며, 종량세(specific tax)는 과세표준을 수량이나 부피로 표시하는 것을 말한다. 예컨대 판매가격의 일정비율을 세금으로 내는 것이 종가세이고, 술과 담배와 같이 판매되는 상품 단위마다 일정액의 세금을 내는 것이 종량세이다.

종가세는 상품 가격이 높을수록 많은 금액의 세금이 부가되므로 소득분배 측면에서 조세 부담의 공평성을 기할 수 있다. 그러나 상품가격에 따라 일일이 세율을 정해야 하므로 과세물건의 가격을 정확하게 파악해야 하는 어려움이 따른다. 그러나 종량세는 과세는 간단하지만 부자나 가난한 사람이나 구별 없이 소비량에 비례해서 세금을 내는 것이므로 사회의 형평을 해칠 우려가 있다.

셋째, 세율의 결정 방법에 따라 정액세, 누진세, 비례세, 역진세가 있다. 정액세(lump-sum tax)는 과세표준의 크기에 상관없이 일정한 세금을 부담하는 형태인데 주민세가 이에 해당된다. 과세표준이 커질수록 세율이 높아지는 세금을 누진세(progressive tax)라고 하고, 과세표준의 크기에 관계없이 세율이 일정한 경우를 비례세(propertional tax), 그리고 과세표준이 커질수록 세율이 낮아지는 것을 역진세(regressive tax)라고 한다.

소득세는 소득이 증가할 때 세율이 증가하므로 누진세에 해당하고 소득수준과 관계없이 일정한 세율을 적용하는 소비세, 사회보장세 등은 비례세에 속한다. 한편 역진세는 현실적으로 세금의 형태로는 존재하지 않지만 세금과 비슷한 성격을 가지는 정부 발행 복권의 경우를 들 수 있다. 정부가 공공주택 건설 등의 사업을 위한 충분한 예산을 확보하지 못할 경우 복권 발행을 통해 필요경비를 조달한다. 복권판매액에서 당첨금을 제외한 수익을 공익을 위해 사용하기 때문에 자발적 조세와 같다. 이는 조세저항이 적어서 정부 각 기관이 매우 선호한다. 그런데 문제는 복권을 사는 사람들이 대부분 저소득층이라는 것이다. 복권이 주로 지하철역이나 버스정류장에서 판매된다는 것이 이러한 사실을 뒷받침해 준다. 따라서 복권을 통한 재원 마련은 매우 역진적 조세가 된다. 세금구조가 누진적일수록 과세의 형평을 가져와 소득재분배 기능을 한다.

넷째, 조세를 징수하는 주체에 따라 국세와 지방세가 있다. 국세(national tax)는 중앙정부가 조세를 징수하는 형태로 통상 내국세, 관세, 교육세 등이 이에 해당된다. 특히 내국세에는 소득세와 법인세 등의 직접세와 부가가치세, 특별소비세, 주세 등의 간접세가 포함된다. 지방세(local tax)는 지방정부가 조세를 징수하는 형태로 주민세, 취득세, 재산세, 자동차세, 등록세 등이 있다.

2. 재정의 운용

재정 기구

재정을 꾸려 나가기 위해 중앙정부든 지방 정부든 모든 정부는 매년 예산을 편성한다. 예산은 국가 정책 수행을 위해 필요한 지출과 이를 위한 재원을 금액으로 나타낸 것을 말한다. 따라서 예산은 숫자로 표시된 정부의 정책이라고 할 수 있다. 회계연도(우리나라의 경우 1월 1일부터 12월 31일까지의 1년 단위로 구성) 전에 편성된 예산을 본 예산이라 한다. 그러나 회계연도 중이라도 국내외 경제 상황의 변화 또는 천재지변과 같은 돌발사태가 발생할 경우 예산을 다시 수정할 수 있는데 이를 추가경정예산이라고 한다.

예산을 집행한 결과를 결산이라고 한다. 결산은 예산 범위 내에서 이루어지지만, 반드시 일치한다는 보장은 없다. 경기에 따른 조세수입의 변동, 사업의 진척 속도 및 인플레이션에 의한 비용상승 등 여러 가지 이유로 예산에 따라 집행되기가 어렵기 때문이다.

우리나라의 중앙정부의 세입예산은 크게 국세수입과 세외수입 및 자본수입으로 분류된다. 국세수입은 소득세, 법인세, 상속세, 부가가치세, 특별소비세 등의 내국세와 관세, 교통세 및 특정 목적에 용도가 한정된 주세(酒稅)와 농특세(農特稅)로 구성된다.

세외수입은 국세 이외의 수입을 말하는데 정부출자수입, 벌금 등의 경상세외수입과 공기업 주식매각 수입 및 전년도 이월금 등으로 이루어진다. 일반회계는 국세 수입이 대부분을 차지하나 특별회계는 목적세 수입을 제외하고는 세외수입이 많은 부분을 차지한다. 국세 수입과 세외수입을 합해 경상수입이라고 한다. 이밖에 자본수입은 토지나 건물 등 자본재를 판매해서 발생하는 수입을 말한다.

세출은 정부가 행하는 모든 지출을 말하며 흔히 재정지출이라고도 불린다. 세출은 경제적 분류(economic classification)와 기능적 분류(functional classification)

로 구분해 작성된다. 세출을 경제적으로 분류하면 경상지출, 자본지출, 순대출로 나누어진다. 경상지출은 공무원 임금 지급을 포함한 정부소비지출, 정부가 차입한 채무에 대한 이자 지급 및 이전지출을 말한다. 이전지출(transfer payments)이란 재화나 용역에 대한 구입 형태가 아니라 가계나 기업에 보조금 형태로 지급하는 것을 말하며 의료보험, 실업보험, 사회보조금 등이 이에 해당된다. 자본지출은 정부가 토지, 건물, 자본재 등을 취득하는 데 드는 지출을 말한다. 순대출은 정부가 각종 기관에 빌려 준 융자금에서 회수금을 뺀 것을 말한다.

통합재정수지

우리나라의 경우 정부 예산 또는 재정은 통합재정수지라는 개념으로 집계되고 있다. 우리나라 재정의 범위를 말하는 통합재정수지는 중앙은행을 포함하여 공적인 금융기관의 재정을 의미하는 공공금융기관과 이를 제외한 비금융 공공부문으로 구성된다. 우리나라에서 공공금융기관이 존재하는 이유는 과거 경제개발 과정에서 자금 조달을 위한 금융기구의 기능이 중요했기 때문이며, 이러한 영향을 아직 우리나라의 재정구조 안에서 남아 있다. 그러나 실질적으로는 통합재정수지는 비금융 공공부문만을 포함한다.

세계 각국은 IMF의 정부재정통계편람(manual on government finance statistics)에 따라 통합재정수지를 산출하고 있는데, 이는 각국의 재정 통계를 표준화하기 위함이다. 우리나라도 1979년 이후 이와 같은 방식에 따라 통합재정수지를 산출하고 있다. 통합재정은 공공목적을 달성하기 위해 강제적으로 재원을 조달하여 공공재를 생산하는 비금융 재정활동을 포괄한다.

우리나라의 통합재정수지는 일반정부와 비금융 공기업으로 구성되며, 일반정부는 다시 중앙정부와 지방정부로 구성된다. 중앙정부 예산은 1개의 일반회계와 17개의 특별회계(4개의 비금융공기업의 기업특별회계와 재정융자 특별회계를 비롯한 13개의 기타 특별회계)로 구성된다.

일반회계는 일반세입으로 일반적 지출을 담당하는 회계이다. 소득세, 법인

세, 부가가치세, 관세 등 국세 수입의 대부분과 정부 보유 주식 매각분, 각종 수수료 등 세외수입을 세입으로 하여 정부의 일반행정비, 방위비, 사회개발비, 경제개발비, 지방재정교부금, 채무상환 및 기타부문에 지출된다. 또한 특정한 사업의 수행을 위해 운영되는 특별회계의 자체 재원이 부족할 경우 이를 지원하기도 한다. 통상 정부 예산이라고 하면 이러한 일반회계를 지칭한다.

특별회계는 양곡, 통신, 조달 등 기업특별회계와 농어촌구조개선 특별회계 등 국가에서 특정한 목적의 사업을 운영할 때, 또는 재정융자 특별회계와 같이 특별한 자금을 보유해 운용할 때, 그리고 기타 특정한 세입을 특정한 세출에 충당함으로써 일반 세입세출과 구분해 정리할 필요가 있을 때 지원한다. 특별회계는 각 개별법에 의해 설치, 운영되고 있다.

중앙정부의 예산에는 별도로 각 중앙관서의 장이 관리 및 운영하는 기금이 있다. 이 기금들은 특정한 분야의 사업에 대해 지속적이고 안정적인 자금지원이 필요하거나 사업추진에 있어 탄력적인 집행이 필요한 경우에 예산과 별도로 설치하여 운용하는 것이다. 기금의 운용계획은 산업통상자원부 장관과의 협의와 국무회의 심의를 거쳐 대통령 승인을 받아 확정된다. 기금은 예산 외로 운영되기 때문에 기금 운용계획의 변경은 예산과는 달리 추가경정예산의 대상이 아니다.

한편 국세수입 중에서 주세, 전화세, 토지초과이득세, 교육세 등 일부 세원은 일반회계에 편입되지 않고 곧바로 지방자치단체 지원 재원으로 사용되는데 이를 지방양여금이라 한다. 지방정부는 예산편성 및 결산 작성의 시차, 그리고 회계과목 간의 차이 때문에 현재 통합재정에 포함시키지 못하였으나 2005년 결산기준부터 지방정부의 예산도 통합재정수지에 포함시키고 있다.

2019년 기준으로 우리나라 통합재정의 세입은 약 476.1조 원이며, 세출은 약 469.6조 원으로 약 6조 5천억 원가량의 흑자를 나타내고 있다. 그러나 흑자 규모는 감소추세이다.

균형재정

흔히 세입과 세출 간 차이가 발생하는데 세입이 세출보다 큰 경우를 흑자재정(budget surplus), 세입이 세출보다 적은 경우를 적자재정(budget deficit), 세입과 세출이 같은 경우를 균형재정(balanced budget)이라고 한다.

재정수지가 음(-)인 경우, 즉 적자 재정인 경우 정부는 적자를 메워 주는 돈을 어디에선가 충당(보전)해야 한다. 충당 방법은 중앙은행과 예금은행에서 돈을 빌리거나, 또는 국공채를 발행하거나, 아니면 외국에서 돈을 차입해야 한다. 따라서 정부의 예산제약식(government budget constraint)은 다음과 같이 표현된다.

정부지출 - 조세 = 통화공급 증가 + 국공채발행 증가 + 해외차입 증가

적자재정은 정부의 예산제약을 초과해 지출한 것을 말하는데 이는 총수요의 증가를 의미하여 인플레이션을 유발시킨다. 또한 적자 재정은 실물경제에도 상당한 영향을 미치게 된다.

그 이유는 첫째, 적자재정은 정부 차입을 의미하는데 국공채발행 등 민간부문으로부터 차입증가는 국내자금시장을 경색시켜 이자율이 상승하게 된다. 이는 민간부문의 투자 활동을 위축시켜 총산출량의 수준을 하락시킨다. 이를 구축효과(corwding-out effect)라고 한다. 장기적으로는 민간부문의 투자위축으로 자본축적량을 감소시켜 경제성장을 저해한다.

둘째, 적자재정은 정부 부채이므로 이자를 부담해야 한다. 따라서 이자 부담만큼 세금을 더 걷어야 하므로 국민의 부담이 더 늘어난다.

셋째, 적자재정은 국제수지에 나쁜 영향을 준다. 우리나라의 재정적자로 이자율이 상승하여 유가증권 수익률이 증가하였다고 하자. 이는 외국 투자가들에게 우리나라의 유가증권에 대한 매력을 느끼게 해 외국 투자가들은 유가증권을 사들이기 위해 원화 화폐 수요를 증가시킨다. 이는 우리나라의 화폐가격을 상승시켜(환율하락) 수출이 감소하고 수입이 증가하여 국제수지를 적자로

가게 하는 요인이 된다.

경우에 따라서 정부가 경기 부양을 목적으로 적자재정을 편성하는 경우도 있다. 그러나 일반적으로 적자재정은 바람직하지 못하다. 반면에 흑자재정은 적자재정보다는 바람직하다고 할 수 있겠지만 예산의 잉여분을 금융기관에 상환하거나 대출하는 경우 통화량의 증가를 가져와 물가 상승의 원인이 될 수 있다. 그러므로 경제 상황에 따라 다르기는 하지만 정부는 균형재정을 재정의 목표로 삼는 경우가 많다.

3. 자동안정화장치

재정을 통한 총수요관리정책의 한 가지 특징은 재정의 특징상 경기변동에 대하여 자동적으로 대응하는 기능을 가지고 있다는 점이다. 이를 자동안정화장치(built-in stabilizer)라고 한다.

자동안정화장치란 정부가 의도적으로 개입하지 않아도 자동적으로 경기를 안정화시켜 주는 재정의 기능을 말한다. 즉 경기가 과열되어 총수요가 너무 많을 때 이를 완화시켜 주고 반대로 총수요가 부족할 때 이를 자동적으로 보충해 주는 장치를 말한다. 대표적인 자동안정화장치로 누진소득세(progressive income tax)와 실업보험(unemployment insurance)을 들 수 있다.

먼저 누진소득세의 자동안정효과에 대하여 살펴보자. 경기가 좋아져 총소득이 증가하면 누진소득세구조에서는 높은 소득세율을 적용받기 때문에 세금을 많이 내게 되고 따라서 소비 수요가 감소하게 된다. 이는 총수요의 확대를 억제시키고 경기과열을 완화시키는 작용을 한다. 반대로 경기불황으로 총소득이 감소하면 낮은 소득세율을 적용받게 되므로 이는 소비 수요가 덜 줄어들어 총수요 위축을 억제시키고 경기침체를 완화시키는 작용을 한다.

다음은 실업보험의 자동안정효과에 대하여 알아보자. 실업보험이란 평상시 기업과 근로자 및 국가로부터 일정액의 보험료를 적립하였다가 근로자가 실업을 당하게 되면 재취업 때까지 정해진 실업수당을 지급하는 사회보장제도의 하나이다. 이 제도는 불황시 민간의 소비 수요가 급격히 감소되는 것을 막을 수 있기 때문에 경제안정화에 도움이 된다.

한편 자동안정화장치는 경기호황과 경기침체의 강도를 완충시키는 긍정적인 측면이 있지만 부정적인 측면도 있다. 경제가 불황을 극복하여 회복국면에 들어설 때 소득세율도 함께 올라 경기회복을 더디게 할 수 있다. 또한 경제 내 자기조정기능 및 시차 등의 문제 때문에 자동안정화장치만을 가지고는 경제의 완벽한 안정성을 보장할 수 없다. 따라서 경제안정화를 기하기 위해 정부의 의도적 개입이 필요하다고 주장하는 견해들도 있다.

제 3 절 금융정책

1. 화폐의 기능

누군가 돈을 빌려 달라고 하면 지금 돈이 없다고 할 때와 부자인 친구에 대해 그는 돈이 많다고 할 때의 돈의 의미는 다르다. 전자는 무엇인가를 구입하기 위해 필요한 현금이 없다는 의미이다. 이때 돈은 상품교환의 매개 수단으로서 역할을 한다. 지폐, 신용카드, 직불카드 등이 이에 해당된다. 반면 후자는 재산이 많다는 의미이다. 재산은 필요할 때 팔아서 원하는 것을 사용할 수 있는 어떤 가치를 가지고 있다. 이때 돈은 가치저장 수단 역할을 한다. 지폐, 주식, 채권, 귀금속, 예술 작품 등이 여기에 해당된다.

이처럼 돈은 다양한 역할과 다양한 형태가 존재한다. 여기서 돈은 정부가 발행하는 불환지폐, 즉 법정화폐(flat money)만을 의미한다. 이런 화폐의 정확한 정의는 쉽지 않지만, 화폐의 기능은 대체적으로 다음 세 가지로 요약된다.

교환매개의 기능

사람들이 물물교환을 통해서 원하는 상품을 구한다고 생각해 보자. 빵을 가지고 있는 사람이 책을 읽고 싶다면 책을 가지고 있으면서 빵을 원하는 사람을 찾아야 한다. 즉 이중 욕망이 일치(double coincidence of wants)해야 한다. 이것이 이루어지기 위해서 발품을 팔아 수소문을 해야 하고 이에 따라 시간도 꽤 들 것이다. 이러한 탐색 및 정보비용, 투여된 시간 등을 다 합하여 거래 비용이라 한다.

이러한 물물교환 방법은 거래 비용이 너무 크기 때문에 인류는 역사적으로 이것을 줄이는 방향으로 노력하였다. 하나는 한 장소에 사람들을 모이게 하여 서로 교환하게 하는 것이다. 3일 장, 5일 장 제도이다. 이것은 장터라는 좁은 공간에서 교환이 이루어지기 때문에 사람들의 이중 욕망의 일치를 좀 더 용이하게 하여 거래 비용을 줄여준다. 그럼에도 불구하고 자기가 원하는 것을 얻기 위해 3일이나 5일을 기다려야 한다.

다음은 화폐의 사용이다. 빵이 있는 사람은 이제 빵을 원하는 사람 누구에게나 가서 빵을 주고 그 대가로 화폐를 받는다. 그것을 가지고 책을 파는 아무에게나 가서 필요한 책을 사면 된다. 이제 이중 욕망의 일치를 위해서 발품을 팔거나 시간을 쓸 필요가 없다. 화폐를 매개로 자신이 원하는 상품을 쉽게 구입할 수 있다. 화폐는 이처럼 교환의 매개 수단 역할을 하면서 거래 비용을 획기적으로 감소시킨다.

가치저장의 기능

어떤 농부가 올해 풍년이 들어 쌀이 10가마 남게 되었다. 이 10가마는 시간이 지남에 따라 신선도가 떨어지고 썩기도 한다. 그뿐만 아니라 쥐 등 동물들이 축내기도 한다. 이러한 가치손상을 막기 위해서는 상당한 보관 및 저장 비용이 들어간다.

그러나 이 여분의 쌀 10가마를 팔아서 화폐로 가지고 있으면 이러한 보관 및 저장 비용을 절약할 수 있다. 이처럼 화폐는 낮은 비용으로 상품의 가치를 저장하는 기능을 수행한다.

사실 물리적으로 보면 화폐는 그림이 그려진 종이에 불과하다. 5만 원권 장당 인쇄비는 몇 백원에 지나지 않는다. 그럼에도 불구하고 정부가 5만 원의 가치를 부여함으로써 상품이 갖는 5만 원의 가치를 저장할 수 있게 된다. 이러한 화폐의 가치저장 기능은 상품의 현재가치와 미래가치의 교환을 가능하게 하여 사회 전체적으로 보관 및 저장 비용을 획기적으로 감소시켜 사회 후생에 기여한다.

가치척도의 기능

물건들의 무게를 측정하거나 길이를 측정하려면 각각 kg과 km와 같은 단위를 사용한다. 마찬가지로 상품 가치를 측정하려면 단위가 필요하다. 예컨대 A는 책 2권과 만년필 1개를 가지고 있다. 반면 B는 배 2개와 사과 6개를 가지고 있다. 이때 누구의 상품가치가 더 큰가는 각각의 시장가격(교환가치)으로 계산하면 된다. 책 1권이 1만원이고, 만년필 1개가 5만원이면 A는 7만원의 가치를 갖는다. 반면 B는 배 1개가 1만원, 사과 1개는 5천원이므로 5만원의 가치를 갖는다.

이렇게 시장가격을 통해서 화폐로 가치를 평가하면 서로 다른 상품들을 하나의 단위로 쉽게 측정할 수 있다. 또한 가계도 수많은 소비 활동을 가계부로 적을 수 있다. 정부도 마찬가지이다. 국가의 총생산량을 매년 화폐를 통해서 가치를 계산한다.

이처럼 화폐를 사용하면 수많은 상품의 가치와 각국의 총생산가치를 쉽게 비교할 수 있다. 이에 따라 가계는 소비 활동을, 기업은 경영활동을 그리고 정부는 정책경영을 편리하게 할 수 있다.

2. 금융

화폐부문을 분석하기 위해서는 화폐시장을 분석해야 한다. 그런데 이 화폐시장은 자본시장과 어떻게 다를까. 또 금융시장이라는 용어도 사용이 되는데 금융시장은 화폐시장과 같은 것인가. 그리고 금융시장은 금융자산이 거래되는 금융기관을 말하는 것인가. 이러한 용어들은 비슷해 보이지만 약간씩 다르다. 그런데 현실적으로 매스컴에서는 자본시장의 개방과 금융시장의 개방이 같은 것처럼 사용되기도 한다. 또한 금융기관과 금융시장이 혼동되기도 한다. 이러한 혼동을 피하기 위해서 먼저 이러한 개념들을 정확하게 이해할 필요가 있다.

금융의 역할

먼저 금융이라는 용어의 개념을 살펴보자. 금융의 사전 상의 정의는 특수상품으로서 화폐 또는 화폐자본이 수급되는 현상을 말한다. 금융의 영어 표현인 finance는 원래 지불하다는 pay의 의미를 갖는다. 지금도 벌금을 영어로는 fine이라고 하는 것을 보면 알 수 있다. 다시 말하자면 금융은 화폐 또는 화폐자본이 특수한 목적으로 지불되는 현상을 말한다. 반면에 자본은 소비를 목적으로 하지 않고 현재 소유한 화폐를 기반으로 하여 현재보다 더 많은 화폐를 얻고자 소유하는 화폐를 자본이라 한다. 예를 들면, 노름꾼의 돈은 단순한 화폐(또는 돈)이지만, 만약 노름꾼이 노름 밑천으로 가지고 나갔다면 자본이다. 즉, 자본이란 이윤을 얻을 목적으로 하는 화폐라고 할 수 있으므로 자본이란 쉽게 말하면 밑천인 셈이다. 오늘날 자본은 주로 기계, 장비 또는 설비의 형태로 존재하기 때문에 자본재라는 표현이 자본이라는 용어와 함께 자주 사용된다.

자본의 개념을 이해하면 금융이 발생하는 이유를 이해할 수 있다. 자본의 특성은 단순한 화폐와 달리 자본재를 생산하여 우회생산(迂廻生産)을 가능하게 함으로써 생산성의 증가를 가져올 수 있다는 데 있다.

우리가 잘 아는 로빈슨 크루소(Robinson Crusoe) 이야기에서 우리는 자본의 역할을 잘 이해할 수 있다. 크루소 어린 나이에 배에 숨어 탔다가 먼바다에서 배가 풍랑을 만나 좌초되어 혼자 섬으로 올라가 살게 된다. 그 후 크루소는 식사를 해결하기 위해 손으로 물고기를 잡았다. 그러나 손으로는 물고기를 많이 잡을 수 없다는 것을 깨닫게 된 크루소는 물고기 잡는 것을 중단하고 그물을 짜기 시작하였다. 이 경우 크루소의 그물은 자본재이고 그물을 사용함으로써 크루소의 생산성이 증가된다. 그물로 물고기를 몇 마리 더 잡게 되었는가를 의미하는 생산성의 증가가 크루소로 하여금 그물 제작에 착수할 것인가의 여부를 결정하게 해 준다.

예전에는 자본의 축적과 이를 통한 생산성의 증가가 한 사람에 의해서 동시에 이루어졌다. 농사를 위하여 수로를 정비하고 관개시설(灌漑施設)을 만드는 농부에게 있어서 관개시설을 정비하기 위하여 농사일을 중단하는 것은 저축인 동시에 투자가 된다. 크루소의 경우에도 그물을 짜기 위해 물고기 잡는 것을 중단한 것은 오늘의 소비를 참고 줄이는 저축 행위이며, 동시에 자본재 생산이라는 투자 행위가 된다. 따라서 크루소의 경우에는 저축과 투자가 동일인에 의해서 일어난 것이다. 그러나 현대 사회에서는 투자와 저축이 동일인에 의해서 일어나지 않는다. 가계는 저축에 전문화하고, 기업은 투자 대상 선정에 탁월하기 때문에 투자에 전문화한다. 여기서 저축은 자본의 공급을 의미하고, 투자는 자본의 수요를 의미한다.

금융시장

자본의 공급 즉 저축의 주체인 가계와 자본의 수요 즉 투자의 주체인 기업이 만나는 방식에는 [그림 3-2]에서와 같이 두 가지가 있다.

[그림 3-2] 금융시장

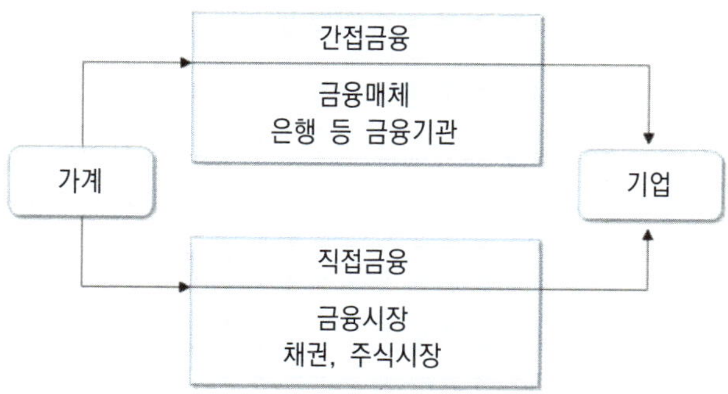

첫 번째 방식은 은행과 같은 금융기관을 통해 만나는 간접적인 방법이 있고, 두 번째 방식은 시장을 통해 직접 만나는 방법이 있다. 첫 번째 방식을 간접금융이라고 하고, 두 번째 방식을 직접금융이라고 한다. 간접금융의 경우에 가계와 기업은 서로 직접 마주하는 일이 없다. 은행과 같은 금융매체(financial intermediaries)를 통해 간접적으로 연결된다. 은행에 돈을 예금하는 경우, 그 돈을 누가 빌려 가는지 알 수 없다. 반면에 직접금융의 경우에는 가계와 기업이 금융시장을 통해서 직접 만난다. 직접금융의 가장 대표적인 경우가 주식시장이다. 예를 들어 갑이라는 가계가 을이라는 기업의 주식을 주식시장에서 구입하는 경우에 가계와 기업은 일대일로 직접 만나게 된다.

직접금융과 간접금융의 가장 기본적인 차이점은 위험에 대한 대응이다. 직접금융인 경우 돈을 빌려 간 사람이 채무불이행을 했을 때 돈을 빌려준 사람이 걱정을 하고 피해를 입는 것으로 말한다. 간접금융의 경우 채무자의 신용위험이 발생해도 채권자는 별다른 피해를 입지 않는 것을 의미한다.

직접금융이 이루어지는 곳을 금융시장이라고 한다. 금융시장에서는 유가증권이 거래된다. 유가증권은 크게 나누어 채권(bonds)과 주식(stocks)을 포함하는데 채권에는 만기일에 따라 1년 미만인 것을 단기채권, 1년 이상인 것을 장기채권이라고 부른다. 주식은 만기일이 없는 유가증권이므로 장기채권이다. 그러므로 금융시장에서 거래되는 채권과 주식 중 장기채권과 주식이 거래되는 시장을 묶어 자본시장(capital market)이라고 부른다. 정리하면 금융기관은 간접금융과 관련된 것이고, 금융시장과 자본시장은 직접금융과 관련된 것이다. 따라서 금융기관 개방, 금융시장 개방 및 자본시장의 개방은 각기 의미하는 바가 다르다.

외환위기 당시 논의된 금융개방은 금융시장 중에서도 자본시장의 개방이 중요한 초점이 되고 있다. 한편, 국제금융시장이라는 용어는 외국인에게도 매매가 개방된 금융시장을 말한다.

금융정책과 통화정책의 차이

금융은 경제 안에서 크게 세 가지의 기능을 수행한다. 우선, 경제활동의 매개적 기능이다. 경제주체 간의 경제활동은 금융을 통해서 이루어진다. 가계는 소득 일부를 금융기구에 저축하고, 기업은 운영과 투자에 필요한 자금을 금융기관으로부터 조달한다. 또한 정부의 지원정책도 금융기구를 통해 수행된다. 특히 경제개발 초기에 이러한 기능이 강조되었었다.

금융의 두 번째 기능은 보유와 증식의 기능이다. 금융은 국민에게 금융자산을 통하여 재산 축적의 수단을 제공하고, 그에 따른 과실을 증식해 주는 역할을 한다. 금융이 이러한 역할을 올바로 수행하지 못할 때 국민은 저축의 수단을 잃게 된다.

마지막 금융의 기능은 산업활동 지원 기능이다. 기업 대출을 통한 신용공급은 산업활동을 지원한다. 이를 통하여 국가 경제는 생산활동 기반을 확충하고 성장 기반을 늘려갈 수 있다. 이것은 금융의 적극적인 지원기능이다.

이러한 금융의 기능이 효과적으로 작용하도록 하는 정책을 금융정책(financial policy)이라고 부른다. 한 국가의 금융정책은 다음과 같은 세 가지 기본 테두리 안에서 운용되어야 한다.

첫째는 국민의 저축 동기를 최대화함으로써 금융자산의 축적이 가능해야 한다. 국민이 저축하지 않으면, 금융자산도 축적되지 않으며, 따라서 금융도 제 기능을 발휘할 수 없게 되기 때문이다. 그러므로 금융은 금융자산을 통해 얻어지는 소득을 극대화할 수 있어야 한다.

둘째는 적정 예대차익의 유지이다. 예대차익이란, 예금금리와 대출금리 간의 차이를 말한다. 예금금리는 높을수록 더 많은 저축을 유도할 수 있지만, 반면에 대출금리가 높아지면 기업들은 쉽게 자금을 빌릴 수가 없게 된다. 그러므로 낮은 대출금리를 통해서 기업들의 생산기반 확충을 위한 투자가 이루어지도록 해야 한다. 즉, 가계 입장에서 예금금리가 높을수록 유리하고, 기업 입장에서는 대출금리가 낮을수록 유리하다. 따라서 예대금리 간에는 항상 상충관계가 존재한다. 그러므로 금융기관은 어떻게 하면 좁은 예대차익에서 적정이윤을 확보하는가가 중요하다. 이러한 이유에서 금융기관의 대형화가 필요한 것이다. 지나치게 영세한 금융기관은 예대차익을 줄이기 어렵다. 금융기관도 생산성을 높여야 생존할 수 있다.

마지막으로 자금 대출의 우선순위를 선정하는 문제가 있다. 금융기구를 통해서 공급할 수 있는 자금이 부족하지 않은 경우에는 문제가 되지 않지만, 그렇지 못한 경우 어떻게 부족한 자금을 분배하는가의 문제가 존재한다. 소비자들에게 소비재 구입을 위해 필요한 자금을 우선적으로 공급할 것인가, 아니면 기업들의 생산기반을 확충하는 데 자금을 우선적으로 배분할 것인가에 대해 우선순위를 설정해야 할 필요성에 직면한다.

이와 같은 점에서 볼 때, 과거 우리나라의 금융은 많은 문제점을 포함하고 있었다. 성장의 시기에 절대적으로 부족한 자본을 배분하는 과정에서 정부가 금융기관들에 개입하지 않으면 안 되었고, 그 결과 은행은 망하지 않는다는 잘못된 관행이 만연되었다. 은행들은 첨단 기업이어야 함에도 정부의 간섭으로 인하여 정부에 의존하는 경영방식을 오랫동안 유지해 왔다. 그 결과 앞에서 언급한 금융의 요건들을 갖추지 못했다. 즉, 금융기관의 영세성, 자율성의 결여, 경영방식의 후진성에 따른 서비스의 낙후 등으로 우리나라의 금융질서가 불안정했다. 아직도 금융기관의 선진화는 한국 경제에 있어서 가장 시급한 과제가 되고 있다. 특히 외국 금융기관들과의 글로벌 경쟁에서 살아남기 위한 금융산업의 경쟁력 강화가 중요한 이슈이다.

한편, 금융정책의 한 분야가 통화정책(monetary policy)이다. 통화정책은 통화량의 조절을 통하여 이자율을 변화시켜 생산활동 수준과 물가를 조정하는 정책을 말한다. 이자율의 변화는 기업의 투자에 영향을 주어, 기업의 자본형성을 변화시키기 때문에 금융정책의 일부로 볼 수 있다. 미국과 같은 서구 국가에서는 금융을 통해서 특정 산업을 지원할 수 없기 때문에 통화정책이 중요하게 부각된다. 그러나 우리나라, 독일 그리고 일본과 같은 국가들에서는 금융정책을 단순한 통화정책보다는 더 넓은 의미로 사용되고 있다. 따라서 금융정책과 통화정책의 개념을 정확하게 이해하고 사용하여야 한다.

3. 중앙은행의 역할

우리나라의 중앙은행(central bank)은 한국은행(Bank of Korea)이다. 중앙은행의 기능을 살펴보면 첫째, 화폐를 발행한다. 미국의 경우 예전에 일반은행에도 은행권을 발행할 수 있는 권한이 있었지만, 대부분 국가들은 중앙은행만이 법화를 발행할 수 있는 권한이 있다. 우리나라는 한국은행이 한국조폐공사에 의뢰하여 제조한 화폐를 보관하다가 한국은행의 본점과 지점을 통해서 시중에 내보낸다. 이렇게 발행된 화폐는 시중에서 유통되다가 예금이나 세금납부 등으로 금융기관에 들어오게 되며 이 중 일부는 한국은행으로 다시 돌아오게 된다. 한국은행은 되돌아온 화폐 중에서 깨끗한 돈은 다시 시중에 유통하고 파손되거나 더러워진 돈은 골라내어 폐기한다.

둘째, 중앙은행은 통화량을 조절한다. 중앙은행의 가장 중요한 일은 통화신용정책을 수립하고 집행하는 것이다. 통화신용정책이란, 경제가 건전하게 발전할 수 있도록 통화량과 자금흐름을 적절하게 조절하는 것을 말한다. 통화량이 경제 규모에 비하여 지나치게 많으면 경기과열과 그에 따른 인플레이션 및 투기가 초래되며, 반대로 통화량이 지나치게 적으면 경기침체와 실업이 발생하게 된다. 따라서 경기과열이나 경기침체를 막고 경제의 건전하고 지속적인 발전을 이룩하려면 통화량을 알맞은 수준으로 조절하는 것이 매우 중요하다. 한국은행은 통화량을 조절하기 위하여 재할인정책, 공개시장조작, 지급준비율정책 등을 주요 수단으로 활용하고 있다. 이 밖에도 통화량이 급격히 늘어날 때 은행이 대출할 수 있는 최고 한도를 정하기도 한다.

셋째, 중앙은행은 은행의 은행으로써 일반은행으로부터 예금을 받고, 또 은행에 대출을 한다. 은행은 예금 일부분을 지급준비금으로 한국은행에 예치해야 한다. 원래 이 제도는 예금자가 맡긴 돈을 찾으려 할 경우 은행이 이에 언제든지 대응할 수 있도록 하기 위한 것이었으나, 오늘날에는 예금자보호 기능은 거의 사라지고 통화량을 조절하기 위한 수단으로 사용되고 있다. 또한 한국은행은 은행에 대하여 재할인 또는 담보대출의 형태로 자금을 공급해 주는데 이는 은행이 기업에게 할인한 어음을 다시 할인해 주거나 은행이 가지고 있는 어음이나 채권을 담보로 대출해 주는 것을 말한다. 한편 금융기관이 일시적으로 자금이 부족하여 예금을 내주기가 어렵게 되는 위기 발생 시 긴급자금을 제공해 주기도 하는데 이를 최종대부자(lender of last resort) 기능이라고 한다. 여기서 최종대부자란, 다른 어느 곳으로부터도 돈을 빌릴 수 없는 대부자라는 뜻이다. 이처럼 한국은행은 금융제도의 안전성을 지켜 주는 마지막 보루라 할 수 있다. 따라서 은행들은 비상시 예금인출에 대비한 거액의 지급준비금을 보유할 필요가 없으므로 자금을 보다 효율적으로 이용할 수가 있다.

넷째, 중앙은행은 정부의 은행으로서 국고금의 수금 및 정부에 대한 여신을 담당하여 정부재정을 대행한다. 정부는 중앙은행에 정부 당좌예금계정을 설치하여 모든 세입은 정부예금계좌에 입금되고, 모든 세출 역시 정부 예금계좌로부터 인출된다. 그런데 국고금을 수납하고 지급하는 업무는 전 국민을 상대로 하기 때문에 제한된 점포와 인력을 가진 한국은행이 모두 취급하기는 어렵다. 따라서 한국은행은 금융기관 점포를 대리점으로 지정하여 국고업무를 수행하도록 한다. 또한 한국은행은 정부가 자금이 부족한 경우 국회가 정한 범위 내에서 대출을 하거나 국채를 매입함으로써 정부에 필요한 자금을 공급한다. 이 밖에 한국은행은 정부를 대신하여 국채를 발행하고 상환하는 업무를 담당하기도 하며 외국환평형기금, 국채관리기금 등을 운용·관리하는 업무도 수행한다.

다섯째, 중앙은행은 중앙집중 지급결제 기능을 수행한다. 지급결제란 각종 경제활동의 결과로 발생하는 채권채무관계를 마무리짓는 것을 말한다. 한국은행은 금융기관 간의 자금거래를 최종적으로 결제한다. 중앙은행은 법정지급준비금 예치금 계정을 통하여 각 은행 간 수표와 어음의 교환 잔액을 결제시켜 준다. 이를 위하여 한국은행은 한국은행과 각 금융기관을 온라인으로 연결하여 금융기관 간의 자금거래를 즉시 결제해 주는 한국은행 금융결제망(BOK-Wire)을 직접 운영한다.

여섯째, 중앙은행은 대외지급 준비자산을 보유하고 운용한다. 한국은행은 우리나라의 대외지급 준비자산을 적당한 수준으로 보유하여 대외지급에 대비하는 한편 보유 외화자산을 국내외 금융기관에 맡기거나 외국증권에 투자하여 운용하고 있다. 또한 한국은행은 국제통화기금(IMF), 세계은행(World Bank), 아시아개발은행(ADB) 등 우리나라가 가입하고 있는 국제금융기구와 금융거래를 한다.

일곱째, 중앙은행은 은행의 경영상태를 점검한다. 한국은행은 금융제도의 안정성 유지를 위하여 은행의 경영상태를 항상 분석하는 한편 필요한 경우에는 검사도 한다. 은행이 건전하게 운영되는 것은 매우 중요하다. 그리고 통화신용정책이 효과적으로 되기 위해서는 은행들이 중앙은행의 정책을 제대로 이행하는지를 점검할 필요가 있다. 따라서 한국은행은 은행이 불건전한 영업으로 부실화되는 것을 방지하기 위하여 은행으로부터 자료를 제출받아 경영상태를 점검한다. 그리고 통화신용정책 수행을 위하여 필요한 경우 은행뿐만 아니라 한국은행에 당좌예금을 개설한 기관으로부터도 자료를 받는다. 또한 한국은행은 필요한 경우 금융감독원에 금융기관에 대한 검사를 요구할 수 있으며 금융감독원과의 공동검사를 통해 금융기관의 경영상태를 현장에서 직접 확인하기도 한다. 그리고 한국은행이 금융기관이나 기업에 긴급여신을 제공한 경우에는 해당 금융기관이나 기업의 업무와 재산상황을 한국은행이 독자적으로 조사·확인할 수 있다.

마지막으로 중앙은행은 경제조사연구 및 통계 업무를 수행한다. 한국은행도 국내외 경제 전반에 관한 조사연구 업무를 수행하고 있으며 이와 관련된 각종 통계를 작성한다. 중앙은행이 앞에 언급한 이러한 업무를 잘 수행하기 위해서는 국내외 경제의 움직임에 대하여 잘 알고 있어야 하므로 한국은행은 경제조사 및 연구를 통하여 경제의 움직임을 분석·전망하고 대책을 제시함으로써 통화신용정책은 물론 다른 경제정책의 수립에 기초자료로 활용할 수 있도록 한다. 한국은행이 작성하는 주요 통계에는 통화금융통계, 국민계정, 국제수지통계, 자금순환표, 산업연관표, 기업경영분석, 생산자물가지수 등이 있다. 또한 한국은행은 조사통계월보, 연차보고서 등의 정기간행물과 각종 조사연구자료를 발간하고 있다.

4. 금융정책

금융정책(monetary policy)은 통화(금융)당국이 통화량이나 이자율을 조절하여 국민정책의 안정적 상장을 실현하고자 하는 정책으로 통화정책, 통화신용정책, 통화금융정책이라고도 부른다. 금융정책의 체계는 일반적으로 최종목표, 운용목표, 그리고 수단의 세 가지 요소로 구성된다.

금융정책의 최종목표란 금융정책이 실현하고자 하는 국민경제상의 단기 및 장기목표로 물가안정, 완전고용, 국제수지 균형, 경제성장, 공정분배 등을 말하며, 이것들을 줄여서 흔히 국민경제의 안정적 성장이라 부른다.

금융정책의 운용목표는 금융정책의 최종목표를 달성하기 위하여 통화당국이 직접 영향을 미칠 수 있는 지표를 말하는데, 이에는 가격지표로서의 이자율, 수량지표로서의 통화량이 있다. 예를 들어, 물가 안정을 금융정책의 최종목표로 설정하였을 경우 금융정책당국은 직접 물가를 조절할 수 없기 때문에 통화량을 조절함으로써 물가 안정을 꾀하는데, 이 통화량이 금융정책의 운용목표가 되는 것이다.

금융정책의 수단이란 금융정책의 운용 목표인 이자율과 통화량을 조절・통제하기 위하여 통화당국이 직접적으로 사용하는 정책도구를 말한다. 이에는 공개시장 조작, 재할인율정책, 지급준비율정책, 대출한도제 등이 있다.

결국 금융정책을 운용한다는 것은 통화당국이 금융정책수단을 사용하여 금융정책의 운용목표를 변화시킨 다음, 이 변화를 통하여 금융정책의 최종목표를 달성하고자 하는 것을 뜻한다. 이와 같은 일련의 과정을 금융정책의 파급경로라 한다.

금융정책의 수단

금융정책수단은 크게 일방적 수단과 선별적 수단으로 구분된다. 일반적 수단이란 정책효과가 국민경제 전반에 미칠 수 있도록 고안된 수단인 반면, 선별적 수단이란 정책효과가 국민경제의 어떤 특정 부문에서만 선별적으로 미치는 수단을 말한다.

일반적 정책수단은 한국은행이 통화량과 이자율을 조절하는 가장 기본적인 수단인데, 구체적으로는 공개시장조작정책, 지급준비율정책, 재할인율정책을 뜻한다. 이 중 공개시장조작(open market operation)이란 통화당국이 일상적으로 활용할 수 있는 통화조절수단으로서 한국은행이 증권시장에서 국공채를 매입하거나 매각하여 통화량을 조절하는 것을 말한다. 한국은행이 국공채와 같은 유가증권을 매입하면 한국은행의 순기타자산과 본원통화가 증가하는데, 본원통화의 증가는 통화량을 증가시킨다. 반대로 한국은행이 국공채를 매각하면 본원통화가 감소하여 통화량이 감소한다.

공개시장조작은 이자율도 변화시킨다. 채권의 가격과 이자율을 서로 반대 방향으로 움직이기 때문에 한국은행이 국공채를 매입하면 국공채에 대한 수요가 증가하여 국공채의 공급이 증가하여 국공채에 대한 공급이 증가하여 국공채의 가격이 하락하고 이자율은 상승한다.

지급준비율정책이란 한국은행이 예금은행에게 강제시키는 법정지급준비율을 변경시킴으로써 통화량을 조절하는 것을 말한다. 한국은행이 법정지급준비율을 인상하면 예금은행의 지급준비율이 상승하고, 이는 통화승수를 작게 만들어 인하하면 통화승수가 커져 통화량이 증가한다.

재할인율정책이란 한국은행이 예금은행을 상대로 재할인율을 변동시켜 통화량을 조절하고 시중금리에 영향을 미치는 금융정책수단이다. 재할인(rediscount)이란 예금은행이 할인한 고객의 약속어음을 다시 한국은행에 제시하여 할인받고 자금을 차입하는 것을 말하며, 이 경우 한국은행이 예금은행에 대하여 적용하는 이자율을 재할인율 또는 공정할인율이라 부른다. 한국은행은 재할인율을 인상하거나 인하함으로써 통화량을 조절할 수 있는데, 예를 들어 재할인율을 인상하면 한국은행의 예금은행에 대한 대출이 감소함에 따라 본원통화가 축소되어 통화량이 감소한다. 반대로 재할인율이 인하되면 한국은행의 예금은행에 대한 대출이 증가하여 통화량이 증가한다.

우리나라는 지금의 만성적인 초과수요에 따라 재할인율의 변경에 대한 간접적인 통화량의 조절보다는 재할인율의 변경이나 재할인한도 설정 등에 의한 직접적인 통화량의 조절에 주로 의존해 왔다. 재할인율은 변경시킨다는 것은 예금은행이 할인한 상업어음을 전부 재할인해 주지 않고 일정 부분만을 할인해 주었는데, 그 할인해 주던 상업어음의 비율을 늘리거나 줄이는 것을 말한다. 재할인 한도를 설정한다는 말은 각 은행마다 재할인해 주는 금액의 상한을 설정하여 그 상한 내에서 재할인해 준다는 것이다.

한국은행이 재할인율, 재할인비율, 재할인한도 등 재할인 관련사항을 변경시키면 예금은행에 대한 대출이 증감할 뿐만 아니라 예금은행의 대출금리도 영향을 받게 된다. 한국은행이 시중금리를 내리고 싶을 때는 공정할인율을 내리고, 시중금리를 높이고 싶을 때에는 공정할인율을 높인다.

일반적 정책수단이 통화나 이자율에 대한 간접규제수단인데 비하여 선별적 정책수단은 직접규제수단이다. 일반적 정책수단 만을 가지고는 충분한 통화량 조절의 효과를 기대할 수 없는 경우에 보다 직접적인 수단을 사용한다. 선별적 금융정책은 경제의 안정화를 위하여, 또는 국민경제의 어떤 특정 부문에 대한 자금의 공급을 촉진하기 위하여 이루어진다.

선진국이 일반적 정책수단을 사용하는데 반하여 금융부문이 활성화되지 못한 개발도상국은 선별적 정책수단을 많이 사용한다. 선별적 정책수단 중 중요한 것으로는 대출한도제와 이자율규제가 있다. 대출한도제는 금융기관이 대출해 줄 수 있는 한도를 정하는 제도이다. 한국은행이나 예금은행이 국내에 제공하는 여신총액인 국내신용에 대하여 최고한도제를 운용하는 것이다.

이자율규제는 금융시장의 이자율을 규제함으로써 신용의 규모와 배분 그리고 통화량들을 조절하고자 하는 정책을 말한다, 이자율규제는 은행의 예금이자율과 대출이자율에 상한을 설정하거나 통화당국이 이들 이자율 수준을 직접 결정하는 방식을 취한다. 정책금융이란 수출산업, 첨단산업, 중소기업 등 국가가 중요하다고 판단하는 부문에 낮은 금리의 자금을 정책적으로 많이 배분하는 것을 말하는데, 통화량을 조절하는 목적보다는 특정산업에 대한 지원을 목적으로 시행된다. 여신관리제조도 기업에 대한 은행의 대출이 원래의 의도대로 생산적으로 사용되도록 관리·감독하는 제도인데, 결과적으로 통화량에 영향을 미치게 된다.

금융정책의 효과

중앙은행이 통화량이나 시중의 이자율을 변동시켜 총수요를 조절하고 경제를 안정시키고자 하는 정책이 금융정책임은 설명한 바 있다. 통화량은 총수요의 구성 항목은 아니지만 총생산에 직접·간접적으로 영향을 미치는데, 통화량이 총생산에 직접 영향을 미치는 경로는 교환방정식을 통해 설명할 수 있으며, 간접적으로 영향을 미치는 경로는 이자율의 총수요에 대한 영향을 통해 설명할 수 있다.

이자율이 하락하면 소비수요와 투자수요가 늘어나 총수요가 증가한다. 따라서 화폐공급을 늘리면 이자율의 하락을 통하여 총수요가 증가하는 것이다. 이 경우 이자율은 소비수요와 투자수요에 직접적으로 영향을 미치는 금융정책수단이 된다.

통화량을 증가시키거나 이자율을 인하시키는 정책을 확대금융정책이라 하며, 반대로 통화량을 감소시키거나 이자율을 인상시키는 정책을 긴축금융정책이라 한다. 경제침체시에는 확대금융정책, 경기과열시에는 긴축금융정책을 사용할 수 있다.

제 4 절 인플레이션

1. 인플레이션

물가는 일정한 수준에 머무르지 않고 끊임없이 오르고, 또 가끔은 내리기도 한다. 물가가 오르는 현상이 반드시 경제에 부정적인 영향을 미치는 것은 아니다. 물가가 어느 정도 오르는 것은 기업이 자신의 상품을 개발하고 개선하고자 하는 동기를 제공하기 때문이다. 그러나 지나치게 불안정한 물가 변화는 경제에 좋지 않은 영향을 가져온다. 그러므로 안정적으로 변화하는 물가가 가장 이상적이다.

인플레이션(inflation)은 물가수준이 지속적으로 상승하는 현상을 말한다. 물가상승률이라고도 부르는 인플레이션율은 다음과 같이 물가지수의 변화율을 이용하여 측정된다.

$$\text{물가상승률(\%)} = \frac{\text{비교년도 물가지수} - \text{기준년도 물가지수}}{\text{기준년도 물가지수}} \times 100$$

예를 들어 2019년 물가지수가 120이고, 2020년 물가지수가 126라고 가정하면, 다음과 같이 2020년 물가상승률 5%를 구할 수 있다.

$$물가상승률(\%) = \frac{126 - 120}{120} \times 100 = 5\%$$

이는 2020년 물가수준이 전년도와 비교해 5% 상승했다는 것을 의미한다.

2. 인플레이션의 영향

인플레이션은 국가경제에 여러 가지 좋지 않은 영향을 준다. 우선 인플레이션은 부(富)와 자산의 재분배에 영향을 끼친다. 인플레이션이 발생하면 현금, 저축예금 등 금융자산을 가진 사람들과 돈을 빌려준 채권자는 손해를 입는다. 반면에 부동산, 귀금속 등 실물자산을 소유한 사람들과 돈을 빌린 채무자는 인플레이션을 통해 이익을 본다. 정리하면 인플레이션은 금융자산보다는 실물자산을 소유한 사람과 채무자에게 유리하도록 부와 자산을 재분배한다. 따라서 사람들은 저축을 하기보다는 실물자산을 사려고 하므로 물가는 더욱 빠르게 오르게 된다.

인플레이션은 소득의 재분배에도 영향을 미친다. 높은 인플레이션 하에서는 연금생활자와 같이 고정된 봉급을 받는 사람들이 불이익을 받는다. 반면에 자신이 판매하는 상품의 가격이 빠르게 오르는 사업자의 소득은 올라간다. 이와 같은 부와 소득의 재분배는 생산적인 경제활동에 부정적인 영향을 주게 된다.

인플레이션이 가져오는 불확실성은 기업의 투자를 위축시키기 때문에 높은 인플레이션에서는 투자율이 낮아진다. 물가가 빠르게 오르면 투자의 실질 수익은 하락하게 되므로 기업은 인플레이션이 발생하면 현재가치가 보장된 실물을 보유하고자 한다. 결과적으로 인플레이션은 기업의 투자를 감소시키므로 생산적 경제활동을 위축시키게 된다. 이 점이 인플레이션이 가져오는 가장 심각한 폐해이다. 높은 인플레이션은 기업들이 부동산 등에 대한 투기 활동에 몰두하게 만들어 경제성장을 저해하는 결과를 가져온다.

또한 국내 물가가 상승하면 세계시장에서 자국 상품에 가격경쟁력이 떨어져 국제수지를 악화시킨다. 우리나라와 같이 대외의존형 경제의 경우 원자재와 자본재 및 소비재의 많은 부분을 수입하기 위해서는 수출을 많이 해서 외화를 확보해야 한다. 이를 위해서는 반드시 국내 물가가 안정되어야 한다.

인플레이션과 예상

사람들이 인플레이션을 예상했는가 아니면 예상하지 못했는가에 따라 인플레이션이 경제에 미치는 영향이 달라진다. 매년 각종 연구기관들은 국내외 경제 여건을 종합하여 내년도 예상 인플레이션율을 발표하고 경제주체들은 이에 맞추어 경제활동을 한다. 그러나 갑작스러운 경제상태의 변화, 즉 경제충격(economic shock)으로 예상치 못한 인플레이션이 발생하면 국민경제에 상당한 파장을 가져온다.

예상치 못한 인플레이션(unexpected inflation)이 발생하면 채권자는 손해를 보고 채무자는 이득을 보게 된다. 예컨대 갑이 연 9% 이자율로 을에게 100만 원을 빌려주어 1년 후에 109만 원을 받는다고 하자. 이때 명목이자율 9%에는 두 가지 의미가 들어있다. 첫째는 1년 사이에 물가가 올라서 1년 후에 화폐의 구매력이 떨어질 것에 대한 보상이다. 즉 예상되는 인플레이션율에 대한 보상이다. 둘째는 이 돈을 빌려준 사람이 다른 용도로 돈을 사용하지 못하게 되는 데에 따른 보상이다. 이를 실질이자율이라고 부른다. 즉 명목이자율은 실질이자율과 예상 인플레이션으로 구성되어 있다.

명목이자율(9%) = 실질이자율(4%) + 예상인플레이션율(5%)

그런데 만약 물가가 5% 오를 것이라고 예상하여 연 9%로 이자율을 정하였는데 실질적으로 물가가 더 많이 올라 8% 인플레이션이 일어났다면 채권자는 예상치 못한 3%의 손해를 보게 된다. 한편 채무자는 3%만큼 이득을 보게 된다. 따라서 예상치 못한 인플레이션이 발생하면 채권자와 채무자 간에 부의 재분배가 일어난다. 그런데 사회 전체로 보면 채권자는 저축을 하는 일반 국민이고, 채무자는 국민이 저축한 돈을 빌려 쓰는 기업이나 정부인 경우가 많다. 따라서 예상치 못한 인플레이션이 발생하면 기업과 정부는 이익을 보고 일반 국민들은 손해를 보게 된다.

예상치 못한 인플레이션이 발생하면 고용과 생산도 영향을 받게 된다. 예를 들어 예상치 못한 인플레이션이 발생되면 채무자인 기업은 이득을 보게 되어 생산설비를 확장시킬 수 있게 되고 따라서 고용량과 산출량도 증가하게 된다. 이 경우 인플레이션은 경기를 자극하여 호황을 가져오게 된다.

그리고 예상치 못한 인플레이션이 반복되면 경제주체들은 경제전반에 대해 예상을 하기가 어렵게 되어 안정된 소비와 투자계획을 세울 수 없다. 따라서 경제 활동이 위축되는 결과를 가져오게 된다.

한편 인플레이션을 정확히 예상할 수 있다면 물가 변화에 따른 부의 재분배는 일어나지 않는다. 또한 실질변수의 변동이 없어 고용과 생산에 영향을 미치지 않는다. 그러나 예상된 인플레이션(expected inflation)이라도 그 정도가 높게 지속되면 투자활동이 비생산적인 투기활동 쪽으로 흘러 경제의 효율성이 떨어지게 된다. 그리고 가격이 오를 때마다 가격표를 다시 바꾸어야 하는 소위 메뉴비용(menu cost)이라고 부르는 가격표 교체 비용도 현실적으로 존재하게 하므로, 경제의 효율성이 떨어진다.

급속도로 진행되는 높은 인플레이션을 초인플레이션(hyper -inflation)이라 부른다. 제1차 세계대전에서 패망한 독일은 1922년 1월부터 1923년 11월까지 물가가 천문학적으로 상승했다. 이러한 비정상적인 물가 폭등은 이 밖에도 제2차 세계대전 이후 그리스와 헝가리, 1980년대 이스라엘, 남미 등 여러 나라에서 경험한 바 있다. 지금까지 경험한 대부분의 초인플레이션은 전쟁, 국제원자재나 원유가격 상승 및 국제금리의 상승 등으로 발생한 재정적자를 통화 증발로 해결하는 과정에서 발생했다.

초인플레이션하의 생활은 어처구니없는 상황을 가져온다. 돈의 가치가 너무 떨어져서 도배지를 이용하는 것보다는 지폐로 방을 도배하는 것이 싼 경우도 있었다. 또는 인플레이션이 급속도로 진행되면 시간이 지남에 따라 돈의 가치가 계속 떨어지게 되므로 손님들은 레스토랑에서 식사를 시키자마자 요금을 계산하려고 할 것이고, 술집에서는 술을 마시는 사이에 가격이 올라가기 때문에 아예 술통을 시켜 놓고 마셔야 할 것이다.

초인플레이션하에서는 정상적인 경제행위가 불가능하므로 화폐단위를 바꾸는 방식으로 화폐개혁(monetary reform)을 단행한다. 그러나 이렇게 새로운 화폐를 발행함으로써 어느 정도 화폐량을 줄일 수는 있겠지만 화폐개혁을 한다고 물가가 저절로 떨어지지는 않는다. 그러므로 초인플레이션이 발생할 때는 우선적으로 화폐에 대한 신뢰 회복을 통해 경제활동을 원활히 작동시킴으로써 물가수준을 안정시켜야 한다.

3. 인플레이션 대책

적절한 인플레이션이 얼마인가에 대한 정확한 대답은 없는 것처럼 보인다. 물가가 하락하는 음(-)의 인플레이션율(디플레이션) 또한 바람직하지 않다. 양(+)의 인플레이션율과 같은 자의적인, 그러나 반대 방향의 소득과 부의 재분배가 일어날 뿐만 아니라, 기업의 생산 의욕 또한 감퇴될 것이기 때문이다. 0의 인플레이션율이 이상적일 것 같지만 이 또한 반드시 성립하지는 않는 것 같다. 인플레이션을 없애기 위한 비용이 그 편익을 초과할 수도 있다는 뜻이다.

인플레이션이 낮은 속도로 진행되면, 이를 더 낮추기 위해 인위적인 정책을 쓸 필요는 없다. 물론 인플레이션이 높은 비율로 진행되면, 그 원인을 규명하여 적절한 대책을 수립하여야 할 것이다. 기본 원칙은 총수요곡선이 너무 오른쪽으로 이동하지 않도록 하는 한편, 총공급곡선은 가급적 오른쪽으로 이동하도록 하는 것이다.

안정적인 총수요관리

지나친 통화공급의 증가가 인플레이션의 주원인이기 때문에 안정적인 통화공급이 강력한 인플레이션 대책이다. 이와 관련하여 정부의 시장개입을 반대하는 경제학자들은 k% 준칙을 주장한다. 우리나라와 같이 잠재성장력이 5~6% 수준이면 통화공급의 연간 증가율을 5~6% 수준에서 화폐의 유통속도 변화율을 감안하여 결정하고, 경제침체·경기호황과 관계없이 일관성 있게 통화공급 목표로 삼으라는 주장이다. 재량정책에 따른 높은 인플레이션을 경험하였던 선진국들의 사례는 k% 준칙이 준수할 만한 처방이라는 점을 인식시켜 주었다. 실제로 주요 선진국이 1980년대 이후 연평균 3~4% 이하의 인플레이션을 유지하고 있는 것은 k% 준칙에 가까운 보수적이고 안정적인 통화공급을 지속하고 있기 때문이라고 평가되고 있다.

재정적자가 누적되면 국공채발행에 따른 이자 부담이 재정을 압박하게 되므로 정부는 통화공급을 증가시킬 유인을 가지게 된다. 따라서 재정을 건전하게 운용하여 재정적자가 누적되지 않도록 하는 것도 인플레이션을 억제하기 위한 대책이다.

또한 과소비 풍조를 억제시키는 것도 수요를 견인하는 인플레이션에 대한 바람직한 대책이다. 과소비는 단기적으로 총생산을 증가시킬지 모르지만 저축과 투자의 감소를 통해 장기적으로는 경제성장에 부정적인 영향을 미친다.

소득정책

총공급곡선을 왼쪽으로 이동시켜 비용 인상 인플레이션을 일으키는 주원인은 해외원자재가격 상승 등의 공급충격과 과도한 임금인상이다. 어떤 사업에서의 원자재가격 상승과 임금인상은 제품가격의 인상으로 전가되고, 다른 산업의 임금과 제품가격 상승으로 이어진다. 이에 대해 일부 경제학자들은 임금이 과도하게 상승하지 않도록 정부가 소득정책을 실시해야 한다고 주장한다.

소득정책(income policy)이란 임금과 물가의 상승을 규제하여 임금 및 기타 소득에 직접적인 영향을 미치고자 하는 정책을 말한다. 소득정책의 예로는 정부가 매년 인금상승률의 상한을 정하는 임금가이드라인, 임금과 물가의 인상을 억제시키는 임금-물가통제(wage-price guidepost) 등이 있다. 소득정책은 안정적인 통화공급이 뒷받침되어야만 효과를 발휘할 수 있다.

기타정책

어떤 상품이 국내생산이 애로에 봉착하여 가격이 급등하면 그 상품의 관세율을 낮춤으로써 수입을 통한 가격안정을 꾀할 수 있다. 수입자유화와 관세율 인하가 물가 안정에 기여하는 것이다.

생산성이 낮아 관련 제품의 비용증가가 유발되는 농업부문과 중소기업의 경우에는 투 · 융자와 정부지원의 확대를 통해 장기적으로 물가 상승 압력을 해소하는 것이 균형 발전의 측면에서도 바람직하다.

공정거래법을 올바로 적용하여 기업 간의 가격담합을 방지하고 자유로운 경쟁을 유도하는 것도 독과점가격이 물가 상승의 주범이 되는 것을 방지하는 방법이다. 전기료 · 수도료 · 가스요금 등의 공공요금을 적절히 규제하고, 농수산물의 유통구조를 개선하는 것도 같은 맥락의 물가안정대책이라 할 수 있다. 이런 측면에서 소비 자주권을 확립하고 근검 · 절약과 건전 소비를 도모하는 한편, 독과점기업의 시장 지배력을 이용한 가격의 자의적인 인상을 제재하는 역할을 담당하는 소비자운동도 물가 안정에 기여할 수 있다.

그러나 장기적으로 인플레이션을 억제하는 유일한 방법은 공급능력을 증가시키는 것이다. 저축 및 투자, 노동 공급을 확대하고 노동생산성을 향상시키기 위한 기술혁신, 연구개발, 교육훈련이 이루어져야만 장기적으로 총공급이 증가하여 인플레이션 없는 경제성장이 가능한 것이다.

제5절 실업

1. 경기변동

인플레이션, 디플레이션, 스테그플레이션과 물가변동 및 실업발생은 모두 한 경제의 상황이 변화하는 현상을 설명한다. 즉 이러한 상태변화를 경기변동(business cycle)이라 하는데 그 개념과 이에 대한 대책을 살펴보자.

경기변동

우리는 일상생활에서 경기가 좋다거나 나쁘다는 말을 자주 한다. 보통 개별기업 입장에서는 매출이 늘거나 수익성이 나아지면 경기가 좋다고 말한다. 개인들은 소득이 높아지거나 가지고 있는 주식이나 집의 가격이 오르면 경기가 괜찮다고 한다. 그렇지만 개별경제 주체들의 경제활동을 가지고 여러 부문과 다양한 산업들로 구성되어 있는 국민경제 차원에서 경기를 판단하기는 곤란하다.

그러면 왜 경기를 정확히 파악하는 것이 중요한가. 그것은 경기 판단과 예측이 어떤 경제행위를 결정하는 데 있어 매우 중요한 고려사항의 하나로서 그 정확성 여부에 따라 미래의 경제적 성과가 매우 달라질 수 있기 때문이다. 가계가 부동산이나 주식과 같은 자산의 구입 시기를 결정하거나 기업이 수요를 전망하여 이에 적합한 생산과 시설 투자계획을 수립하기 위하여, 정부가 국민경제의 안정적인 성장이 지속될 수 있도록 경제 여건에 알맞은 경제정책을 운용하기 위하여 경기의 움직임을 관찰하고 예측하는 경우 등이 대표적인 예이다.

경기란 생산, 소비, 투자, 고용 등 실물 부문 활동과 돈의 양, 금리, 주가, 환율 등의 금융부문 활동, 그리고 수출입 등 해외부문 활동을 망라하는 여러 가지 경제변수들의 움직임을 종합한 것이라고 할 수 있다. 따라서 이러한 경기는 인체에 비유하면 체온과 같다고 볼 수 있다. 체온이 너무 높거나 낮으면 몸에 이상이 생기는 것과 마찬가지로 경기가 너무 과열되거나 침체되면 국민경제에 여러 가지 부작용이 나타나게 된다. 그러니까 경기가 좋다는 말은 경제 상태가 좋다는 뜻이다. 경제 상태가 좋을 때는 생산과 소비, 투자, 고용이 다 함께 활발히 움직이고 규모가 커진다.

경기가 장기적인 성장추세를 중심으로 반복하여 오르고 내리고 하는 것을 경기변동 또는 경기순환(business cycle)이라고 부른다. 경제활동이 활발하면 경기가 상승하여 정점에 이르게 되고 이후 경제활동이 부진해지면 경기가 하강하여 저점에 이르게 된다.

이러한 경기변동은 민간기업의 투자지출을 비롯한 수요충격, 통화량 변동과 간은 화폐적 충격, 불완전 정보에 의한 기대, 기술이나 생산성의 변동 등 경제 내의 여러 가지 실물 및 화폐적 요인에 의해 발생한다. 현실경제에서는 이들 요인들이 복합적으로 작용하여 경기가 상승과 하강을 반복하고 있다.

이때 경기의 정점에서 다음 정점(peak)까지 또는 저점에서 다음 저점까지의 기간을 순환주기라고 한다. 경기의 순환과정은 보통 저점에서 정점까지의 상승국면과 정점에서 저점까지의 하강국면의 2국면으로 나누는데 이를 다시 상승국면은 회복기(recovery)와 확장기로, 하강국면은 후퇴기(recession)와 수축기로 나누어 4국면으로 구분하기도 한다. 또한 장기추세를 기준으로 하여 윗부분, 즉 경기정점을 전후한 기간을 호경기(boom)로 아랫부분, 즉 경기저점을 전후한 기간을 불경기(depression) 또는 침체기로 부르기도 한다.

다시 말해, 호경기, 호황(prosperity, boom) → 호황의 정점(peak) → 후퇴기(recession) → 불경기(depression, slump) → 불황의 저점(trough) → 회복기

(recovery)이나 간혹 갑작스럽게 심한 불황이 닥치는 경우가 있다. 이 경우는 여느 불황과 구별해 공황(panic)이라고 부른다. 공황 중에서도 경기 침체 강도가 세고 범위가 넓은 것이 대공황이라 할 수 있다. 과잉생산이 근본 원인이 되어 발생한 강시 공황은 미국 증권가인 월가(Wall Street)에서 주가가 폭락하면서 시작해 구미 각국에서 잇단 주가가 폭락하고 기업이 파산을 빚고 실업자를 양산했다.

우리나라의 과거 경기순환 과정을 보면 [그림 3-3]과 같은 특징을 발견할 수 있다. 경기 상승국면과 하강국면이 매우 불규칙적이고 비대칭적인 모습을 나타내고 있다는 것이다. 1970년대 이후 우리나라의 경기순환에서 가장 긴 주기는 67개월, 가장 짧은 주기는 39개월로서 차이가 컸으며 한 주기 내에서 상승국면의 지속기간은 평균 33개월, 하강국면의 지속기간은 평균 19개월로 차이가 컸다. 또한 대체로 경기 상승국면은 상대적으로 오랜 기간에 걸쳐 서서히 진행된 반면 하강국면은 짧은 기간 내에 급격하게 이루어 졌다. 이러한 현상은 외국에서도 제2차 세계대전 이후 비슷하게 관찰되고 있다.

[그림 3-3] 한국의 경기순환 주기

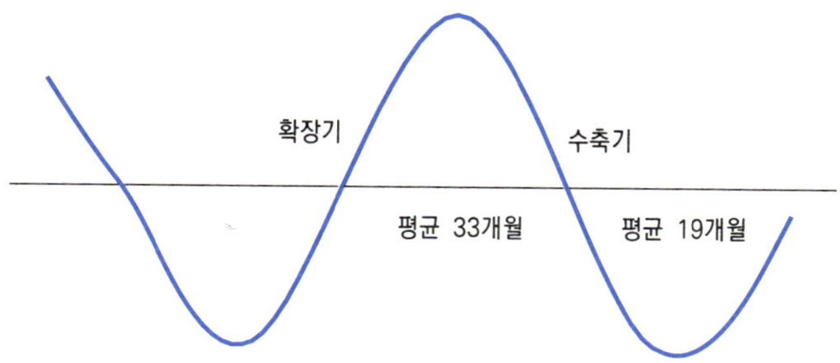

학계에서는 1825년 자본주의 종주국 영국이 자본주의 경제 사상 최초로 심각한 불황을 맞은 뒤부터 학자들이 경제순환에 주기가 있다는 주장을 펼쳤고, 구소련 경제학자 콘트라티에프는 콘트라티에프 파동설(Kontratievw' waves)을 내놓았으며, 이는 경기가 주로 기술혁신 때문에 약 50년마다 호황과 불황을

되풀이한다는 주장이다. 또 다른 학자로 러시아에서 태어난 미국인 경제학자 쿠즈네츠는 파동설(Kuznets' waves)을 주장했고, 이는 인구 증가율이 경제성장률에 영향을 미쳐 경기가 약 20년마다 호황과 불황을 되풀이 한다는 주장이다.

이 밖에도 여러 주장이 더 있지만, 경기순환 주기를 놓고 학계의 의견이 일치하는 정설은 없다. 경기가 순환하는 것은 사실이지만, 경기가 언제 좋아지고 언제 나빠지는지는 정확히 알 수 없다는 얘기다.

경기판단기준과 측정

조종사는 하늘에서 눈에 보이지 않는 비행경로를 어떻게 찾을까. 비행기에는 언제나 북쪽을 가리키는 나침반과 인공수평의라는 계기판이 있는데 나침반으로는 비행기의 방향을 알 수 있고 인공수평의로는 비행기가 수평인지 알 수 있다고 한다. 그러면 경제에 있어서 현재의 경기상황을 진단하거나 앞으로의 경기 흐름을 예측하는 방법에는 어떤 것이 있을까. 그 방법에는 크게 이미 발표된 경제지표를 이용하는 방법, 종합경기지표를 새로 작성하는 방법, 설문조사에 의한 방법과 계량모형에 의한 방법 등 4가지가 있다.

먼저 이미 발표된 경제지표를 이용하는 방법을 보면, 대표적인 경제지표로는 여러 가지 경제활동이 종합적으로 반영된 국민소득 통계가 있다. 그러나 국민소득 통계는 해당 연도나 분기 후 약 2~3개월 지나야 알 수 있기 때문에 이를 이용해 신속하게 현재의 경기상황을 파악하거나 장래의 경기 흐름을 예측하기가 어렵다는 약점이 있다. 따라서 보통은 매월 발표되는 산업생산지수, 도소매판매액지수, 수출입통계 등의 개별지표를 이용하여 이들 지표들이 과거 경기순환과정에서 움직여 온 경험적 사실로부터 얻은 규칙성이나 유사성 등을 가지고 경기를 진단하게 된다. 각 지수의 변화만으로도 경기 흐름을 대강 파악할 수 있기 때문이다. 그러나 이들 지표들은 각 부문의 동향을 파악하기에는 유용하나 전체경기의 움직임을 포괄적으로 파악하기는 어렵다.

다음으로 각 부분의 경제동향을 잘 반영해 주는 지표들을 활용하여 종합경기지표를 새로 작성하여 경기의 움직임을 판단하는 방법이다. 널리 이용되고 있는 것으로는 경기종합지수의 경기 동향지수 등이 있다. 이 중 경기종합지수는 비교적 가까운 장래의 경기 동향을 예측하는 선행지수, 현재의 경기상태를 나타내는 동행지수, 경기의 변동을 사후에 확인하는 후행지수를 만들어 경기판단과 예측에 활용하고 있다. 이 방법은 현 경기 국면을 비교적 정확하게 파악하고 전환점을 예측하는 데 유용하게 활용할 수 있다는 장점이 있는 반면 경제구조가 빠르게 변화할 경우 경기 지표의 대응성이 떨어질 가능성이 크다. 이에 따라 경제구조의 변화에 맞추어 구성지표나 그 합성 방법을 지속적으로 보완해야 하는 문제점이 있다.

또 다른 방법으로는 소비자나 기업가와 같은 경제주체들을 대상으로 설문조사를 실시하고 그 결과를 이용하여 경기 동향을 파악하는 방법이다. 이러한 방법을 자주 이용하는 것은 이들 경제주체들의 경기에 대한 주관적인 판단과 생산 투자 소비계획 등이 단기적인 경기변동에 중요한 영향을 미친다는 경험적인 사실에 바탕을 둔 것이다. 우리가 자주 접하는 것으로 기업가를 대상으로 한 기업경기조사(BSI: Business survey Index)와 소비자를 대상으로 한 소비자태도조사(CSI: Consumer Survey Index) 등이 있다. 이 방법은 다른 방법보다 비교적 손쉽게 경기변동을 판단할 수 있는 장점이 있다. 그래서 단기적으로는 경기 예측 지표로 중시된다. 기업과 소비자가 경제 현장에서 피부로 실감하는 체감경기가 실제 경기 방향에 큰 영향을 미치기 때문이다. 그러나 조사결과가 응답자의 주관과 심리적인 요인에 의해 다르게 나타날 수 있어 정확히 경기상황을 판단하고 경기 전환점을 예측하기 어렵다는 결점이 있다.

그 밖에 계량모형을 이용하여 경기를 판단・예측하는 방법이 있다. 경기에 영향을 미치는 여러 가지 경제변수의 상관관계를 계량모형을 통해 알아내어 경기를 예측하거나 경제정책 효과를 체계적으로 분석하는 방법이다. 예를 들어 소득은 소비, 투자, 정부지출 및 수출입 차이를 합한 것이고 소비는 가처분소득의 함수, 투자는 소득과 이자율의 함수라는 식으로 모형을 설정하여 분석하는 것이다. 이 방법은 주요 거시 경제 변수들의 움직임을 정교하고 치밀한 통계적 방법에 의해 구체적으로 측정할 수 있다는 장점도 있지만, 경제여건과 구조에 급격한 변화가 있을 경우 경제 변수들 간의 상관관계가 변하게 되어 기존모형에 의한 예측력이 떨어지는 단점도 있다.

지금까지 살펴본 바와 같이 경기를 진단하는 방법에는 여러 가지가 있으나 각각의 단점도 있으므로 현실 경제를 분석할 때에는 어느 한 가지 방식보다 다양한 분석방법에 의한 결과를 종합적으로 활용하여 판단하고 있다.

2. 경제안정화 정책

정부가 이러한 경기변동이 극심한 경우 경제의 안정을 위해서 정책적으로 개입을 하는 경우가 있다. 단기경기변동과 장기경기변동에 대해 정부의 경제 안정화 정책의 찬반이 갈리고 있다. 이러한 정책들의 유형과 그 효과를 살펴보고 바람직한 대책을 모색해 보자.

금융정책

현대 국가에서는 중앙은행이 은행 상대 금리 수준을 조정해 일반 시중 자금 거래의 금리 수준을 조절하는 매커니즘을 경기 대응에 활용한다. 중앙은행의 금리 수준 조정으로 그때그때 경기의 방향을 움직이는 것이다.

경기가 나쁠 때를 예를 들어보자. 경기가 나쁠 때는 기업들이 투자 의욕을 내지 않는다. 은행이 돈을 빌려주겠다고 해도 빌리지 않는다. 빌린 돈으로 투자한다면 적어도 이자율(금리)을 넘는 수준의 수익률을 내야 하는데, 불경기에는 소비 침체로 수익 전망이 어둡기 때문이다. 이런 상태가 지속되면 국민경제는 투자와 생산, 고용과 소비가 모두 침체해 경기가 오랫동안 부진 상태를 벗어나기 어렵다.

그럴 때 중앙은행이 은행 상대 대출 금리를 낮추어주면 은행들도 기업, 가계 상대 대출 금리를 낮출 수 있다. 기업으로서는 금리 부담이 낮아지는 만큼 투자해서 수익을 올릴 가능성이 상대적으로 높아진다. 그만큼 적극적으로 은행 돈을 빌려 주기에 나서는 기업이 늘어날 수 있다. 가계도 금리가 싸졌으니 돈을 빌려 집을 사볼 엄두를 내는 식으로 투자와 소비를 늘릴 수 있다. 이런 식으로 기업과 가계 부문에서 각기 투자와 소비가 늘면 침체한 경기가 회복하는 도움이 된다. 즉 경기가 나쁠 때 중앙은행이 금리를 낮추면 은행을 경유한 금리 하락이 기업 활동을 자극해 경기를 살리는 효과를 낸다.

경기가 과열됐을 때는 반대로 할 수 있다. 중앙은행이 금리를 높여 일반 고객들이 은행을 경유해 돈을 빌리기가 어렵게 함으로써 투자와 소비를 억제해 경기를 진정시킨다.

재정정책

재정(財政, government finance)이란 나라의 살림살이를 말한다. 정부재정은 세금이나 수도, 철도 등과 관련한 공기업을 경영해 얻은 이익 등을 수입으로 삼는다. 보통 사기업이나 가계라면 흑자가 많이 날수록 좋다. 하지만 정부의 재정은 흑자를 보는 것이 능사가 아니다. 정부 재정은 이익을 낼 목적으로 운영하는 게 아니기 때문이다. 특별한 일이 없는 한 수입과 지출을 서로 같게 하고 적당한 수입을 얻어 필요한데 알맞게 쓰면서 균형 있게 운영하는 것이 이상적이다. 재정 상태는 국민경제를 흐르는 자금의 양과 방향에 따라 재정 적자나 흑자를 유도함으로써 경기를 조절하는 정책을 쓸 수 있다.

경기가 과열됐을 때는 정부가 지출을 줄여 재정에 흑자를 내는 정책을 쓴다. 정부가 발주하는 건설공사 등 공공사업을 줄이고 세금을 더 많이 걷어 소비를 억제한다. 그러면 소비 수요, 투자와 노동력 수요가 줄어드는 효과가 생겨 과열한 경기가 진정하는 방향으로 움직인다.

반대로 경기가 나빠 생산 활동이 위축되고 실업자가 늘어날 때는 정부 지출을 늘린다. 도로, 항만, 건물, 주택, 건설 등 공공사업에 정부가 지출 폭을 늘리거나 지출 시기를 앞당기기도 한다. 세금 징수액을 줄이는 정책도 쓴다. 이렇게 하면 재정은 적자가 나지만 가계 소비와 기업 지출 및 투자가 촉진되어 침체한 경기가 회복되는 방향으로 움직일 수 있다.

환율정책

서로 다른 나라 사이에 화폐를 교환하는 비율을 환율이라 한다. 국내 기업이 미국에서 상품을 수입할 때 대금은 미국 달러로 치루는 데 이때 적용되는 원화와 달러화의 교환비율을 환율이라 한다. 환율정책은 환율제도의 선택과 외환시장의 안정적인 운영에 관한 정부의 방책이다. 이를 달성하기 위하여 외환당국의 시장개입, 외화자금시장에서의 유동성 공급, 외화유출입 조절 등과 같은 수단을 사용한다.

3. 실업

실업이란 일할 의사와 능력을 가지고 있는 사람이 일자리를 갖지 못한 상태를 뜻한다. 이론적으로 거의 모든 사람들은 충분한 보수가 주어질 경우 고용될 용의가 있기 때문에 실업의 개념은 다소 모호할 수 있다. 경제학자들은 현재의 임금수준에서 고용되고자 하는 개인의 의사에 의하여 실업의 정의를 내림으로써 이 딜레마를 해결하려는 경향이 있는 반면, 정부의 통계는 보다 실용적인 접근방법을 취하고 있다.

한 나라의 총 인구 중 일할 의사와 능력을 가진 사람을 통틀어 경제활동인구 또는 노동력(labor force)이라 부른다. 우리나라의 경우 경제활동인구는 만 15세 이상의 인구 중에서 일할 의사가 없는 학생이나 주부, 일할 능력이 없는 노약자, 심신장애자 등을 제외한 인구를 말한다. 경제활동인구의 대상을 15세 이상으로 잡은 것은 의무교육인 중등 교육이 끝나야 일할 능력이 있다고 보기 때문이다. 이때 15세 이상의 인구를 생산가능인구라 하며, 이는 다시 경제활동인구와 비경제활동인구로 구분된다.

경제활동인구는 만 15세 이상 인구 중 조사 대상 주간 동안 상품이나 서비스를 생산하기 위하여 실제로 수입이 있는 일을 한 취업자와 일을 하지 않았으나 구직 활동을 한 실업자로 나누어진다. 취업자란 조사 대상 주간에 소득, 이익, 임금 등의 수입을 목적으로 1시간 이상 일한 자, 자기에게 직접적으로 이득이나 수입이 돌아오지 않더라도 가구 단위에서 경영하는 농장이나 사업체의 수입을 높이는데 도와준 가족종사자로서 주당 18시간 이상 일한 자, 직업 또는 사업체를 가지고 있으나 조사 대상 주간에 일시적인 병, 일가불순, 휴가 또는 연가, 노동쟁의 등의 이유로 일하지 못한 일시 휴직자를 말한다.

경제활동인구에서 취업자의 수를 빼면 실업자의 수가 된다. 실업자란 15세 이상 인구 중 조사 대상 주간에 일할 의사와 능력을 가지고 있으면서도 전혀 일을 하지 못하였으며, 일자리를 찾아 적극적으로 구직 활동을 하였던 사람으로서 즉시 취업이 가능한 사람을 말한다.

만 15세 이상 인구 중 조사 대상 주간에 취업도 실업도 아닌 상태에 있는 사람은 비경제활동인구이다. 이들은 주된 활동상태에 따라 가사, 통학, 연로, 심신장애, 기타로 구분되는데, 전업주부나 학생 등이 여기에 속한다.

이처럼 만 15세 이상의 사람들은 노동시장에서 취업자, 실업자, 비경제활동인구 중 어느 하나의 상태를 유지하게 되는데, 국민경제 전체의 입장에서는 많은 사람들이 그 상태를 지속적으로 변경시키고 있음을 알 수 있다.

한편 경제정책의 대상이 되는 실업 중 주요하다고 생각되는 몇 가지를 보면, 마찰적 실업, 경기적 실업, 구조적 실업 등이 있다. 마찰적 실업이란 노동의 수요, 공급의 일시적 마찰로 발생하는 단기간 실업을 말하며, 자연적 · 기술적 원인에 따라 발생하는 부분적 · 일시적 성격을 띄고 있다. 반면, 경기적 실업은 경기순환에 동반하는 것으로 불규칙적으로 발생하며 장기적인 성격을 띠고 있다.

그리고 구조적 실업은 그 원인이 경제 전반에 걸친 재화 및 용역에 대한 총수요부족에 기인한다. 전체 노동에 대한 수요부족으로 인한 경기적 실업과는 달리 어떤 특수한 종류의 노동에 대한 수요부족으로 인해, 예컨대 특정전문기술자를 기업이 원하는데 이에 상응하는 기술전문가가 없고 비전문가들이 일하겠다고 할 때 이런 불일치로 실업이 발생하는 경우 구조적 실업이 발생한다. 즉, 노동수요의 구조적 변화(경제적 변화)에 의해 발생한다.

4. 실업의 사회적 비용

우리 사회에서 실업의 비용은 무엇일까. 두 가지 종류의 비용을 생각할 수 있다. 먼저 쉽게 화폐단위로 측정될 수 있는 경제적 비용, 그리고 화폐로 측정하기 어렵거나 불가능하지만, 우리에게 중요한 측면에서 영향을 미치는 비경제적 비용으로 나눠 생각해 볼 수 있다.

경제적 비용

실업의 주요 경제적 비용은 생산손실의 기회비용이다. 실업자는 일을 찾을 수 없어서 생산하고 있지 않다. 만약 일하고 있으면 생산하였을 재화와 서비스의 기회비용은 일반적으로 우리의 사회가 감수해야 한다.

한 국가 전체적인 관점에서 볼 때 실업이 존재함으로서 잠재적 산출량 수준 때보다 삶의 질이 낮다고 할 수 있다. 즉, 잠재적 산출수준에서 경제가 작동했을 때 우리가 가질 수 있는 잠재적 산출수준에서 삶의 질보다 더 낮은 삶의 질이 있게 한다.

사회적 비용

실업은 개인적인 관점에서 경제적, 심리적, 그리고 육체적 손상을 가져온다. 특히 실업이 수개월이나 수년간 지속될 때 심각한 심리적·육체적 영향을 미칠 수 있다. 실업의 증가가 심장마비로 인한 사망, 자살, 그리고 교도소와 정신병원으로의 환자를 크게 증가시킬 수도 있다. 또한 실직자들은 높은 혈압, 심장병, 불면증, 그리고 기타 다양한 종류의 건강상의 문제들을 겪을 가능성이 더 높다. 가정폭력, 우울증, 그리고 알코올 중독과 같은 문제들이 있을 수도 있다. 그리고 직장을 잃고 오랫동안 실직하고 있는 대부분 사람들은 보다 큰 건강상의 심각한 결과를 초래할 수 있다.

제 6 절 경제성장

1. 경제성장

인간의 물질적 욕구를 채우기 위해 더 많은 경제활동으로 더 많은 생산과 소비가 이루어져야 하며 이 과정에서 생산과 소비규모가 커지는 현상을 경제성장(economic growth)이라고 한다. 이는 국가적으로 GDP가 커지는 현상을 일컫게 된다.

경제성장은 생산자원의 증가로도 설명할 수 있다. 생산자원은 노동과 자본이 그 중심이 되며 이는 곧 물리적 자본과 인적자본으로 분류된다.

물리적 자본은 기계, 건물, 토지 등과 같은 생산설비를 의미한다. 이런 물리적 자본이 증가하면 생산이 더 많이 이루어지기 때문에 경제가 성장한다. 투자에 의해 물리적 자본이 증가는데 투자를 통한 자본축적은 경제성장이 매우 중요한 요소이다. 물리적 자본의 양이 많아지면 노동의 생산성이 증가한다.

인적자본이란 노동의 질을 의미한다. 같은 노동자라도 한 사람은 대졸이고 또 한 사람은 고졸이라고 하면 대졸 노동자는 고졸 노동자보다 인적자본이 더 많다고 본다. 이러한 인적자본에 대한 투자도 경제성장의 중요한 원천이 된다. 건강하고, 교육수준이 높고, 숙련도가 높은 노동자는 인적자본이 높다. 이런 인적자본이 높을수록 경제성장은 더 많이 이루어진다.

그리고 노동의 양이나 물리적 자본의 양, 인적자본의 양이 증가하는 것으로도 설명되지 않는 추가적인 경제성장의 원천이 존재한다. 그것은 이러한 생산요소들의 생산성 향상(increase in productivity of inputs)이다. 생산성 향상은 기술진보(technological progress)에 의해 이루어진다. 발명(invention)과 혁신(innovation) 등을 거쳐 기술 진보가 이루어지면 경제가 급속도로 성정한다. 오늘날의 경제성장은 많은 부문이 기술진보에 기인한다고 보고 있다. 컴퓨터의 출현과 더불어 인공지능 등 첨단기술이 개발됨으로써 기술이 급속도로 발전하고 경제성장이 빠르게 이루어지고 있다.

경제성장의 장단점

그러나 이러한 경제성장에 대해 걱정을 하는 사람들도 많은데 그 이유는 다음과 같다.

첫째, 경제성장이 삶의 질(quality of life)까지도 반드시 개선해 주는 것은 아니다. 산업화가 진전되면 경제성장과 더불어 삶의 질은 오히려 나빠지기도 한다. 많은 사람들이 대도시에 몰려 매일매일 각박한 인생살이에 시달리고 있다. 농경시대의 전원생활과 같은 여유는 이제 하나의 꿈으로만 남아 있다.

둘째, 경제성장은 인간에게 새로운 욕구를 창출시킨다. 전에는 필요 없었던 것을 이제는 필요한 것으로 만들어 이를 얻기 위해 인간을 더 노력하게 만든다. 따라서 인간을 물질의 주인이 아니라 물질의 노예로 만든다. 이제는 상품의 내용물에 만족하지 않고 그 상품이 포장되어 있는 겉모습에 대해서도 인간은 기호와 선호를 가진다.

셋째, 경제성장은 유한한 자원을 고갈시킨다. 경제성장과 더불어 에너지 수요가 급증하였기 때문에 지구상의 석유・석탄 등의 화석연료가 고갈될 위기에 놓여있다. 나무와 물 등 재생되는 자원도 사용량이 급증하면 사라질 위기에 직면하게 된다. 그뿐만 아니라 오염과 공해도 심화되고 환경파괴도 심화된다.

넷째, 경제성장은 소득분배를 불공평하게 만든다. 빈익빈 부익부를 심화시키고 성장의 혜택을 골고루 나눠 갖지 못한다. 옛날에도 굶주리는 사람이 있었는데 고도성장을 이룩한 후인 지금에도 굶주리는 사람이 있다. 경제성장이 모든 사람을 행복하게 하는 것은 아니다.

2. 경제발전

경제성장(economic growth)과 경제발전(economic development)은 비슷한 의미로 사용되기도 하지만 엄밀히 따지면 크게 다른 의미를 가지고 있다. 경제성장이 이루어진다고 모든 사람들이 물질적 혜택을 입는 것이 아니라 일부 계층이 성장의 과실을 독차지하는 분배 왜곡이 일어나면 다수의 많은 사람들은 경제적 삶이 여전히 궁핍해 질 수 있다.

경제발전을 이루기 위해서는 일차적으로 경제성장이 이루어져야 하고 이와 동시에 분배구조가 개선되어 모든 사람이 골고루 더 많은 소비를 할 수 있고 쾌적한 환경에서 여유 있게 행복한 삶을 살아가는 것이 경제발전이다.

경제성장은 국가 경제 전체의 총산출량이 커지는 것을 말하고, 경제발전은 국민 개개인의 삶의 질이 좋아지는 것을 말한다. 경제성장은 경제발전의 전체가 되어 일단 성장을 통해 파이의 크기를 키워 놓고 그 파이를 골고루 나누어 먹는 것이 성장과 발전의 일반적 관계이다. 우리가 궁극적으로 달성시키고자 하는 것이 경제발전이다. 경제성장을 통해 경제발전이 동시에 달성되도록 하는 것이 우리가 추구하는 목표이다.

경제발전이란 구성원 모두가 인간다운 삶을 즐기기 위해 충분한 영양을 섭취하고, 충분한 의료 및 교육 혜택을 받고 필요할 때 여가를 즐기는 행복한 인생이 그 목표이다. 일부 선진국에서는 이러한 삶이 어느 정도 이루어지고 있으나 많은 저개발국에는 아직도 요원한 문제이다. 경제발전을 위해서는 경제성장이 뒷받침되어야 하므로 저개발국들은 우선 자본형성, 인적자원의 확충, 기업가능력의 함양, 사회간접자본의 확충 등을 이루어야 하지만 결코 쉬운 일이 아니다.

그리고 이런 조건을 갖추어 가면서도 국가 실정에 맞는 발전전략을 구사해야 한다. 농업중심이냐 공업중심이냐, 혹은 수출산업 중심이냐, 수입대체산업 중심이냐, 중앙계획에 의한 발전이냐, 시장경제중심 발전이냐 선택되어져야 하며 적절한 시기에 발전중심을 전환하는 것도 중요한 과제가 된다.

3. 경제성장의 기본요소

경제성장(economic growth)이란 여러 가지로 정의할 수 있겠지만 쿠즈네츠(S.Kuznets)에 의하면 한 나라의 경제성장은 1인당 국민소득의 지속적인 성장을 내포하며 대개는 인구의 증가와 사회적 · 경제적 제도의 변화를 의미하는 큰 구조적 변화를 수반한다는 것이다. 그리고 소득의 증대, 즉 생산능력의 증대는 이에 필요한 기술을 끊임없는 진보와 아울러 그에 부응하는 사회의 행태적 및 제도적인 변화에 바탕을 두는 것이라고 했다.

이와 같이 경제성장은 국민경제의 생산력 증대를 의미하고 생산능력 증대는 기술 진보, 그리고 국민의 태도나 사회적 · 제도적 변화를 수반하면서 실현되어진다고 볼 수 있다. 따라서 경제성장의 요인은 여러 가지 측면에서 고찰해 보아야 할 것이다. 그러나 국가에 따라서 또한 시대에 따라서 여러 가지 서로 다른 요인들이 제시될 수 있고 그 상대적 중요성에 있어서도 차이가 있을 수 있다. 그러나 오늘날 일반적으로 모든 국가에 공통적으로 인정되고 있는 경제성장의 기본요인으로 제시되고 있는 4대 요소는 인적자원(노동력), 물적자원(자원설비), 자연자원(토지 및 광물자원), 그리고 기술(과학기술 및 경영관리기술) 등이라 할 수 있다. 이들 4대 요소는 이른바 성장의 엔진(engine of growth)을 싣고 수레가 갈 수 있게 하는 4개의 바퀴에 비유되기도 한다.

성장의 기본요소인 노동, 자본 및 기술 중 어느 것이 경제성장에 있어서 더욱더 중요한 역할을 하느냐는 스미스(A.smith) 이후 많은 경제학자들에 의해 논의의 대상이 되어 온 문제이다. 그런데 그 상대적 중요성은 시대에 따라서 또는 요소 조건의 변화에 따라 다르게 평가되어질 수 있다.

예를 들면 스미스, 맬더스 등 고전학파 경제학자들이 활동하던 18세기에는 자본이나 기술이 거의 사용되지 않았고, 인구에 비하여 토지나 자원이 풍부했던 시대라 할 수 있다. 이런 시대에는 경제성장에 노동이 결정적인 역할을 하였을 것이다.

고전학파 경제학자들에 의해 제시된 노동을 토대로 한 경제성장론이라든지 생산물의 양과 가치가 노동에 의해 결정된다고 하는 노동가치설 등은 그러한 시대적 상황을 배경으로 하고 있다. 따라서 그 이론들은 당시의 시대적 상황에서는 타당성을 갖는 것으로 인정되었을 것이다. 그러나 노동 이외의 생산요소의 중요성이 크거나 토지 및 자원 등의 요소가 빈곤한 경우에는 노동만이 생산에 있어서 중요한 요인이라고 하는 것은 그 타당성을 갖지 못할 것이다.

오늘날 많은 선진국에서 경험한 바와 같이 인구의 규모가 거의 일정한 수준으로 있으며, 생산구조는 토지와 관련되는 1차 산업보다 자본 및 기술이 중요시되는 2차, 3차 및 4차 산업이 중심이 되는 경우에는 인구나 토지가 그렇게 중요한 성장요소는 아닌 것으로 간주하게 되었다.

이에 따라 성장이론도 고전파의 경우처럼 노동-토지의 관계에 관심을 두기보다는 자본-노동의 관계 또는 기술이 체화된 자본축적-노동의 관계에 관심을 두게 되었다. 그러한 예로서 솔로우(R. M. Solow)의 성장모형은 자본축적을 성장의 결정요인으로 간주한다. 또한 일본의 시모무라 오사무(下村 治)에 의하면 전후 일본의 고도성장은 자본축적과 이에 따른 설비투자 때문이라고 하였는데, 이처럼 경제성장의 중요한 요인을 자본축적으로 보고 있다.

그런데 기술은 자본 설비나 장비라는 일종의 캡슐에 담겨있는 경우가 많으므로 기술진보를 자본축적과 기술변화와 엄밀히 구별하기는 어렵다. 그렇지만 지속적인 기술혁신과 기술진보가 그동안 선진국의 경제성장 과정에서 자본보다도 더욱더 중요한 역할을 했다는 것이 사뮤엘슨(P. A. Samuelson), 솔로우(R. M. Solow), 데니슨(E. F. denison) 등에 의해 밝혀졌다.

이처럼 선진국의 예에서 볼 때 경제성장의 중요한 요인은 기술이라고 볼 수 있다.

4. 경제성장의 제약

공해

오늘날 세계 각국이 급속한 산업화 · 공업화를 추진하여, 성장정책을 추구하다 보니 자연히 자원이 파괴되고 자원의 형태가 변하기도 한다. 복지사회를 이룩한다는 명분으로 환경이 생태학적으로 파괴되는 위험을 감수하면서 지속적인 성장을 추구하고 있다. 그런데 사회복지는 실질 GDP의 성장만으로 달성되는 것이 아니라 대기오염, 수질오염, 교통난, 소음산업재해, 자연의 파괴 등의 문제가 해결되어야 비로소 달성될 수 있다. 이러한 의미에서 공해 문제가 미래의 경제성장을 제약하는 요인으로 작용하게 될 것이다.

자원의 재배분과 조정의 왜곡현상

성장정책을 추구하다 보면 자원의 재배분을 필요로 하게 된다. 새로운 생산법, 새로운 경영방법, 새로운 자원의 발견 등은 대부분의 자원의 재배분을 필요로 한다. 이 때 자원의 재배분을 효율적으로 이루어지게 하는 것은 시장기능, 즉 가격기구이다. 소비자에 의한 수요변화와 공급자에 의한 공급변화에 잘 적응하지 못하는 산업은 결국 도태되고 만다.

경제성장에 따라 재화의 변화와 공급은 변화하기 마련이다. 이러한 변화에 잘 적응하지 못하는 산업은 결국 도태되겠지만, 사양산업을 경영하는 기업주들은 더 많은 정부의 특혜를 요구한다든지 혹은 가격기구에 의한 자원의 재배분을 저지하려고 노력한다. 특히, 생산량과 생산요소시장에 존재하는 독점은 경제성장에 필요한 자원의 재배분을 거부하게 된다. 독점기업들은 그들이 보유하고 있는 생산시설을 그대로 유지하기 위하여 새로운 생산과 생산기술을 거부하는 경향을 보이게 된다. 따라서 가격기구에 의한 효율적인 자원의 재배분의 쉽게 이루어질 수 없으며, 이것이 경제성장의 제약요인으로 작용하게 된다.

한편, 전통적인 관습 · 제도 · 가치관 때문에 자원 배분이 왜곡되고, 따라서 경제성장의 제약요인으로 작용하게 된다. 예컨대 생산효율이 낮은 산업에서 생산효율이 높은 다른 산업으로의 노동이동 및 자원이동은 당연한 일임에도 불구하고 전통적인 관습 · 제도 · 가치관 때문에 노동 및 자원의 이동이 쉽사리 이루어지지 않는다면 경제성장의 제약요인이 될 수밖에 없다.

성장과 인간의 가치

성장이 과연 인간 생활을 반드시 행복하게 하느냐의 문제가 대두되고 있다. 인간의 행복을 어떻게 정의하느냐의 가치관 문제를 고려하지 않을 수 없다. 철학적 의미에서 성장 지향적 사회는 그들 구성원에게 미래를 위해 고통과 땀만 요구하는 사회라는 지적도 있다. 예컨대 불교국가인 부탄은 풍부한 관광자원을 가지고 있지만 GDP의 증가보다는 쾌적한 환경, 문화재 보존, 외부개발에 따른 각종 범죄의 방지 등을 위하여 그 나라의 관광 인원수를 엄격히 제한하고 있다. 이러한 것은 가치관의 문제이다. 물질적인 풍요보다는 정신적인 풍요가 인간의 행복을 가져가 줄 수 있다는 가치관이 존재하는 사회에서 경제성장은 제약을 받게 된다.

제 7 절 국제경제

1. 세계경제환경의 변화

1989년에 동구권에서 사회주의경제를 포기하는 대변혁이 일어나고 1991년에 사회주의 종주국인 소련이 해체되었다. 이에 따라 제2차 세계대전 이후 이념의 대립이 빚어 온 냉전 시대는 끝나고 새로운 세계 질서를 모색하는 대변혁의 전환기를 맞고 있다. 새로운 세계 질서는 과거의 군사력에 바탕을 둔 힘의 균형(balance of power)으로부터 경제력에 바탕을 둔 이해의 균형(balance of interest)을 중시하는 경향을 보이고 있다.

여기에서는 여러 가지의 흐름이 뚜렷해지는 세계 경제를 범세계화, 지역화, 지식화, 인본주의와 문화중시 등 네 가지로 요약해 본다.

세계화(globalization)

세계무역기구(WTO)가 정착되고 재화는 물론 서비스와 자본・노동의 자유로운 국제교역이 갈수록 확대되어 갈 전망이다. 이에 따라 국경의 의미가 퇴색하고 세계는 지구촌 시대로 나가고 있다. 더욱이 하루가 다르게 발전하고 있는 정보통신 혁명으로 인해 세계는 갈수록 하나의 거대한 시장경제로 통합되어 가고 있다.

WTO 하의 새로운 무역규범은 무역자유화의 범위를 종전의 공산품에서 농산물, 서비스, 투자, 지적재산권 등 교역이 가능한 거의 모든 분야에까지 확대하였다. 특히 지식산업이 주축을 이루는 서비스무역이 자유화됨으로써 세계교역은 재화를 중심으로 하는 하드웨어 경쟁에서 지식, 두뇌, 제도 운영 등 소프트웨어의 경쟁시대로 전환되고 있다.

세계 공동규범 제정의 움직임은 앞으로 환경문제, 경쟁 정책, 노동기준, 반부패, 연구개발지원 등 세계 경제의 주요 현안으로 확산되고 있다. 이들 새로운 현안은 직접적으로는 무역을 규제하는 효과가 있지만 세계교역규범 차원에서 보면 공정무역의 범위가 넓어지는 효과를 기대할 수 있다. 경제규범의 범세계적 확산은 모든 국가가 똑같은 규범 하에서 경쟁해야 함을 뜻하기 때문에 모든 국가에서 새로운 기회와 도전을 제공해 주고 있다.

정보통신혁명은 지구촌 구석구석이 온라인으로 연결되는 인터넷 시대를 열어주었다. 전자상거래가 비약적으로 성장하고 있으며, 점포 없는 사이버 가게, 사이버 은행 등이 출현하는가 하면 영토 없는 사이버 국가까지 등장하고 있다. 이제 대부분의 기업은 한 나라 안의 기업들과 경쟁하는 것이 아니라 전 세계 기업들과 경쟁하는 완전경쟁기업이 되고 있다.

그러나 다국적기업이 규모의 경제를 살리면서 지역별·제품별 다각화를 추진하여 세계화된 시장경제에서도 독과점기업으로 군림할 가능성이 크다. 이에 따라 세계적으로 경제력 격차와 빈부격차가 심화되고 있다. 많은 미래학자들은 전 세계 인구의 20%는 더욱 풍요로워지고, 나머지 80%는 상대적 빈곤이 커지며 나라 안에서도 이런 현상이 일어나는 불평등사회를 점치고 있다. 소비자는 전 세계 기업을 상대로 저기 취향에 맞게 제품을 선택하는 시대가 전개되고 있다.

지역주의의 확산

세계화가 진전되는 한편으로 지역주의의 흐름도 도도하게 일어나고 있다. 냉전 종식 이후 많은 국가들이 경제통합 또는 협력체 구성을 통하여 경쟁력의 강화를 꾀하고 있다.

단일시장을 이룩한 유럽공동체는 이를 바탕으로 단일통합과 공동외교·안보정책까지 추구하는 유럽연합(EU)을 구성하였다. 더 나아가 동유럽 국가들까지 EU에 편입하는 거대 유럽 경제권(European Economic Area : EEA)의 형성을 꾀하고 있다. 이러한 유럽의 통합 움직임에 대응하여 미국, 캐나다, 멕시코는 NAFTA(North American Free Trade Agreement: 북미자유무역협정)를 출범시켰으며, 장차 NAFTA는 중남미국가까지 확대될 것으로 예상된다.

아시아에서는 말레이시아, 싱가포르, 인도네시아, 태국, 필리핀, 브루나이, 베트남, 라오스, 미얀마, 캄보디아 10개 국의 동남아국가연합(ASEAN: Association of South East Asian Nations)이 아시아자유무역지대(Asian Free Trade Area: AFTA)를 출범시켰다. 아시아·태평양 지역의 20개국을 회원으로 하는 APEC(Asia-Pacific Economic Cooperation: 아시아·태평양경제협력체)은 동 지역에서의 무역과 투자의 자유화를 달성하기 위해 활발한 활동을 전개하고 있다. 미국과 유럽연합은 1995년 12월 양 지역 간 협력을 구체화하는 범대서양실행계획(Trans-Atlantic Action Plan: TAAP)에 합의한 바 있다.

지역경제통합체는 이에 속하지 않는 경제에 대하여는 배타적인 경향이 있지만, 적어도 참여국 간에는 교역장벽의 철폐를 통한 경제통합이라는 점에서 세계 경제 정체로는 일정의 개방적인 교역 부문의 확대로 해석할 수 있다.

지역화가 일어나고 있는 이유는 크게 두 가지이다. 하나는 시장규모 확대를 통해 규모의 경제를 누리기 위한 것이다. 둘째는 무역장벽을 제거하여 자원이용의 효율성을 높임으로써 종전보다 무역이 늘어나는 무역창출효과(trade creation effect)를 얻고자 하는 것이다.

지역권의 경제통합은 역외국가에게 유리한 점보다 불리한 점이 더 크다. 역외국의 무임승차를 방지하기 위해 원산지 지정과 같은 차별 장치를 강화하기 때문이다, 또한 역외국과의 거래가 역내국의 거래로 바뀌어지는 무역전환효과(trade diversion effect)가 일어나기 때문이다.

지역화는 세계화로 나아가는 징검다리의 성격을 띄고 있다. 그러나 역외국과의 거래는 위축되는 역기능을 수행한다. 지역화는 한 나라 안에서 각 지역이 특색있게 발전해 나가기 위한 노력의 일환이라는 성격도 가지도 있다. 중앙집권적인 종전의 체제가 완화되고 풀뿌리 민족주의와 지방화 시대가 움트고 있다.

지식화

지금으로부터 200여 년 전 18세기가 끝나고 19세기가 시작될 무렵, 산업혁명은 농업에 의한 부의 창출에 종지부를 찍었다. 18세기에 인구의 98%에 이르는 사람들에게 유일한 경제활동이었던 농업은, 20세기 말에 이르러서는 미국의 경우 전체 인구의 불과 2%도 안 되는 사람들의 수입원일 뿐이었다. 이런 변화는 최초로 인류에게 대규모 에너지원의 활용을 가능하게 한 증기기관의 발명 때문이었다,

그 후 19세기가 끝나고 20세기가 시작되면서 인류는 전기를 이용한 제2의 산업혁명을 이루어냈다. 대규모 생산체제가 가능해졌고, 철강, 자동차, 화학 등 새로운 산업들이 등장하였다. 생산기술은 과거보다 빠르게 퍼져나갔고, 산업 활동은 범국가적으로 이루어졌다. 세계 경제를 무대로 국가 경제가 위세를 뻗어나가기 위해서 국가의 위상이 중요하게 간주되었다.

오늘날 세계 경제는 전혀 새로운 분야의 산업들이 발전하고, 이들이 세계 경제의 모습을 바꾸고 있다. 마이크로전자공학(microelectronics), 컴퓨터, 원격통신(telecommunications), 디자인과 소재(素材), 로봇(robotics), 그리고 생명공학(bioengineering)은 인류가 누리는 삶의 거의 모든 것을 변화시키고 있다. 아울러, 더욱 신속하고 저렴한 정보의 흐름을 가능하게 한 인터넷(internet)은 제4차 산업혁명을 더욱 촉진하고 있다.

정보통신기술의 비약적인 발전으로 정보와 지식이 핵심적인 생산요소의 지식기반사회(knowledge-based society)가 도래하였다. 20세기 산업사회에는 토지 · 노동 · 자본이 본원적인 3대 생산요소였다. 그런데 21세기 지식기반사회에는 이들 전통적인 생산요소 못지않게 정보와 지식이 중요한 생산요소이다. 특히 정보통신 산업과 첨단 유망산업에서는 기술진보에 따른 정보와 지식이 훨씬 더 중요한 생산요소이다.

마이크로 소프트(MS)의 예에서 알 수 있는 바와 같이 소프트웨어의 개발에는 초기에 엄청난 비용이 들어간다. 그러나 일단 개발하고 나면 소프트웨어 설치 CD를 추가로 한 장 더 만드는 비용은 매우 낮다. 이는 CD를 아무리 많이 생산하더라도 마찬가지이다. 따라서 정보통신분야에서는 제조업과 농업분야에서와 같은 수확체감의 법칙이 성립하지 않는다. 수확체감의 법칙이 성립하지 않기 때문에 정보통신분야에 종사하는 고급인력은 아주 높은 생산성 임금을 받을 수 있다.

이제 한 사회에 고급 정보와 지식을 갖춘 고급인력이 얼마나 많고 적으냐에 따라 그 나라의 생활 수준의 높고 낮음이 결정된다. 일찍이 베이컨(Francis Bacon)이 지식은 힘이라고 말한 것과 같이 갈수록 종전과 비교할 수 없을 만큼의 위세를 떨치는 지식이 힘인 사회가 도래한 것이다.

인본주의와 문화중시

시장경제가 세계적으로 관철되면서 시장경제의 횡포도 예전과는 다른 대규모로 일어나기 쉽다. 중국 연안의 대규모 개발이 우리나라에 황사 및 산성비를 날라다 주는 것, 아마존강 유역의 개발이 지구 온난화와 환경오염을 부추기는 것, 국제투기자본의 군집형태(herd behavior)가 동아시아에 연쇄적인 외환위기를 불러일으키는 것, 정보통신혁명이 앞에서 설명한 20 : 80의 빈부격차를 전 세계적으로 심화시키는 것 등이 그 예이다.

만약 지구 전체를 담당하는 세계의 단일 정부가 있다면 한쪽에서 하루에 5만명 이상 굶어 죽게 방치하지는 않을 것이다. 많은 구성원이 굶어 죽거나 영양실조에 걸리게 하지 않을 정도의 생산기술과 생산요소는 지구 전체적으로 갖추고 있기 때문이다. 시장경제는 이제 전 세계를 지배하고 세계적인 효율성을 높이고 있다는 점에서 세계 정부와 비슷하다. 그러나 분배에는 전혀 신경을 쓰지 않는다는 점에서 비정한 폭군인 셈이다.

이러한 시장경제의 횡포를 다스릴 국제적 공조체제와 정부 연합이 필요하다. 이것과 관련하여 시장의 횡포에 맞서는 유력한 방안으로서 인본주의가 중요한 경제 이념으로 대두하고 문화의 중요성이 새삼 강조될 것으로 전망된다. 인간의 자율성과 창의력, 개성을 강조하는 인본주의는 몰개성적인 시장의 횡포에 맞서는 하나의 유력한 방안이다.

1999년 12월 세계무역기구는 미국의 시애틀에서 제3차 각료회의를 갖고 종전보다 더 과감한 시장개방과 교역자유화 조치, 반부패·노동정책 등을 추진하고자 했으나 각국에서 모여든 비정부조직(non-government organization : NGO)의 반대로 무산되었다. 이는 자유무역이라는 이름으로 개도국과 사회적 약자들의 후생이 짓밟혀 온 것에 대한 반발을 드러낸 것이다.

범세계화에 따른 교역 자유화는 거스를 수 없는 대세이다. 그러나 자유화에 따른 득실이 사회구성원 간에 공평하게 분배되지 않는 한 범세계화에 병행하여 인본주의의 물결도 도도해질 것이다. 이는 갤브레이스(J.K.Galbrath)의 대항세력의 이론이 시사하는 것이기도 하다.

소비자는 갈수록 간편한 경박단소(輕薄短小)형의 제품을 선호한다. 그러나 이런 방향으로의 진전에 한계효용체감의 법칙이 작용한다. 따라서 오락이나 문화와 관련된 상품의 경우에는 한 사회의 전통과 미래의 비전이 조화된 독특한 상품이 소비자의 이목을 끌기 쉽다. 범세계화의 조류에 지역화의 조류가 병행하는 것처럼 편의 위주의 소비 선호에 독특한 문화상품에 대한 선호가 병행하는 것이다.

2. 무역의 중요성

국제적인 물자 및 서비스의 교류를 말하며 국제무역 없이는 경제생활을 영위할 수 없을 만큼 국제무역은 우리에게 중요하다. 수입품이 없이는 소비생활과 산업 활동이 풍요롭고 원활하게 이루어질 수 없다. 또한 자동차 산업과 반도체 산업의 경우에서 보는 것처럼, 우리나라의 경제성장은 해외시장에의 수출이 없이는 불가능하다. 그리고 국제경쟁력, 쌀시장 개방, 반세계화 운동 등의 단어는 우리에게 낯익은 일상용어가 될 만큼 국제무역에서의 여러 가지 쟁점은 우리 사회에 정치적·사회적으로 많은 영향을 미치고 있다. 그럼에도 불구하고 무역에 대해서는 무역을 증진 시키려는 시도 못지않게 무역을 제한하려는 여러 가지 움직임 또한 끊임없이 일어나고 있다.

수입품이 없이는 원활한 경제생활을 영위할 수 없을 만큼 우리의 일상 경제활동은 수입품에 의존하고 있다. 우선 수입품이 없이는 풍요로운 소비생활을 누릴 수 없으리만큼 우리는 많은 수입품을 소비하고 있다. 학생들이 자주 사용하는 필기도구에서부터 백화점의 명품관을 가득 채우고 있는 유명한 세계적 브랜드 제품에 이르기까지 많은 소비제품을 수입하고 있다. 우리나라만 외제소비에 중독되어 외국제품을 수입하는 것이 아니라 루이비통, 구찌 등의 브랜드는 세계 각국에서 널리 소비되고 있는 세계적 브랜드이다. 뿐만 아니라 우리의 경제생활에 필요한 많은 원자재 또한 수입에 의존하고 있다.

현대 물질문명의 기반을 제공하고 있는 석유와 석탄을 우리는 거의 대부분 수입에 의존하고 있다. 또한 식량, 한약재 등 농산물 가운데 많은 부분을 수입에 의존하고 있다. 우리의 소비생활에 윤기를 더해 주는 커피, 설탕 등의 기호식품은 전적으로 수입을 통해 공급되고 있다. 수입은 우리의 소비생활을 윤택하게 해 줄 뿐만 아니라 우리의 생산 활동을 원활하게 수행하는데 필요한 부품과 시설재를 공급해 주는 큰 역할을 하고 있다.

우리나라의 경우 많은 산업에서 필요한 기계 설비를 수입에 의존하고 있다. 우리나라의 대표적 수출산업 가운데 하나인 반도체 산업의 경우 반도체를 제조하기 위해 필요한 반도체 장비의 대부분을 수입에 의존해 왔다. 또 우리나라의 주요 수출품의 하나인 PC의 경우 핵심부품인 중앙연산장치(CPU)를 미국의 인텔사 제품에 의존하는 것처럼, 핵심부품을 수입에 의존하고 있는 경우도 많다. 그리고 수출뿐만 아니라 우리의 일상생활에서도 없어서는 안 될 PC의 경우 마이크로소프트사의 윈도우와 같은 소프트웨어의 수입 없이는 무용지물이 될 것이다. 또 우리나라의 가장 큰 수출산업으로 떠오르고 있는 자동차 산업의 경우 외국으로부터의 기술수입이 없었더라면 급속한 성장이 불가능했을 것이다.

국제무역이 우리의 경제생활에서 차지하는 중요성은 수출산업이 우리 경제에서 차지하는 중요성에서도 알 수 있다. 우리나라의 주요 산업이라고 할 수 있는 자동차산업, 전자산업, 섬유산업, 조선산업 등의 공통적인 특징은 이들 산업이 모두 해외시장에 대한 수출에 크게 의존하고 있다는 것이다. 이들 산업의 성장이 우리 경제 성장의 견인차 역할을 해왔다는 것은, 그리고 국내시장의 성장보다도 해외시장에 대한 수출이 훨씬 더 큰 역할을 해 왔고 해외시장에 대한 수출의 증가 없이는 앞으로의 성장을 기대할 수 없다는 것은 우리 모두 잘 알고 있는 사실이다. 이와 같은 전통적 산업뿐만 아니라 새롭게 성장하는 정보기술 산업이나 생명공학 산업 등도 해외시장에 대한 수출의 증가 없이는 세계적인 산업으로의 성장이 불가능할 것이다.

국제무역은 우리의 경제생활에서뿐만 아니라 정치적·사회적으로도 매우 중요한 이슈가 되고 있다. 근래에 들어와서 우리 사회는 무한 경쟁의 시대가 전개될 것인 미래에 우리 산업의 경쟁력을 강화하는 데 많은 관심을 집중하고 있다. 매년 스위스 국제경영연구원에서 발표하는 각국의 경쟁력지표에서 한국이 어떤 위치를 차지하고 있는가는 항상 언론의 주목을 받아 왔다. 또한 정부가 기업의 활동에 대한 여러 가지 규제를 가하는 것에 대해서 기업들이 반대할 때 그에 대한 가장 강한 명분으로서 이런 기업규제가 기업의 국제경쟁력을 약화시킨다는 점을 제시하곤 한다. 그 동안 우리 기업이 소홀히 해온 연구개발 활동을 강화하자는 주장이 사람들의 지지를 얻는 것도 앞으로 우리 기업이 경쟁력을 강화하기 위해서는 기술 수준의 향상 밖에는 없다는 인식에서 비롯되고 있다.

또한 부정적인 측면에서도 무역에 대한 관심이 높다. 지난 1990년대의 우루과이 라운드 협상을 둘러싸고 일어났던 농민들의 수입개방에 대한 격렬한 반대는 우리의 기억에 생생하다. 앞으로 전개될 각종 국제 통상 협상에서도 마찬가지로 수입개방이 일어나는 부문을 중심으로 격렬한 논쟁이 일어날 것이다. 또한 1999년의 미국 시애틀 WTO 각료회의를 계기로 각종 국제회의가 있을 때마다 세계화에 대한 반대시위가 일어나고 있으며, 2000년 가을 서울에서 열린 아시아·유럽회의(ASEM)도 예외는 아니었다. 최근 벌어지고 있는 미국·중국의 무역전쟁도 마찬가지다. 세계 각국의 구체적 교섭의 주요 부분이 통상교섭이고, 각 국가 간 분쟁의 대부분이 통상 분쟁이다.

각국이 적극적으로 국제무역에 참여하고 무역을 증진시키기 위해서 노력하면서도 세계적인 무역의 파급으로 나타나는 세계화에 대해 반대하는 움직임이 활발하게 나타나는 것처럼, 각국 정부의 정책도 역설적으로 보이는 경우가 많다. 예컨대 세계 지도자의 모임에서는 예외 없이 공동선을 통해 적극적인 무역자유화에 대한 지지를 표명하는 것이 관례처럼 되어있다. 그리고 우리나라 정부도 항상 무역자유화에 대한 적극적인 지지를 천명하고 있다. 그러나 현실적으로 각국 정부는 외국제품의 수입에 대해서는 항상 이런 저런 이유로 규제를 해오고 있다. 그렇다면 국제무역에서 우리에게 도움이 되는 것은 수출이고, 수입은 우리 경제에 해로운 것인가. 또는 우리가 수입을 하는 것은 수출을 하기 위해 허용하는 것이 필요한가.

3. 무역의 이익

국제무역론에서 주로 다루게 될 문제는 크게 세 가지로 나누어 볼 수 있다. 첫째는, 왜 국가들이 무역에 참여하는가 하는 것이다. 즉, 무역을 통하여 얻을 수 있는 이익에 대한 것이다. 둘째는, 만약 국가들이 무역에 참여한다면 어떤 나라가 어떤 재화를 수출하고 수입하게 되는가는 것이다. 즉, 무역의 패턴(trade pattern)에 관한 것이다. 셋째는, 대부분 나라들의 정부가 무역에 개입하는 근거와 수단, 그리고 그 효과에 관한 것이다.

무역의 이익

우리 생활에서 중요한 비중을 차지하고 있는 무역은 왜 발생하는가. 다시 말해서, 무역을 하면 우리에게 어떤 이득이 발생하는가. 무역의 이익(gains from trade)은 크게 두 가지로 나누어 볼 수 있다. 첫째는 자발적인 교환에서 발생하는 교환의 이득(gains from exchange)이다. 둘째는 각자의 노력을 전문화함으로써 발생하는 분업의 이득, 즉 전문화의 이득(gains form specialization)이다.

교환의 이득

무역은 국경을 넘어서 재화와 서비스가 이동하는 것을 말한다. 즉, 재화와 서비스가 서로 다른 나라에 사는 사람들 사이에 교환되는 것을 말한다. 따라서 무역이 발생하는 것은 사람들 사이에 재화와 서비스가 교환되는 것과 마찬가지 이유에서이다.

현대 경제의 특징 가운데 하나는 교환경제이다. 즉, 자기가 필요로 하는 재화를 자신이 생산해서 소비하는 자급자족 경제가 아니라 각자가 전문적으로 종사하는 활동에 분업을 하고 각자 이 생산물을 시장에서 교환함으로써 각자가 원하는 물건을 획득하는 경제생활을 하고 있다. 왜 사람들은 자기가 생산하는 재화와 서비스만 소비하면서 살지 않고 다른 사람들이 생산한 재화와 서비스를 교환하면서 사는가. 아담 스미스(Adam Smith)는 인간에게는 교환본능이 있다고 말했다. 이런 교환본능은 왜 생기는가. 이는 교환을 통해 개개인의 경제적 후생이 증가될 수 있기 때문이다.

A와 B라는 두 사람이 오렌지와 사과를 서로 교환한다고 하자. 즉, A는 오렌지를 주고 사과를 받고, B는 사과를 주고 오렌지를 받는다고 하자. 그러면 이런 교환 활동을 통해 A와 B의 경제적 후생이 증가된다. B가 사과를 주고 오렌지를 받고자 하는 것은 자신의 입장에서 사과보다는 오렌지의 가치가 높기 때문이다. 따라서 교환활동은 B가 보유하는 부도 증가시킨다.

동일한 재화에 대해 A와 B가 부여하는 가치가 왜 다른가. 이것에는 여러 가지 이유가 있을 수 있다. 우선 두 사람의 선호가 다를 수 있다. 어떤 사람은 사과를 오렌지보다 더 좋아하는 반면, 어떤 사람은 오렌지를 사과보다 더 좋아한다. 또는 두 사람의 공급조건이 다를 수가 있다. 예를 들어 A는 오렌지를 100개 가지고 있고 사과는 하나도 없는 반면, B는 사과를 100개 가지고 있고 오렌지는 하나도 없다고 하자. 그러면 A는 오렌지보다는 사과에 대해 더 높은 가치를 부여할 수 있다. 또는 B는 사과보다는 오렌지에 대해 더 높은 가치를 부여할 수 있다. 또는 A는 열대지방에 살고 B는 온대지방에 산다면, A의 경우 오렌지를 더 쉽게 구입할 수 있을 것이다.

이처럼 사람들이 재화에 대해 부여하는 가치가 다르다면 교환을 통해 두 사람은 더 가치 있는 재화를 보유할 수 있고, 이에 따라 A와 B의 부가 증가하고, 나아가서 사회 전체의 부도 증가한다. 즉, 교환활동은 교환당사자 모두의 경제적 후생을 증가시키고 사회전체의 부를 증가시킨다. 이런 교환활동이 국경을 넘어서 이루어지는 것이 국제무역이다. 따라서 무역은 사회 전체의 경제적 후생을 증가시킨다.

분업의 이득(전문화의 이득)

교환 활동은 그 자체로서 사회 전체의 부를 증가시킬 뿐만 아니라 분업을 가능하게 함으로써 사회 전체의 부를 증가시킨다. 아담 스미스는 그의 국부론에서 국가를 부유하게 만드는 것으로 가장 중요한 요인인 분업을 지적했다. 유명한 핀 공장의 사례에서 일의 전문화와 분업화만으로 생산량이 3,000배까지 폭증할 수 있는 것을 간파했다. 그 이유로 스미스는, 분업하게 되면 노동자의 숙련도가 증가하고, 작업 전환 시 걸리는 시간의 낭비를 줄일 수 있고, 전문화된 노동자들은 작업능률을 엄청나게 향상시킬 수 있는 공구나 기계를 고안해낼 가능성이 높아진다는 것을 밝히고 있다. 그런데 이처럼 사회 전체의 생산량을 증가시킬 수 있는 분업이 활발하게 이루어지기 위해서는 교환이 자유롭게 이루어져야 한다.

자신이 필요한 물건을 생산하지 않고 자신이 더 잘할 수 있는 활동에 전문화와 분업을 하기 위해서는 자신이 필요로 하는 물건을 시장에서 획득할 수 있다는 확신이 있어야 한다. 따라서 자신이 가진 재화를 자신이 필요로 하는 재화와 자유로이 교환할 수 있는 시장이 존재해야 분업이 활발하게 이루어진다.

[그림 3-4] 무역의 이익

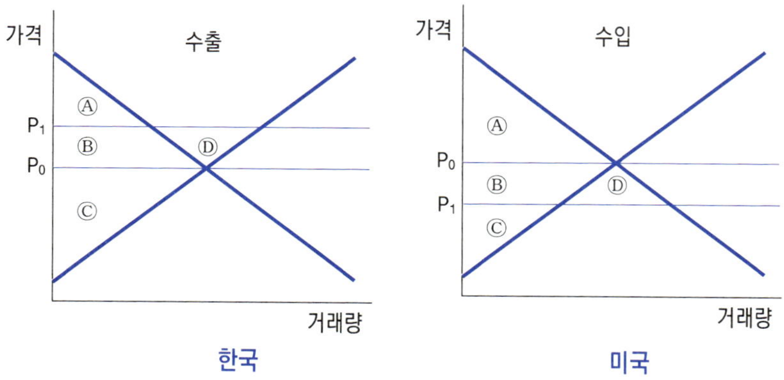

예를 들어 한국은 휴대폰에 비교우위가 있고 미국은 소고기에 비교우위가 있다고 가정하자. 무역의 이익을 [그림 3-4]와 같다. 지금까지는 두 나라가 서로 모르고 지내면서 일절 교류도 없었다. 외부와 교류가 없는 폐쇄경제를 유지하고 있었다. 휴대폰을 생산하고 있는 한국의 경우 [그림 3-4]의 왼쪽 그래프와 같이 국내가격은 P_0에서 균형을 유지하기에 소비자 잉여는 Ⓐ+Ⓑ이며, 생산자 잉여는 Ⓒ이다. 미국의 경우 [그림 3-4]의 오른쪽 그래프와 같이 국내가격은 P_0이며, 소비자 잉여는 Ⓐ이며, 생산자 잉여는 Ⓑ+Ⓒ로 균형을 이루고 있다.

한국과 미국의 지도자가 만나 이제부터 자유무역을 하기로 선언했다. 그러면 한국 정부는 휴대폰 생산자에게 미국에 수출하라고 지시를 할까. 아니다. 아담 스미스이 말한 이기심이라는 작용한다.

한국의 휴대폰을 생산하는 생산자가 미국에 관광을 하다가 휴대폰 매장을 가보니 자신이 80만 원에 생산하는 것과 거의 유사한 휴대폰이 100만 원에 팔리는 것을 발견했다. 한국에 돌아와 휴대폰을 미국에 수출할 것을 준비한다. 80만 원 초과 100만 원 미만의 금액으로 미국에 수출을 한다면 경쟁력이 있을 것으로 생각이 된다. 따라서 90만 원으로 가격을 책정한 후 미국에 수출을 하려고 생산을 늘릴 것이다. 그러면 한국에 판매하는 휴대폰의 가격은 어떻게 될까. 당연히 90만 원으로 가격은 상승할 것이다. 미국이라는 시장이 없다면 90만 원의 가격은 수요의 감소를 가져오기에 초과 공급이 발생하고 가격은 다시 80만 원으로 하락하여 균형가격을 유지하여야 한다. 하지만 초과공급을 처리할 수 있는 미국이라는 시장이 있기에 휴대폰을 생산하는 생산자는 가격을 90만 원으로 유지할 수 있다.

자유무역 이후 휴대폰에 비교우위가 있는 한국은 휴대폰 수출국이 되며, 소비자 잉여는 Ⓐ+Ⓑ에서 Ⓐ로 감소하지만, 생산자 잉여는 Ⓒ에서 Ⓑ+Ⓒ+Ⓓ로 증가한다. Ⓑ의 경우 소비자 잉여에서 생산자 잉여로 소득재분배 효과가 있지만 Ⓓ의 경우 없던 것이 새로 생긴 무역의 이익에 해당한다.

이번에는 한국이 수입국인 소고기 시장을 살펴보자. 마찬가지로 정부에서 소고기를 수입하길 권유하지 않는다. 한 소비자가 미국에서는 소고기 가격이 만 원이고 한국에서는 3만 원인 것을 알고 미국산 소고기를 수입하고자 한다. 만 원에 수입하여 3만 원 보다 싸게 판매한다면 경쟁력이 있을 것이다. 이 수입자는 미국산 소고기를 수입하여 2만 원에 판매를 한다고 하자. 그러면 한국에서 소고기 가격은 어떻게 될까. 이제 소고기 가격은 2만 원이 될 것이다.

자유무역 이후 한국은 소고기 수입국이 될 것이며, 소비자 잉여는 Ⓐ에서 Ⓐ + Ⓑ + Ⓓ로 증가하며, 생산자는 Ⓑ + Ⓒ에서 Ⓒ로 감소한다. 여기에서 Ⓑ는 생산자로부터 소비자로 소득재분배 효과에 의한 것이지만 Ⓓ는 무역의 이익에 해당한다.

하지만 현실에서는 똑같은 휴대폰을 한국과 미국에서 생산하지 않으며, 한국산 소고기와 미국산 소고기 역시 같은 상품이 아니다. 이러한 현실에 맞지 않는 가정이 있지만, 비교우위를 이용한 무역의 이익에 대한 설명은 어느 정도 적용할 수 있다.

자유무역이 이러한 이익이 발생함에도 모든 나라는 자유무역을 택하지 않고 어느 정도 보호무역을 하는 이유는 무엇일까. 여러 가지 이유 중의 하나를 [그림 3-4]에서 알 수 있다. 한국과 미국 양 당사국 모두 이익이 되는 것은 맞다. 하지만 한국과 미국의 모든 국민이 이익이 되는 것은 아니다. 수입국에서는 생산자의 잉여는 증가하는 반면, 소비자의 잉여는 감소한다. 수출국에서는 생산자의 잉여는 줄어들지만, 소비자의 잉여는 감소한다.

대체로 생산자보다는 소비자의 수가 많다. 같은 이익을 본다면 소비자보다 생산자가 나누어 가져가는 몫이 크다. 같은 손해는 본다면 소비자보다 생산자가 나누어 부담해야 하는 부분이 크다. 따라서 수출국에서는 생산자가 적극적으로 자유무역을 옹호할 것이며, 수입국에서는 생산자자 적극적으로 자유무역을 반대할 것이다. 국가 대부분에서는 선출직 지도자 제도를 채택하고 있다. 정치인들이 가장 중요하게 여기는 것 중 하나가 선거에서의 표이다. 따라서 자유무역을 해도 보호무역을 해도 손해를 보는 국민이 분명히 존재하기에 어떤 나라도 완벽한 자유무역 또는 보호무역 정책을 실시하기는 어렵다.

무역의 패턴

국제무역 현상에서 우리의 관심을 불러일으키는 또 하나의 문제는 어떤 나라가 어떤 재화를 수출하는가, 즉 무역패턴(trade pattern)에 관한 것이다. 수출품과 수입품의 구성, 즉 무역패턴은 국가마다 다르다. 농산물을 주로 수출하는 국가와 공산품을 수출하는 국가로만 나눌 수 있는 것이 아니라 공산품을 주로 수출하는 국가 사이에도 수출 공산품의 구성이 국가마다 다르다.

국제적으로 재화의 이동을 불러일으키는 근본적인 요인은 재화가격의 차이이다. 재화는 가격이 낮은 데서 높은 데로 이동한다. 각국 정부의 단속에도 불구하고 세계적으로 밀수 현상이 근절되지 않는 것은 가격의 차이가 재화의 이동을 발생시키는 강력한 요인임을 단적으로 보여주고 있다. 따라서 무역패턴의 결정에 대한 고찰은 곧 국제적으로 재화가격이 왜 다른가, 그리고 어떤 나라에서 어떤 재화의 가격을 상대적으로 낮게 만드는 요인이 무엇인가에 대한 연구로 귀결된다.

그러면 가격의 차이는 왜 발생하는가. 완전경쟁시장에서는 가격은 비용에 의해 결정된다. 따라서 많은 경우 국가 간 재화가격의 차이는 국가 간 생산비가 다르기 때문에 발생한다. 그러므로 국제 무역론에서 무역 패턴의 결정요인에 대한 연구는 주로 생산비의 국제적 차이를 가져오는 요인을 중심으로 발전해 왔다. 예컨대 각국별 노동의 생산성이 다른 경우 생산비가 달라진다든지 각국별로 생산에 투입되는 생산요소의 가격이 다르다는 사실 등에 초점을 맞추어 생산비가 국제적으로 어떻게 달라지는가에 대한 연구가 일찍부터 이루어져 왔다.

그러나 각 국가별로 생산비가 달라지는 것은 이런 요인들 외에도 여러 가지가 있을 수가 있다. 각 국가별로 기술 수준이 다르면 당연히 생산비가 다를 것이고, 또 규모의 경제가 있는 산업의 경우 각국의 국내시장의 크기에 따라서 생산비가 달라질 수도 있다. 또는 정부가 특정 산업을 육성하기 위하여 그 산업에 필요한 여러 가지 자원을 풍부하게 공급한다면 그 산업의 생산비는 다른 나라보다 상대적으로 낮아질 수 있다. 그러므로 무역패턴에 대한 연구는 국가 간에 생산비의 차이를 가져올 수 있는 여러 요인들 가운데서 실증적으로 의미 있는 차이를 가져다주는 요인들을 찾아내기 위한 여러 가지 시도로 발전되어 왔다.

무역과 정부의 개입

국제무역이 국내의 상거래와 구별되는 가장 눈에 띄는 점 가운데 하나는 시대와 국가에 따라 무역에 대해서 정부가 다양한 규제조치를 취해왔다는 것이다. 즉, 수출입금지조치와 같은 극단적인 조치에서부터 수입관세, 수출세, 수입수량통제, 자율수출규제, 수출보조금, 부품국산화율 규제 등과 같이 무역활동을 제한하는 다양한 규제가 취해져 왔다. 무역이 각국의 경제적 후생을 증진시킨다면 각국은 서로 자국시장을 개방하여 외국으로부터의 수입을 증가시키기 위해 노력해야 할 것이다. 즉, 각국이 무역의 이익을 누리고자 한다면 상대방의 정책과는 관계없이 일방적으로 자국시장을 개방하면 되는 것이다. 그러나 각국의 무역협상에서 주된 초점은 항상 어떻게 하면 외국으로부터의 수입을 줄이고 외국시장에 대한 자국의 수출을 증가시킬 것인가 하는 측면에 맞춰져 있다. 현실적으로 무역에 대한 규제를 하지 않는 나라는 지구상 어디에도 없다. 그러면 왜 이런 간섭이 존재하는가.

이 문제는 단순한 교환의 문제를 생각해 보면 쉽게 이해할 수 있다. 앞에서 우리는 교환 활동은 교환 당사자 모두의 만족을 증가시켜서 경제적 후생을 증가시킨다고 했다. 그러나 여기에는 몇 가지 조건이 필요하다. 우선 교환거래가 자발적이어야 한다. 강제적인 약탈행위는 어느 한쪽의 희생을 바탕에서 다른 쪽이 이득을 얻는 것이다.

다음으로 교환 활동을 하는 의사결정 주체가 충분한 정보를 가지고 있어야 한다. 자신의 선호를 분명히 인식하지 못하는 경우, 자신의 비용을 제대로 파악하지 못하는 경우 등에 있어서는 교환이 오히려 경제적 후생을 감소시킬 수도 있다. 자신에게 진정으로 가치가 있는 것이 무엇인지를 잘 모른 채 어떤 행동을 해서 후회하는 경험, 자신의 비용을 지나치게 낮게 파악해서 경제적으로 손해를 보는 계약을 맺는 경우 등이 그 단적인 예이다.

또 다른 조건으로는 교환 활동이 제삼자에게 미치는 외부효과가 없어야 한다는 것을 들 수 있다. 두 사람 사이의 교환 활동으로 두 사람의 경제적 후생이 증가하더라도 제삼자에게 손해를 끼치는 외부효과가 있는 경우 두 사람 사이의 교환 활동에 대해 제삼자는 반대하게 된다. 그런데 무역은 제삼자에게 상당한 외부효과를 미친다. 수입의 경우를 보면, 무역으로 인해 국내 소비자와 외국 생산자의 경제적 후생이 증가하지만 해당 재화를 생산하는 국내생산자의 경제적 후생이 감소하는 것은 누가 보더라도 분명하다.

농산물시장 개방이 농민의 경제적 손실을 유발할 것임은 누구나 알 수 있다. 이처럼 수입품의 국내시장 침투는 수입경쟁산업에 종사하는 노동자, 투자자, 경영자들의 경제적 손실을 유발한다. 그리고 외국시장을 개척해서 외국에 대한 수출물량이 증가하는 경우에도 국내수요자들에 대한 공급은 감소할 것이고 공급가격도 인상될 것이다. 그러므로 무역에 대해서 반대하는 세력이 존재하고 이들이 영향력을 행사하는 만큼 무역에 대한 여러 가지 규제는 강하게 나타날 것이다.

그러나 무역에 대한 규제는 다른 형태의 정부규제와 마찬가지로 항상 부작용을 수반하고 있다. 즉, 외국으로부터의 수입을 규제하여 그 결과 가격이 상승하면 소비자가 보다 낮은 가격에서 소비할 수 있는 기회를 박탈하고 소비자의 선택권을 제한함으로써 소비자 잉여를 감소시킨다.

또한, 생산면에서도 비효율성을 가져온다. 더 효율적으로 생산할 수 있는 외국 업자를 배제하고 비효율적인 배분을 지적할 수 있다. 뿐만 아니라 국내 경제에도 자원 배분의 왜곡을 통해 경제적 후생을 감소시킨다. 수입규제를 통해 인위적인 유인을 제공함으로써 과거에 수출산업에 사용되던 자원의 일부가 수입경쟁산업으로 이동한다. 그러나 과거에 수출산업에서 생산하던 재화의 가치는 국제시장에서 그만큼의 가치를 평가받는 실질가치를 가졌으나, 수입경쟁 산업에서 생산하는 가치는 국제시장에서 인정받는 가치가 아니라 인위적으로 부풀어진 가공의 가치이므로 그만큼 자원의 낭비를 초래한다.

일반적으로 무역에 대한 규제는 각 산업마다 다른 여러 가지의 다양한 목적을 달성하기 위해서 제정되어 왔다. 그러나 그 목적의 숭고성 여부를 떠나 무역에 대한 규제는 예외 없이 여러 가지 부작용을 유발한다. 그러므로 어떤 목적을 달성하기 위해서는 어떤 수단이 보다 효율적인가에 대한 면밀한 고찰이 필요하다. 예컨대 가장 일반적으로 제기되는 유치산업보호의 경우나 사양산업보호 경우에 목적이 바람직하다 하더라도 과연 무역에 대한 규제를 통하는 것이 그 목적을 달성하기 위한 가장 바람직한 수단인가에 대해서 생각해 보아야 할 것이다.

4. 자유무역과 보호무역

오늘날까지 무역정책에 대해서는 자유무역주의와 보호무역주의가 대립되어 논의되었다. 자유무역주의는 비교 생산비의 원리를 근거로, 국가가 무역에 대해서 간섭을 하지 않는 자유무역이 경제적으로 자국에 유리할 뿐만 아니라 국제경제에 대해서도 유리하다는 주장이다.

이와 반대로 보호무역주의는 경제발전이 뒤늦은 나라에서 무역을 자유롭게 하면 국내의 기존산업 또는 장래 발달의 가능성이 있는 산업이 외국과의 경쟁에 의해서 위협을 받거나 발달의 기회를 상실하게 되므로 국내 산업의 보호를 위하여 수입을 제한하여야 한다는 주장이다. 이와 같은 자유무역주의와 보호무역주의는 오늘날까지도 여전히 논쟁의 대상이 되고 있는 실정이다. 그러나 제2차 세계대전 이후 각 국가는 자국의 이익을 위해 국제적인 협조 아래 무역의 자유화를 선택해오고 있으며 지금도 여전히 자유화의 흐름을 타고 있다.

사람 사이의 교환이 국경을 넘어서 이루지는 것이 바로 무역이다. 처음 자본주의 사회가 발전하기 시작했을 때 사람들은 국경을 넘어서 이루어지는 무역도 한 나라 안에서 일어나는 교환과 다르지 않다고 생각했는데, 이처럼 개인과 개인이 그렇듯이 나라와 나라도 서로 교환을 많이 할수록 더 많은 효용을 얻게 된다는 생각이 자유무역주의이다. 자유무역주의를 처음 주장한 사람들은 아담 스미스를 비롯하여 고전학파 경제학자라고 불리던 사람들이다. 이들은 대부분 당시의 가장 발전한 자본주의 국가인 영국을 배경으로 경제 이론을 전개한 사람들이다. 이들에 의하면 완벽한 자유무역이 이루어지며 각국이 서로의 이익증대를 위한 가격 인상 등의 불공정한 무역거래를 하지 않는다면 각국의 특정 자원의 활용도 및 노동숙련도를 이용하여 세계 경제 전체의 생산량을 증대시켜 궁극적으로 전 세계의 효용증대를 이룰 수 있다. 그러나 각국의 무역규모가 현저히 다르고 기술발전도가 다르며 각국의 자국이익우선 정책으로 인해 자유무역이 자칫 무역 대국의 이익증진의 방안으로 이용될 소지가 충분히 존재하며, 이를 제약할만한 방안이 구체적으로 마련되지 못하고 있다.

그런데 자본주의가 발전하고 국가 간의 무역이 증가할수록 한 나라 안에서 올바른 것이 반드시 국가 사이에서도 올바르지 않다는 것이 드러나게 되었다. 가령 영국과 같이 당시의 가장 발전한 공업 국가는 공산품을 수출하게 됨으로써 점점 더 공업 생산력이 발전하는 반면, 당시의 독일과 같은 후진국은 공산품을 수입하고 농산물을 수출하게 됨으로써 무역을 할수록 공업 발전이 지체되는 현상이 나타난 것이다.

이에 따라 사람들은 자기 나라의 산업을 발전시키기 위해서는 외국 상품의 수입을 금지하거나 제한해야 된다고 생각하게 되었는데, 이것이 보호무역주의이다. 보호무역주의를 처음으로 주장한 사람은 역사학파 또는 국민경제학파라고 불리던 사람들인데, 이들은 주로 당시의 후진국인 독일에서 활동한 경제학자들이었다. 이들은 각국의 발전 수준에 따른 차별적 무역개방을 인정하고 동반자적 발전을 추구하며, 무역규모의 감소 없이 발전이 가능하다고 주장한다. 그러나 후진국의 경우 정보의 부족, 재화의 부족 등을 통한 효용의 감소를 국민이 부담해야하며 전체적으로도 생산 감소로 인해 오히려 전체 효용의 감소가 가능하다고 보고 있다.

보호무역

우선 제1차적인 목적은 자유무역 지지자들에게는 진짜 역설이 되는 사실들을 제시하는 것이다. 보호무역의 재강화 기간은 무역의 더욱 급속한 팽창과 일치했을 뿐만이 아니라, 더욱 역설적이게도 유럽에서 가장 보호무역주의적인 국가들이 가장 급속한 무역 팽창을 경험했다. 비록 이것이 보호무역주의가 국제무역을 발생시킨다는 증거로 취해질 수가 없다고 해도, 보호무역주의는 언제나 반드시 그것을 방해하지는 않는다는 것을 보여준다.

다른 한편 무역 팽창은 그 자체가 목적이 아니라 단지 경제성장을 달성하는 하나의 수단에 불과하다. 만일 동일한 수준의 재화와 서비스의 생산이 대외 무역으로 또는 그것 없이 이루어진다고 해도 효과적인 소비를 위해 사용될 수 있는 재화와 서비스의 양은, 다른 것들이 같다고 가정할 때 자유무역이 없을 때가 더 크다고 할 수 있다. 왜냐하면 이 경우에는 운송이 더 적고 또한 그 재화들을 분배하는데 필요한 서비스가 더 적기 때문이다.

이탈리아를 제외한 대부분의 국가들에서 보호무역 조치들의 도입은 정책의 변화 이후 10년 간 경제성장에 두드러진 가속도를 가져왔고 그 조치가 언제 도입되었나에 관계없이 일어났다. 그 다음 10년 간은 보호무역이 더 강화되었는데, 통상적으로 경제 성장이 더 가속화되었다. 모든 국가들에 있어,

1909년~1913년은 더 높은 경제 성장에 의해 특정지어진다.

다른 한편, 실제적으로 무역정책에 변화가 없었던 영국에서는, 처음에는 정체 기간이 있었고 그 후에 경제성장률의 뚜렷한 하락이 있었다. 더욱이 유럽대륙에서는 모든 국가들이 보호무역을 강화했을 때 성장률이 피크에 달했다. 대외 무역에 관한 한, 자유무역을 포기한 이후 최초의 10년 간에는 거의 모든 보호무역 국가들에서 수출규모의 성장률이 보호무역주의 채택 이전 10년간 보다 더 빨랐다. 더군다나 이것은 중요하다. 이 20년 동안에 무역의 팽창은 보호무역주의를 채택한 국가들에서 매우 자유무역을 고수했던 영국에서보다 더 빨랐다는 것이다. 경제성장에서와 마찬가지로, 무역 팽창은 모든 국가들이 보호무역을 증가했을 때 더 컸다. 이것은 경제 성장이 무역의 엔진이지 그 역이 사실이 아니라는 명제에 대한 부분적 증거가 된다.

유치산업의 보호

그렇다면 자유무역과 보호무역은 어느 것이 올바른 생각인가. 실은 둘 다 옳기도 하고 둘 다 틀리기도 하다. 자유무역이 옳은가, 아니면 보호무역이 옳은가는 그 나라의 발전단계나 국민경제의 목표와 관련된 것이기 때문이다. 두 나라가 서로 대등한 발전단계에 있다면 자유무역은 모든 무역 당사국에게 이익이 된다.

제2차 세계대전 이후 세계 경제의 장기 호황기에는 IMF · GATT 체제로 불리는 전 세계적인 자유무역 질서가 중요한 역할을 했다. 그러나 이처럼 자유무역의 이익이 전 세계적으로 보면 크다고 하더라도 모든 나라가 동일한 이익을 얻는 것은 아니다. 다시 말해서 어떤 나라는 자유무역의 이익을 많이 얻는 반면, 어떤 나라는 적게 얻으며, 때로는 자유무역의 결과로 어떤 나라는 영원히 농산물이자 지하자원 밖에 수출할 것이 없는 빈곤 국가로 전락하기도 한다. 현실에서는 나라들마다 발전 단계가 다르기 때문에 산업에 따라 경쟁력에도 차이가 있기 때문이다. 보호무역은 이와 같이 경쟁력이 없는 자국의 산업을 보호 육성하기 위한 것이다.

그러나 어떤 나라든 간에 모든 산업에 대해 보호무역을 실시한다는 것은 불가능한데, 모든 산업에 대하여 보호무역을 하다는 것은 외국과의 무역이나 교류가 전혀 없는 폐쇄경제에서나 가능하기 때문이다. 지금도 일부 국가는 폐쇄경제를 추진하고 있지만, 그 나라의 경제 사정은 세계에서도 가장 빈곤한 수준에 떨어져 있다.

물론 그 나라에 꼭 필요한 산업이 아직 걸음마 단계일 때는 국가적으로 그 산업을 육성하고 보호해야 할 필요가 있고, 따라서 어느 정도의 보호무역이 필요한 것은 사실이다. 그러나 이러한 경우에도 장기적으로 또는 영구적으로 보호무역을 실시할 수는 없다. 그 이유는 첫째, 장기적인 보호무역 조치는 당연히 무역 상대국의 보복 조치를 부를 것이기 때문이다. 그러나 이보다 더 중요한 문제는 보호무역이 반드시 자국 산업의 경쟁력을 증대시키는데 기여하는 것은 아니라는 점이다.

경쟁력 강화

외국 상품의 수입이 제한되어 금지됨으로써 경쟁자가 없으면 기업은 기술혁신과 경영 합리화를 통해 품질을 개선하고 비용을 낮추기보다 독점적으로 이윤을 얻는 데에만 매달릴 수도 있기 때문이다. 이런 경우에는 국내 산업을 육성하기 위한 보호무역 조치가 오히려 국내 산업의 경쟁력을 더욱 저하시키는 결과를 가져오게 되는 것이다. 우리나라의 경우에도 부분적인 보호무역 조치를 오랫동안 실시했음에도 아직 경쟁력을 갖추지 못하고 있는 일부 산업이 바로 이러한 예이다.

물론 무조건적인 자유무역 논리가 반드시 옳은 것도 아니다. 특히 쌀과 같이 나라에 따라서는 단순한 상품 이상의 의미를 가지는 산업도 있고, 영화를 비롯한 문화 산업에는 또 나름의 특수성이 있다. 그러나 경제의 글로벌화와 함께 국경 없는 무한 경쟁 시대로 불리는 오늘날에는 모든 나라가 개방화와 자유화를 피할 수 없게 됨으로써 지금까지 보호무역의 혜택을 보던 산업들도 이제는 외국 산업과 동일한 조건에서 경쟁하지 않을 수 없게 되었다. 이와 같은 글로벌화의 경쟁 환경에서는 더 이상 보호무역이냐, 자유무역이냐가 아니라 어떻게 경쟁력을 키울 것이냐에 문제의 핵심이 있는 것이다.

국제무역과 경제성장

세계 무역은 최근 연 평균 7%씩 증가하여 GDP 증가율 3.4%의 2배로서 성장의 견인차 역할을 해 왔다. 그러나 세계 경제성장과 무역 간에는 디커플링(Decoupling) 경향이 나타나고 있다. 디커플링이란 동조화(Coupling)과 반대되는 개념으로, 한 나라의 경제가 세계 경제의 흐름과 달리 독자적인 경제흐름을 보이는 현상을 뜻한다.

우리나라의 경우 특히 수출은 경제성장의 원동력으로 지난 1960~1970년대 고도성장이 수출주도형 경제성장이라는 것은 명백한 사실이다. 그러나 저개발국가에게는 무역이 경제성장에 불리하게 작용 될 수도 있는데 Singer와 Prebisch의 주장에 의하면 첫째, 국제무역이 확대됨에 따라 생산의 이중구조가 발생하는데 수출부문은 자본집약적이고 타부문은 후진적 노동집약적이므로 과잉인구가 후자에 집중하고 위장실업자가 증가한다. 둘째, 교역조건이 불리해진다. 즉 저개발국의 수출은 주로 1차 산품인 바 농산물의 수요탄력성은 낮고 자연조건에 제약을 받을 뿐 아니라 기술진보가 늦어 공산품에 비해 교역조건은 불리해진다. 셋째 한 나라 산업구조의 무역의존도가 지나치게 높을 때, 수입원재료의 가격이 국내 물가의 상승과 수출의 격감을 초래하여 한 나라의 경제를 가속적으로 마비시킬 염려가 있다.

그러므로 무역은 선진국의 경우 성장을 촉진하나 저개발국의 경우 오히려 성장을 저해할 수 있다. 따라서 저개발국의 경우는 일률적으로 충분조건이라고는 할 수 없으나 필요조건인 것만은 사실이다.

5. 국제수지

국제금융을 이해하기 위해서는 국제수지표에 대한 기본적인 이해가 필요하다. 국제수지가 무엇이며 국제수지표 작성원리 등에 대해서 살펴보자. 국제수지(the balance of payments: BOP)는 국가 간 지불거래의 결과를 의미한다. 이러한 국제수지를 기록한 것이 국제수지표이다. 국제수지표가 대외경제와 관련된 모든 내용을 담는 것은 아니며, 지불 거래만을 기록한다. 따라서 국제수지표상에는 생산자료는 나타나지 않는다. 국제수지표는 일반적으로 1년을 기준으로 기록된다.

경제가 개방적이고 대외의존도가 높을수록 국제수지가 중요하다. 한국은 미국이나 말레이시아 등과 달리 부존자원의 대부분을 외국에 의존하고 있고, 특히 수출과 수입의 규모가 GDP의 70% 이상의 높은 대외의존도를 가지고 있으므로 언제라도 다시 외환위기가 발생할 수 있으므로 국제수지 문제가 더욱 중요하다.

국가마다 경제활동의 중점사항과 운영방식이 달라서 국제수지표도 약간의 차이가 있으나, 대부분 나라는 국제통화기금(IMF)의 국제수지표 양식을 기본으로 해서 약간 변형된 양식을 사용하고 있다. IMF 국제수지표의 기본구조는 2+1 구조다. 즉 국제수지표는 두 개의 주요 계정인 경상계정(current account)과 자본계정(capital account), 그리고 한 개의 마감 계정인 공적결제계정(official settlement account)으로 구성되어 있다.

경상계정은 당해 년(current)의 거래를 기록한다는 뜻에서 경상(current)이라고 부른다. 경상이라는 용어는 자본계정과 대응되는 이름이 아니다. 따라서 상품(경상)계정이라고 부르는 것이 마땅한데 상품이라는 단어를 떼고 그냥 경상계정이라고 부른다. 물론 자본계정 등 다른 계정들도 역시 당해 연도의 거래를 기록한다. 과거에는 상품의 거래가 국제수지의 대부분을 차지했기 때문에 관례적으로 이러한 용어로 굳어졌다.

경상계정은 상품, 즉 재화와 서비스의 거래를 기록하는 계정이다. 재화의 수출은 대변(貸邊, credit) 거래, 즉 수입(受入)으로 기록되고 (+)로 표시된다. 반면에, 재화의 수입은 차변(借邊, debit) 거래, 즉 지급(支給)으로 기록되며 (-)로 표시된다. 수출의 경우 자국 상품이 국외로 나가는데 플러스(+)로 기록되는 것은 앞에서 얘기하였듯이 국제수지표가 외환거래만을 기록하기 때문이다. 재화의 수출은 외환이 국내로 들어온다.

경상계정 중에서 재화의 거래만을 기록하는 계정을 예전에는 무역수지(trade balance)라고 불렀다. 그러나 한국은행이 사용하는 새로운 용어는 상품수지다. 그러나 경제용어로서 상품은 재화뿐만 아니라 서비스도 포함하기 때문에 이 새로운 용어는 적절하지 못하다. 일반적으로 trade balance라고 할 때에는 재화와 관련된 지불거래를 의미한다.

다음의 서비스 수지는 운수, 보험, 여행 및 해외 금융자산에 대한 투자수익 등을 기록한다. 상품이 눈에 보이지 않는다는 이유에서 보이지 않는 계정(an invisible account)이라고 불리기도 한다. 한편 소득수지(income account balance)는 국내에서 취업하고 있는 외국인 근로자에게 지급된 소득과 외국에서 취업한 내국인이 벌어들인 소득, 그리고 대외금융자산 또는 부채와 관련된 배당, 이자 등의 투자소득으로부터의 수입(credit)과 지급(debit) 간의 차이를 말한다. 투자소득은 더 자세히 구분하면 직접투자소득, 증권투자소득, 그리고 기타투자소득으로 나뉘어진다. 한편, 국가 간 원조, 재외 동포의 송금 등 반대급부를 전제로 하지 않는 거래인 이전거래도 경상계정에 포함시킨다. 그러므로 경상계정은 재화의 거래, 서비스의 거래, 소득수지 그리고 이전거래를 포함한다.

자본계정은 금융자산 거래로 이루어지는 지불을 기록한다. 예를 들면, 외국 주식시장에서 주식을 매입하는 경우 외국으로 돈이 지불되므로 자본유출로 자본계정에 차변거래(-)로 기입된다. 반대로 외국인이 국내 부동산을 매입하기 위해 내국인에게 돈을 지불하였다면, 이 거래는 자본계정에 대변거래(+)로 기록된다.

외국인이 국내 자산을 매입하는 경우 자본수지는 플러스(+)로 기록되는데 사실은 자국의 대외부채는 증가한 것이다. 다시 말해서 그만큼 외국으로부터 자본을 차입하는 것이고, 따라서 대외부채도 증가한다. 반대로 자국민이 국외 자산을 매입한 경우에는 자본수지에 마이너스(-)로 기록된다. 이 경우는 자국의 국외자산은 늘어난다. 그러므로 자본수지가 플러스가 되는 것이 반드시 바람직한 것만은 아니다. 그만큼 외국에 대해 빚이 늘어나는 셈이기 때문이다. 중요한 것은 외국 자본이 국내에 도입됨으로써 장기적으로 자국 경제에 도움이 되는가의 여부이다.

국제수지표의 마지막 계정으로는 마감 계정인 공적결제계정(official settlement account)이다. 이 계정은 여러 가지 이름으로 불리지만 중요한 것은 이 계정의 역할이다. 한마디로 말해서 공적결제계정은 경상계정과 자본계정에서 이루어지는 모든 민간거래상의 수입(credit)과 지급(debit) 간의 차이가 기록되는 계정이다. 다음에 이어지는 경상계정, 자본계정 그리고 공적결제계정 간의 관계에 대한 이해는 국제수지표를 이해하는 열쇠이다.

이러한 국제수지표는 복식부기 방식으로 기록된다. 복식부기원리는 모든 거래를 장부상에 대변과 차변에 각각 한 번씩, 즉 모두 두 번 기록되도록 하는 부기 방식이다. 국제수지표가 복식부기를 사용하는 이유는 국제수지가 갖는 중요성 때문에 기록이 잘못되거나 누락되는 일을 방지하기 위함이다.

6. 외환시장과 환율

국가마다 결제 수단으로 사용하는 화폐가 다르다. 국제경제거래에서는 어느 나라 화폐를 결제 수단으로 사용하느냐가 중요하다. 제2차 세계대전 이후 국제적으로 널리 사용되는 미국 달러와 같은 국제통화나 외환이 결제 수단으로 사용되었다. 이러한 결제 수단이 외환시장을 통하여 풍부한 국제유동성을 제공해 주어야 국제경제거래가 원활하게 이루어진다. 여기서는 외환시장과 이 시장의 가격인 환율에 대해서 살펴보자.

외환시장과 환율

우리나라 어떤 기업이 스마트폰을 외국에 수출하면 그 나라의 화폐 대신 대부분 달러나 달러 표시 환어음을 받는다. 우리가 외국 여행을 갈 때도 원화 대신 대부분 달러나 달러 표시 여행자수표를 가지고 간다. 외국에 대출하거나 빚을 낼 때도 원화보다는 달러나 달러 표시 채권을 많이 사용한다. 또한 외환보유고도 90% 이상 달러나 달러로 표시된 유가증권으로 구성되어 있다. 이처럼 우리나라는 대외거래에서 결제 수단으로 원화를 사용하지 못하고 미국 화폐인 달러베이스로 이루어지고 있다. 이것은 우리나라 원화가 외국에서 결제 수단으로 인정받지 못해 국제유동성이 없기 때문이다.

달러나 달러 표시 유가증권처럼 국제 결제 수단으로 사용되는 유동성이 높은 외화나 외화표시 어음 · 수표 등 결제 수단을 통틀어 외환이라 한다. 현재 이러한 외환 역할을 수행할 수 있는 외화로는 미국의 달러, EU의 유로, 일본의 엔(yen) 그리고 중국의 위안(yuan)정도 들 수 있다. 외환은 현금수송에 따른 불편과 위험을 없애기 위하여 국제간의 거래에서 생긴 대차를 채권양도나 지불위탁 등의 방법으로 그 결제방식의 영역을 넓혀가고 있다.

이러한 외환의 매매가 이루어지는 곳이 외환시장이다. 외환시장은 다른 시장과 마찬가지로 외환이 매매되는 장소나 공간을 말한다. 대부분 우리가 손쉽게 다른 나라 화폐나 외환을 구입할 수 있는 시중은행들이 이런 장소이다. 최근 정보통신기술의 발달에 따라 외환거래가 다양한 통신수단을 통하여 대량으로 거래됨으로써 외환시장은 추상적 개념으로서 성격이 더 강해지고 있다. 이 시장은 폐쇄경제에서는 찾아볼 수 없고 오직 개방경제에만 새롭게 추가되는 시장이다.

외환시장은 일차적으로 외환 수요자와 공급자 간 외환을 중개함으로써 국가 간 경상거래나 자본거래를 원활하게 한다. 또한 외환거래자가 환위험을 회피하거나 환차익을 얻을 기회를 제공한다.

외환시장과 국제금융시장은 구별되어야 한다. 어떤 시중은행이 여행객에게 달러(외환)를 판매하면 이 은행은 외환시장 기능을 수행한 것이다. 반면 이 은행이 기업에게 달러를 약정이자율로 융자해 주면 국제금융시장 기능을 수행한 것이다.

대부분 외환시장은 국제금융시장과 같은 장소에 위치하기 때문에 국제금융시장의 일부로 인식되고 있다. 그러나 국제금융시장과 외환시장은 그 성격이 완전히 다르다.

국제금융시장은 외환자금의 대부와 대출이 이루어지는 신용시장(credit market)인 반면, 외환시장은 기본적으로 서로 다른 통화가 매매되는 시장이다. 성격상 상품시장과 다를 바 없다.

환율(foreign exchange rate)은 외환시장에서 결정되는 외환의 가격이다. 일반 상품의 가격이 시장의 수요공급에 의해서 결정되듯이 환율은 외환시장의 수요공급에 의해서 결정된다. 외환시장에서 1달러에 1,000원 하던 것이 1,100원으로 오르면 환율이 상승했다고 한다. 이것은 달러가 원화에 대해 비싸진 것이다. 이것을 달러가 원화에 대해 강세(원화는 달러에 대해 약세)라 한다. 반대로 1달러가 1,000원에서 900원이 되면 환율이 하락했다고 한다. 이것은 달러가 원화에 대해 싸진 것이다. 이것을 달러가 원화에 대해 약세(원화는 달러에 대해 강세)라 한다.

이처럼 외환을 하나의 상품으로 생각하고 미시경제에서 배운 시장원리를 활용하면 환율의 변화를 쉽게 이해할 수 있다. 달러 당 100엔에서 90엔이 되면 달러는 엔화에 대해 약세(엔화는 달러에 대해 강세)이기 때문에 일본 사람의 입장에서는 달러가 싸지게 된다. 유로당 0.8파운드에서 0.9파운드가 되면 유로화는 파운드화에 대해서 강세(파운드화는 유로화에 대해 약세)이기 때문에 영국 사람의 입장에서는 유로화가 비싸진다.

외환시장의 수요와 공급

사과 한 상자의 가격이 5만 원이면 우리 화폐로 5만 원을 지불하고 구입하면 된다. 만약에 미국 사과 한 상자의 가격이 50달러라고 하면 미국 사과 한 상자를 구입하기 전에 먼저 외환시장에 가서 50달러를 구입해야 한다. 이처럼 우리나라 사람이 외국으로부터 재화와 서비스를 수입하거나 자산을 취득하기 위해서는 그 나라 화폐를 먼저 구입해야 한다. 이에 따라 외환에 대한 수요가 발생하게 된다.

반대로 외국인이 우리나라에서 상품이나 자산을 구입하려 할 때는 원화로 가격을 지불해야 한다. 그러기 위해서는 외환시장에서 달러를 지불하고 원화를 구입해야 한다. 실제로 미국인이 우리나라 상품이나 자산을 구입할 때 달러로 구입하더라도 수출업자나 자산판매자들이 다시 원화로 바꾸기 때문에 결국 원화로 지불한 결과가 된다. 이런 과정을 거쳐 외환이 공급된다.

이제 어떤 사람들이 외환시장에 수요자나 공급자로 나타나는지 살펴보자. 먼저 외환 수요자는 수입업자, 자국의 해외투자자와 환투기자를 들 수 있다. 수입업자는 수입한 상품의 결제대금을 마련하기 위해 외환이 필요하다. 자국의 해외투자자는 외국에 직접 투자하거나 해외 부동산매입 또는 외국 발행 채권 주식 등을 구입하기 위해 외환이 필요하다. 환투기자가 미래에 환율이 상승할 것이라 예측하게 되면 미래에 외환이 비싸질 것이라고 생각하기 때문에 현재 달러나 달러 표시 유가증권을 구매하기 위해 달러가 필요하다.

외환 공급자는 수출업자, 외국의 국내투자자와 환투기자를 들 수 있다. 수출업자는 수출하여 받은 결제대금을 원화로 교환하면서 외환을 공급한다. 외국의 국내투자자는 국내에 직접 투자하거나 국내 부동산매입 또는 원화표시 유가증권을 구매하기 위해 원화로 교환하면서 외환을 공급한다. 환투기자가 미래에 환율이 하락할 것으로 예측하게 되면 미래에 외환이 싸질 것이라고 생각하기 때문에 현재 달러나 달러 표시 유가증권을 팔면서 외환을 공급하게 된다.

외환시장도 일반 상품시장에서처럼 외환수요곡선과 외환 공급곡선으로 설명된다. 외환수요곡선은 환율과 외환수요 간의 관계를 나타내고 우하향한다. 반면 외환 공급곡선은 환율과 외환 공급 간의 관계를 나타내고 일반적으로 우상향한다.

먼저 외환수요곡선이 우하향하는 이유는 다음과 같다. 환율이 상승하게 되면 수입업자에게 갑자기 외환이 비싸지게 된다. 자연히 외환으로 표시된 상품가격도 비싸지게 된다. 예컨대 환율이 달러당 1,000원일 때 1,000달러짜리 애플 스마트폰은 원화로 100만 원이다. 환율이 1,100원으로 오르면 스마트폰 가격은 110만 원으로 상승하게 된다. 이에 따라 상품에 대한 수요가 감소하므로 외환에 대한에 대한 수요가 감소하게 된다. 또한 금융자산이나 부동산 등 외국의 자산을 구입하려는 해외투자자들도 원화로 나타냈을 때 자산가격이 상승했기 때문에 구입을 줄일 것이고 이에 따라 외환수요가 감소한다. 즉 외환수요곡선은 우하향하게 된다.

이제 수출업자의 경우를 살펴보자. 예컨대 환율이 1,000원일 때 어느 중소기업이 1개당 100달러짜리 자동차부품을 1개월 평균 1,000개를 수출하고 있다. 매월 한국에 10만 달러가 공급되고 수출업자는 1억 원의 매출을 올리고 있다. 이때 환율이 1,100원으로 상승할 때 이 기업이 국제가격을 그대로 100달러를 유지한다면 외환 공급은 10만 달러로 변화가 없다. 다만 원화로 매출액이 1억 1천만 원으로 늘어날 것이다. 기업은 환율의 변화로 인해 매출액의 10%를 환차익으로 얻게 된다. 이에 따라 국제가격의 10% 범위 내에서 인하할 수 있는 여력이 발생한다. 이제 부품을 1개당 91달러 정도에 팔아도 원화로 1억 원의 매출을 올릴 수 있다는 것이다.

이제 이 기업이 시장점유율을 높이기 위해 91달러로 가격을 낮추었다고 하자. 외국바이어의 입장에서 보면 가격이 싸졌기 때문에 더 많이 구매하려고 하기 때문에 수출량이 늘어난다. 이때 수출량이 10% 이상 증가하면 외환 공급이 증가하고 그 이하로 증가하면 오히려 외환 공급이 감소할 수 있다는 것을 알 수 있다. 즉 외환 공급 증가 여부는 이 부품의 가격탄력성에 달려 있다. 가격탄력성인 재화는 환율상승에 따라 국제가격이 낮아졌을 때 외환 공급이 증가하고 반대로 비탄력적이면 외환 공급이 감소한다. 국가들의 상품들이 서로 경쟁하기 때문에 대체로 가격탄력성이 높다고 볼 수 있다. 여기서도 수출품은 가격탄력적이라고 가정한다. 그러면 환율상승은 외환 공급을 증가시키고 외환 공급곡선은 우상향한다.

이상의 설명을 바탕으로 외환시장의 균형에 대해서 살펴보면 [그림 3-5]에서 보듯이 외환수요곡선과 외환 공급곡선이 교차하는 점에서 외환시장은 균형에 도달한다. 이 시장도 일반상품 시장원리가 그대로 적용된다. 즉 외환에 대한 초과수요가 발생하면 환율은 상승하고 초과공급이 발생하면 환율은 하락한다.

[그림 3-5] 외환시장 균형

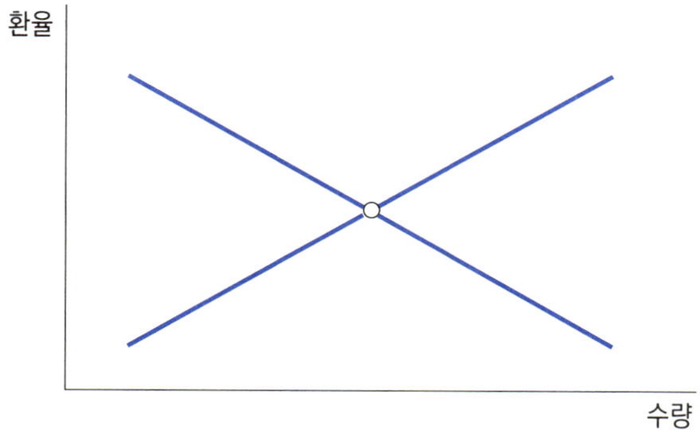

외환의 수요곡선과 공급곡선의 이동에 대해 살펴보면, 다음과 같은 3단 논법을 사용하여 시장균형분석을 실시한다. 첫째, 외부충격이나 정책의 변화가 수요 또는 공급 측면에 영향을 주는지를 파악한다. 둘째, 수요 측면에 영향을 준다면 증가하는 방향인지 감소하는 방향인지를 파악한다. 증가하면 수요곡선을 우측으로 감소하면 좌측으로 이동시킨다. 셋째, 처음 균형과 새로운 균형을 비교하여 가격 변화와 균형량 변화에 대해 설명한다.

외부충격이나 정책변화가 있을 때 외환시장에 어떤 변화가 발생하는지를 살펴보자.

우리나라 수출대상국의 경제가 호황인 경우 우리나라의 수출이 증가한다. 이것은 외환 공급을 늘리는 방향으로 영향을 주는 것이므로 [그림 3-6]과 같이 공급곡선을 우측으로 이동시킨다. 이에 따라 균형점이 A에서 B로 이동하여 환율은 하락하고 거래량은 증가한다.

[그림 3-6] 공급 충격 시 외환시장 균형변화

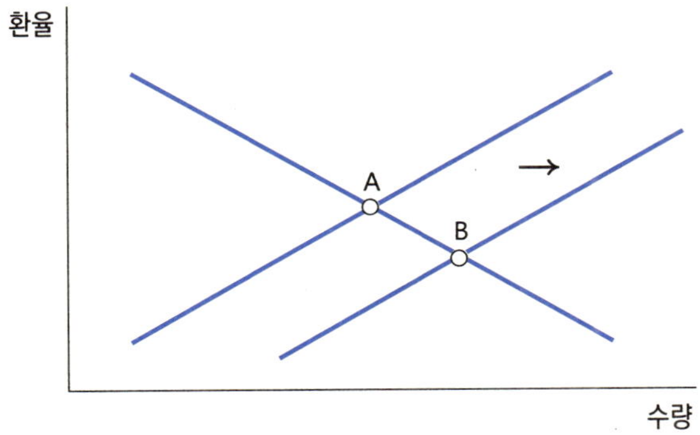

우리나라의 경제가 호황이거나 정부에서 투자를 늘리는 등의 이유로 우리나라가 수입을 늘리는 경우 외환수요가 증가하므로 외환수요곡선은 [그림 3-7]과 같이 우측으로 이동한다. 이에 따라 환율은 상승하고 거래량은 증가한다.

[그림 3-7] 수요 충격 시 외환시장 균형변화

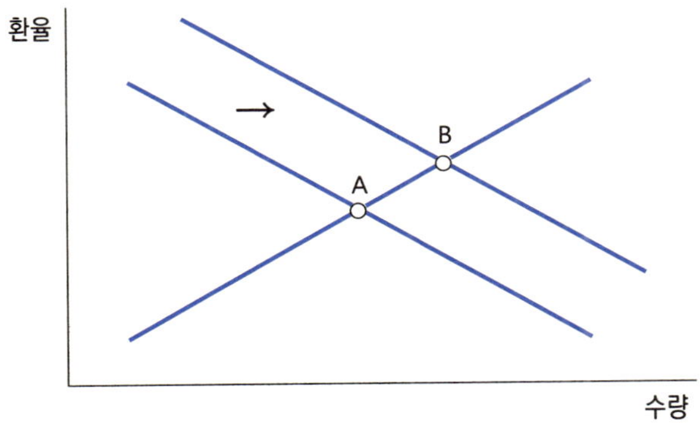

이와 같이 외환시장의 변화는 첫째, 우리나라의 주가나 금리의 변화가 있는 경우이다. 주가가 상승할 것으로 예상되면 외국인들이 국내 주식투자를 늘리고 이에 따라 외환 공급이 증가한다. 우리나라의 금리 상승이 예상되면 외국인은 우리나라 채권 등에 투자를 늘리는 반면 우리나라 기업이나 금융기관들은 상대적으로 금리가 싼 외국자금을 차입하려 하기에 외환 공급이 증가한다. 따라서 공급곡선은 우측으로 이동시켜 환율은 하락하고 거래량은 증가한다.

둘째, 수출경쟁국 환율의 변화이다. 만약 엔/달러 환율이 하락(1달러 당 100엔에서 90엔으로)하면 일본 수출품의 달러 표시 가격이 상승하기에 일본 상품과 경쟁하고 있는 한국의 상품의 가격은 상대적으로 하락하게 되어 수출이 증가하게 된다. 이에 따라 공급곡선이 우측으로 이동하여 환율이 하락한다. 반면 엔/달러 환율이 상승하면 수출이 감소하여 공급곡선이 좌측으로 이동하여 환율은 상승한다.

셋째, 미래 환율변화에 대한 기대가 변하는 경우이다. 원/달러 환율이 하락할 것으로 예상되면 국내에 투자한 외국인 입장에서 환차익이 발생한다. 투자원리금을 낮은 환율에서 달러로 환전할 때 이익이 발생하기 때문이다. 원/달러 환율이 1,000원일 때 투자원리금이 10만 원이면 100달러가 된다. 그러나 900원으로 낮아지면 달러로 환전하면 110달러가 된다. 이렇게 환율이 하락한 비율만큼 환차익이 발생한다. 이러한 환차익의 발생으로 외국인의 국내 금융상품에 대한 투자가 늘어나면 공급곡선이 오른쪽으로 이동하며 환율은 하락한다. 반대로 환율이 상승할 것으로 예상되면 환차손이 발생하므로 공급곡선은 왼쪽으로 이동하며 환율은 상승한다.

넷째, 중앙은행의 외환시장 개입정책이다. 환율이 너무 높다고 생각되면 외환을 매도하는 정책을 사용한다. 이때 공급곡선은 우측으로 이동하고 환율은 하락한다. 반면 환율이 너무 낮으면 외환을 매입하는 정책을 사용한다. 그러면 수요곡선을 우측으로 이동시켜 환율은 상승한다.

찾아보기

ㅈ

ㅊ

ㅋ

ㅌ

ㅍ

ㅎ

A~Z

저자약력

김도현

동아대학교 무역학과, 경제학 박사
동아대학교 국제무역학과 겸임교수 역임
인제대학교 국제경상학부 겸임교수 역임
인제대학교 국제통상학과 BK21 계약교수 역임
현, 동명대학교 경영대학 국제통상학과 교수

〈저서〉

- 사드사태 전후 중국의 한류선호도가 한국제품 구매의도에 미치는 영향, 무역통상학회지 19(4), 2019.
- 한류 선호도가 한국제품 구매행동에 미치는 영향 - 중국과 베트남 중심으로 -, 국제상학 34(2), 2019.
- 공간모형을 이용한 한국과 중국의 수출에 관한 연구, Journal of China Stuies 21(3), 2018.
- 한류 문화콘텐츠의 현지국 수입결정요인과 한류 다변화 전략에 관한 연구, 무역통상학회지 18(4), 2018.
- The Effect of Organizational Capabilities on Environmental Collaboration Strategy and Environmental Performance of Korean Exporters, Korea International Commerce Review 32(3), 2017.
- 중국기업의 아시아 해외직접투자에 관한 연구, Journal of China Studies 20(1), 2017.
- Empirical Study on Time Varying Relationships Between Oil Prices, Exchange Market and Stock Market in Kazakhstan Economy, Journal of International Trade & Commerce 12(5), 2016.
- Dynamic Relationship between Stock Prices and Exchange Rates: Evidence from Nepal, 국제지역연구 20(3), 2016.
- 한·중·일 해외직접투자 결정요인 비교 분석, 무역통상학회지 16(3), 2016.
- 공간효과모형을 이용한 한류가 한국의 FDI에 미치는 효과, 실천경영연구 10(1), 2015.
- 한국과 대만의 대중국 FDI 결정요인과 투자집중도 비교분석, 국제지역연구 19(3), 2015.
- Uncertainty Channel between Stock Prices and Foreign Exchange Rates in Nepal, Journal of International Trade & Commerce 11(4), 2015.
- VaR에 근거한 주식시장 변동성 예측성과 평가, 국제지역연구 19(2), 2015.

외 다수

저자와의
협의하에
인지생략

친절한 생활경제

2020년 9월 1일 1판 1쇄 인쇄
2020년 9월 10일 1판 1쇄 발행

저 자 김 도 현
발행인 김 광 식
조 판 아 람 기 획

07285
발행처 서울특별시 영등포구 선유로 3길 10, 617호
도서출판 탑 북 스
등 록 2009.12.21 제 2016-000101 호
전 화 02)365-2223 팩스 02)365-2224

정가 18,000 원

ISBN 979-11-90247-31-3-93320